MARTIN GEPPERT

Europäischer Rundfunkraum und nationale Rundfunkaufsicht

Tübinger Schriften zum internationalen und europäischen Recht

Herausgegeben von

Thomas Oppermann

in Gemeinschaft mit

Heinz-Dieter Assmann, Hans v. Mangoldt
Wernhard Möschel, Wolfgang Graf Vitzthum

sämtlich in Tübingen

Band 28

Europäischer Rundfunkraum und nationale Rundfunkaufsicht

Zur Rolle und Zukunft der deutschen Landesmedienanstalten in einem europäischen Rundfunksystem

Von

Martin Geppert

Duncker & Humblot · Berlin

Die Deutsche Bibliothek – CIP-Einheitsaufnahme

Geppert, Martin:
Europäischer Rundfunkraum und nationale Rundfunkaufsicht : zur Rolle und Zukunft der deutschen Landesmedienanstalten in einem europäischen Rundfunksystem / von Martin Geppert. – Berlin : Duncker und Humblot, 1993
(Tübinger Schriften zum internationalen und europäischen Recht ; Bd. 28)
Zugl.: Tübingen, Univ., Diss., 1992
ISBN 3-428-07839-X
NE: GT

D 21

Fotoprint: Berliner Buchdruckerei Union GmbH, Berlin
Printed in Germany

ISSN 0720-7654
ISBN 3-428-07839-X

Vorwort

Die vorliegende Arbeit wurde im Sommersemster 1992 von der Juristischen Fakultät der Eberhard-Karls-Universität Tübingen als Dissertation angenommen. Gesetzgebung, Rechtsprechung und Literatur konnten noch bis zur Drucklegung im März 1993 berücksichtigt werden.

An dieser Stelle möchte ich mich bei meinem Doktorvater, Herrn Prof. Dr. Dr. h.c. Thomas Oppermann, ganz herzlich für seine motivierende Unterstützung bedanken. Durch seine helfende, zugleich aber auch Freiraum gewährende Begleitung waren die Rahmenbedingungen für eine wissenschaftliche Arbeit gegeben. Herrn Prof. Dr. Wernhard Möschel danke ich für die zügige Erstellung des Zweitgutachtens.

Ein besonderer Dank gilt meinen Eltern und meiner Frau Beate, die mich in vielfältiger Weise beim Fortgang der Arbeit unterstützt und kritisch begleitet haben. Ihnen ist diese Veröffentlichung gewidmet.

Tübingen, im März 1993 | Martin Geppert

Inhaltsverzeichnis

A. Eckpunkte auf dem Weg zu einer europäischen Rundfunkordnung

Die räumlichen Grenzen eines Rundfunkraumes, eines Rundfunkmarktes und einer Rundfunkordnung entsprechen sich nur selten. Technische Verbreitungsgebiete für Rundfunkprogramme (Rundfunkräume) überschreiten heute vor allem durch den zunehmenden Einsatz der Satellitentechnik die Geltungsbereiche staatlicher Rundfunkordnungen und schaffen die Bedingungen für die Entstehung übernationaler Rezipientenkreise (Rundfunkmärkte).[1] Aus diesen Entwicklungen ergibt sich gleichzeitig ein Bedarf nach einer übernational rechtlich koordinierten Rundfunkordnung.

Nachfolgende Untersuchung versucht zu zeigen, daß bereits in weiten Teilen Europas übernationale Rundfunkräume und Rundfunkmärkte existieren. In ersten Ansätzen werden auch die Ausgangspunkte einer europäischen Rundfunkordnung erkennbar. Diese Bestandsaufnahme ist grundlegend für die Bewertung, welche Probleme und Möglichkeiten der Gestaltung der Rundfunkaufsicht in einem europäischen Rundfunksystem bestehen.

I. Technische Prämissen

Nicht umsonst blicken juristische Arbeiten zu einzelnen Fragen der Rundfunkordnung zunächst auf den aktuellen Entwicklungsstand zum Einsatz der Rundfunktechnik. Wie in anderen Lebensbereichen auch, stehen technische Möglichkeiten meist früher zur Verfügung als der entsprechende Ordnungsrahmen. Beispiele dafür lassen sich fast beliebig finden. Ob Fortschritte der Medizin und Gentechnologie, Neuer Telekommunikationsdienste und Elek-

---

[1] Davon betroffen sind wiederum auch die Normierungsfähigkeit und -kraft der nationalen Rundfunkordnungen: vgl. *BVerfGE 73, 118*, S.157 f.

tronischer Datenverarbeitung: Techniken können und werden vor der Schaffung geeigneter, insbesondere rechtlicher Ordnungsinstrumente eingesetzt.[2]

Gerade das Medienrecht[3] läßt sich vielfach als reine Reaktion auf technische Determinanten verstehen. So sieht beispielsweise Oppermann das Medienrecht gar als ein erregendes Beispiel jener, von Georg Jellinek herausgearbeiteten "normativen Kraft des Faktischen" an.[4] Die Analyse der technischen Vorgaben kann dabei zwar nicht die juristische Bewertung ersetzen. Sie ist jedoch Basis einer weiteren Untersuchung.

Zwei Entwicklungen, neben dem allgemeinen Fortschritt in der Mikroelektronik, erscheinen für die Bestimmung der technischen Prämissen hinsichtlich der Ausformung eines europäischen Rundfunksystems besonders beachtenswert. Das ist zunächst der Einsatz der

1. Satellitentechnik

für die Verbreitung von Rundfunkprogrammen. Eine stetig wachsende Anzahl von Kommunikationssatelliten wurden und werden im geostationären Orbit über Europa plaziert.[5] Der technologische Fortschritt, namentlich auch in der Raketentechnik ermöglicht die Stationierung von Kommunikationssatelliten mit erheblich gesteigerter Abstrahlungsleistung.

---

2 Zum Thema "Wettlauf zwischen Recht und Technik" vgl. den gleichnamigen Beitrag von *Berg, W.*, JZ 1985, S.401 ff. mit vielen weiteren Literaturhinweisen; ebenso *Däubler, W.*, Gestaltung neuer Technologien durch Recht ?, ZRP 1986, S.42 ff.; speziell zur Medientechnik: *Groß, R.*, Neue Medien: Neue Aufgaben des Rechts, ZRP 1982, S.232 ff.

3 "Medienrecht" nicht als festumrissenes Rechtsgebiet, sondern gemäß der Definition von *Bamberger, H.G.*, Einführung in das Medienrecht, 1986, S.23: als Gesamtheit der rechtlichen Normen, die für die Rechtsverhältnisse der Massenmedien und der zur Individualkommunikation dienenden Medien im umfassenden Sinn bedeutsam sind; zur Begriffsbildung vgl. auch: *Pascke, M.*, Medienrecht - Disziplinbildende Sinneinheit übergreifender Rechtsgrundsätze oder Chimäre ?, ZUM 1990, S.209 ff.

4 *Oppermann, T.*, Auf dem Weg zur gemischten Rundfunkverfassung in der Bundesrepublik Deutschland ?, JZ 1981, S.722; vgl. auch *Janssen, H.*, Die normative Kraft des Faktischen. Zum Niedersachsen-Urteil des BVerfG, FUNK-Korrespondenz Nr.45/1986, S.1 ff.

5 Siehe dazu den historischen Überblick bei *Breitkopf/Schiwy/Schneider*, Satellitenfernsehen und Satellitenhörfunk, 1987, S.13 ff.

a) Fernmeldesatelliten

Bereits bisher wurden Fernsehprogramme durch Satelliten mit relativ geringer Abstrahlungsleistung wie etwa den EUTELSAT II-F1 (ECS 1 bis ECS 4)[6] und dem INTELSAT V-F12[7] verbreitet. Zumeist werden diese Satelliten als Fernmelde- oder Nachrichtensatelliten bezeichnet, da sie vor allem der Vermittlung des Fernmeldeverkehrs dienen. Entsprechend ihrer geringeren Leistung müssen die Empfangsanlagen desto leistungsstärker ausgelegt sein. Trotz Weiterentwicklungen in der Receivertechnik sind für den störungsfreien Empfang Parabolantennen von (derzeit noch) etwa 2 Metern Durchmesser notwendig. Dennoch kommt ihrem Einsatz auch heute noch im Verbund mit der Einspeisung der Programme in Breitbandkabelnetze Bedeutung zu.[8]

b) Medium-Power-Satelliten

Inzwischen befinden sich Kommunikationssatelliten im geostationären Orbit über Europa, die besonders für die Verbreitung von Rundfunkprogrammen konzipiert wurden. Sie strahlen im Vergleich zu den Fernmeldesatelliten mit größerer Leistung und in einem anderen Frequenzbereich ab. Satelliten wie ASTRA[9] und KOPERNIKUS[10] erlauben den Empfang mit Para-

---

[6] In Betrieb seit Juni 1983; Die ECS als Beispiel für diese Satellitenkategorie haben einen Sendeverstärker von 20 Watt. Der Träger-Gesellschaft, der europäischen Eutelsat-Organisation, gehören die Fernmeldeverwaltungen von insgesamt 28 Ländern an. Am 31.08.1990 ist nun der erste Eutelsat der neuen Baureihe, der Eutelsat II-F1 in die Erdumlaufbahn befördert worden. Über seine Antennen ist die Ausstrahlung von Fernsehprogrammen von den Kanarischen Inseln bis Israel, vom Nordkap bis Nordafrika möglich.

[7] In Betrieb seit August 1985. Das ganze Intelsat-System besteht derzeit aus 14 Satelliten. Intelsat ist eine internationale Satellitenorganisation, an der mehr als 100 Staaten beteiligt sind.

[8] Siehe dazu auch den Abschnitt Breitbandverkabelung, S. 17 ff.

[9] Gestartet im Dezember 1988 mit einer Sendeleistung von 45 Watt je Kanal (16 Kanäle); teilweise sind mehrere Programme auf einem Kanal zu empfangen. Besitzer und Betreiber von Astra ist eine private Organisation, die Société Européene des Satellites (SES) in Betzdorf bei Luxemburg. *Meyrat, P.*, ASTRA - Europas "hot bird", in: Europas Medienmarkt von morgen, 1989, S.163 ff.

[10] In Betrieb seit 1989. Kopernikus kann bis zu 12 Fernseh- und 16 digitale Hörfunkprogramme verbreiten. Kopernikus ist jedoch kein reiner Rundfunksatellit, sondern dient auch der

bolantennen von 60-90 cm Durchmesser.[11] Entsprechend ihrer größeren Sendeleistung werden sie als Medium-Power-Satelliten bezeichnet.

c) High-Power-Satelliten

Die derzeit sendestärksten Rundfunksatelliten über Europa sind der deutsche TV-SAT 2 und die französischen TDF-1 und TDF-2.[12] Der Empfang ihrer Signale ist auch mit Parabolantennen von weniger als 60 cm Spiegeldurchmesser möglich. Diese Satelliten sind reine Fernsehsatelliten. Für sie wurde eigens eine neue (deutsch-französische) Fernsehnorm entwickelt: das D2-MAC. Im Vergleich zur PAL-Norm bietet dieses System eine bessere Bildqualität und ermöglicht durch digitale Übertragung eine Tonqualität auf CD-Niveau, soll jedoch selbst nur Vorstufe zum hochauflösenden Fernsehen, dem HDTV, sein. Zum Empfang der neuen D2-MAC-Fernsehnorm sind zusätzliche, derzeit um 300 bis 600 DM teurere Empfangsgeräte notwendig. Gerade deswegen haben TDF und TV-SAT bisher nur geringe Publikumsreichweiten.[13]

Für die von Medium-Power- und High-Power-Satelliten abgestrahlten Programme hat sich auch der Begriff "direkter Satellitenrundfunk" eingebürgert.[14] Gemeint ist damit nicht der Umstand, daß die Satellitensignale direkt zu empfangen sind (alle Satellitensignale werden schließlich "direkt" empfangen), sondern daß diese Satelliten dafür entwickelt wurden, Fernseh- und Hörfunkprogramme den Teilnehmern unmittelbar, also mit geringem

---

Individualkommunikation. Besitzer und Betreiber des Kopernikus-Systems (insgesamt 3 Satelliten) ist die Deutsche Bundespost.

11 mit der Tendenz zu immer kompakteren Anlagen: vor allem dank verbesserter Receivertechnik werden Versuche mit Antennendurchmessern von 40 cm unternommen.

12 Starts 1989 u. 1990; Sendeleistung ca. 260 Watt pro Kanal (5 Fernsehkanäle).

13 Nach der Reichweitenuntersuchung "German Satellite Monitor" seien im zweiten Quartal des Jahres 1992 lediglich 0,7 Prozent der Satelliten-Direktempfangsanlagen in der Bundesrepublik Deutschland (ca. 35000 Haushalte) auf den TV-SAT ausgerichtet: *Medien Bulletin*, "5 Millionen Direktempfänger", 16/92, S. 96 f. Dies liegt auch mit daran, daß viele Programme, wie etwa ARD und ZDF auch über terrestrische Sendeanlagen verbreitet werden und der Endgeräteindustrie somit wichtige Verkaufsargumente fehlen.

14 Begriff ("Direct-Broadcasting-by-Satellite = DBS") bereits 1971 von der World Administrative Radio Conference for Space Telecommunications (WARC 1971) definiert. Weitere Erläuterungen dazu etwa bei: *Delbrück, J.*, Direkter Satellitenrundfunk, 1982, S.11 ff.

Empfangsaufwand und ohne zuvorige Einspeisung in ein Kabelnetz zur Verfügung zu stellen. Da beispielsweise den Staaten Belgien, Deutschland, Frankreich, Niederlande, Italien, Luxemburg, Österreich und die Schweiz eine gemeinsame Orbitposition (19 ° West) zugewiesen wurde, können die Rundfunkteilnehmer mit einer Antennenausrichtung auf diese Orbitposition alle für die Verbreitung in den genannten Staaten bestimmten Satellitenprogramme auch mit dem definierten, geringen Antennenaufwand empfangen.[15] Die größten Publikumsreichweiten erzielt hier derzeit das Satellitensystem ASTRA.[16]

d) Empfangstechnik

Durch den Fortschritt in der Empfangstechnik, insbesondere durch die Entwicklung leistungsstarker SHF-Umsetzer[17] ist "direkter Satellitenrundfunk" selbst mit den vergleichsweise sendeschwachen Fernmeldesatelliten möglich geworden. Aus diesem Grunde erlaubt auch die DBP Telekom seit 1985 den genehmigungsfreien Fernseh-Direktempfang von Fernmeldesatelliten wie EUTELSAT und die Einspeisung der Programme in private Gemeinschaftsantennenanlagen. Dem Grundsatzurteil des Europäischen Gerichtshofes zum Fall Autronic[18] Rechnung tragend brauchen Besitzer von Satellitenantennen zum Radio- und Fernsehempfang seit dem 01.02.1991 auch

---

[15] Siehe *Müller-Römer, F. in*: Internationales Handbuch für Rundfunk und Fernsehen 1992/93, hrsg. vom Hans-Bredow-Institut für Rundfunk und Fernsehen an der Universität Hamburg, 1992, S. A/128 ff.

[16] ASTRA erreicht technisch fast 90 % der Haushalte in Europa; europaweit sind 80 von 100 Satelliten-Empfangsanlagen auf diesen Satelliten ausgerichtet; s. *Otto, H-J.*, Astra lockt auch in Südeuropa, Funkschau 21/1990, S.61. ASTRA-Anlagen führen dank eines günstigen Preis-/Leistungsverhältnisses mit weitem Abstand in den Verkaufslisten des Einzelhandels. Die SES plant, bis 1994 weitere Satelliten zu stationieren, die auch für die Übertragung von Programmen in der HDTV-Norm geeignet sein sollen. Als großen Erfolg sieht es die SES an, daß nunmehr auch das öffentlich-rechtliche Satellitenprogramm 3Sat zusätzlich zum TV-SAT 2 (D2-MAC) über ASTRA (PAL-Norm) ausgestrahlt wird. Die ARD hat ebenfalls auf dem zweiten ASTRA-Satelliten ASTRA I B zur Verbreitung des Programmes ARD Eins plus einen Kanal gebucht.

[17] SHF = SuperHighFrequency - Frequenzen im 11 und 12 GigaHertz-Bereich. SHF-Umsetzer müssen diese hochfrequenten Signale zur Weiterverarbeitung im Satelliten-Receiver auf ein Frequenzspektrum im Bereich von etwa 950-1750 MHz modulieren.

[18] EGMR, Entsch. vom 22.05.1990, EuGRZ 1990 S.261 ff.

keine Gebühren mehr an die DBP Telekom entrichten. Ebenfalls weggefallen ist die Pflicht zur Anmeldung dieser Anlagen.

Auf der anderen Seite ergeben sich mit den leistungsstärkeren Medium-Power- und High-Power-Satelliten Sendereichweiten, die früher nicht möglich erschienen. Die "Ausleuchtzonen", also die Gebiete auf denen die Satellitensignale mit durchschnittlichem Antennenaufwand zu empfangen sind, haben deshalb erheblich zugenommen. Das technisch unvermeidbare Überstrahlen benachbarter Staaten, der sogenannte "Overspill", ist gerade durch die Weiterentwicklung der Empfangstechnik in großem Umfang Realität geworden. Diese Tatsache widerspricht eigentlich den Intentionen nach Art.7 Randnummer 428 A der Vollzugsordnung für den Funkdienst der Internationalen Fernmeldeunion (International Telecommunications Union, Radio Regulation) von 1971[19] und der Festlegung der Ausleuchtzonen auf der Rundfunksatelliten-Konferenz (WARC 1977)[20], die den Overspill so gering wie nur möglich halten wollten, aber eben die damals erreichten Standards in der Empfangstechnik zugrundelegen mussten.

Überdies sind die Satellitenempfänger durch Massenfertigung weit preisgünstiger und in Verbindung mit dem verkleinerten Antennendurchmesser für viele private Haushalte interessant geworden. Komplette Anlagen für den Satellitenempfang sind derzeit im Handel bereits ab DM 500 zu erhalten. Internationale technische Normung und Standardisierung begünstigen diese Entwicklung weiter.[21]

---

19 Diese Vorschrift lautet: "In devising the characteristics of a space station in the broadcasting satellite service, all technical means available shall be used to reduce, to a maximum extent practicable, the radiation over the territory of other countries unless the an agreement has been previously reached with such countries." Zum Internationalen Fernmelderecht bezüglich DBS siehe auch *Dillenz, W.*, Direktsatellit und die Grenzen des klassischen Senderechtsbegriffs, 1990, S.102 ff.

20 International Telecommunication Union, Final Acts of the World Administrative Radio Conference for the Planning of the Broadcasting-Satellite Service, Genf 1977.

21 Gemeinsame Normen wurden etwa durch die Fernmeldeverwaltungen im Rahmen der CEPT (Conférence Européenne des Postes et Télécommunications) erarbeitet. Auf EG-Ebene wird daneben seit 1988 das Europäische Institut ETSI (European Telecommunications Standards Institute) neben den bereits bestehenden Normungsorganisationen CEN und CENELEC tätig. Zu den Spezifikationen für das direkt empfangbare Satellitenfernsehen siehe weiter *Faul, E.* in: Nationale und europäische Perspektiven der Telekommunikation, 1987, S.122 f. mit dem Vorschlag der EG-Kommission über gemeinsame technische Normen für die Direktübertragung über Satelliten, *Dok. KOM (86) 1 endg.*, Amtsbl. EG Nr. C 59 v. 14.3.1986, S.3; Überstaatliche

Ein noch zunehmender Einsatz der Satellitentechnik für die Verbreitung von Rundfunkprogrammen kann damit insgesamt mit einiger Sicherheit erwartet werden.[22]

2. *Breitbandverkabelung*

Die Rundfunkübertragung über Breitbandkabelnetze ist an sich keine neue Technik. Bereits Ende der 50er Jahre sollen in den USA 525 Kabelsysteme mit etwa 450.000 verkabelten Haushalten bestanden haben. 1960 begannen die Niederlande und Belgien und 1964 Frankreich mit den ersten Versuchen zum Aufbau von Breitbandnetzen für die Rundfunkübertragung. Anfang der 70er Jahre folgten die Schweiz und Italien.[23] 1978 einigten sich die Ministerpräsidenten der deutschen Bundesländer auf die Einrichtung von vier Kabelpilotprojekten, was dann am 1.1.1984 in Ludwigshafen zum ersten Feldversuch mit Breitbandkabeln in der Bundesrepublik Deutschland führte.

Die maßgeblichen technischen Prämissen auf dem Weg zu einem europäischen Rundfunkraum liegen daher heute weniger in der Neuheit des Übertragungsmediums als vor allem in der Entwicklung der Anschlußdichte begründet.

Vereinbarungen zur technischen Harmonisierung der Kommunikationssysteme finden sich beispielsweise auch im Rahmen des Wiener KSZE-Folgetreffens. *Konferenz über Sicherheit und Zusammenarbeit in Europa (KSZE)*, Ziff. 35 des abschließenden Dokumentes des Wiener KSZE-Folgetreffens vom 15.Januar 1989, in: Bulletin des Presse- und Informationsamtes der Bundesregierung vom 31.01.1989, Nr.10/S.71.

22 Nach der repräsentativen Untersuchung "German Satellite Monitoring" ergibt sich für 1993 in Deutschland ein Nachfragepotential von ca. 1,5 Millionnen zusätzlichen Satellitenempfangsanlagen *Medien Bulletin* "5 Millionen Direktempfänger", 16/92, S. 96 f. Zum 30.06.1992 waren bereits etwa 2,8 Millionen Haushalte an eine eigene Satellitenempfangsanlage und 2,3 Millionen Haushalte an eine gemeinschaftlich genutzte Satellitenantenne angeschlossen.

23 Zur geschichtlichen Entwicklung vgl. eingehend *Ratzke, D.*, Handbuch der Neuen Medien, 2.Aufl. 1984, S.344.

a) Anschlußdichte

Diese Zahl[24] nimmt stetig zu. Waren Mitte 1988 3,80 Mio. Haushalte in der Bundesrepublik Deutschland an Breitbandkabel angeschlossen,[25] so wurden Ende 1989 bereits 6,30 Mio. Kabelhaushalte gezählt.[26] Zum 30.06.1992 waren in den alten Bundesländern 10,63 Mio. Haushalte an Breitbandkabel angeschlossen. Das Kabelnetz Berlin war zum 30.06.1992 mit einer Anschlußdichte von 68,8 % das größte in der Bundesrepublik Deutschland.[27] Bis etwa 1995 sollen nach den Angaben der Deutschen Bundespost Telekom 80 % der bundesdeutschen Haushalte in den alten Bundesländern an Breitbandkabel anschließbar sein. Anders sieht die Situation in den neuen Bundesländern aus. Von den ca. 6,4 Mio. Haushalten können zum Stand 30.06.1992 nur etwa 350 Tausend an Breitbandkabel angeschlossen werden. Davon waren etwa 210 Tausend Haushalte tatsächlich angeschlossen. Kleinere Staaten wie die Niederlande, Belgien und die Schweiz haben einen Versorgungsgrad[28] von annähernd 100 % erreicht. Insgesamt sollen bereits Ende 1989 53,4 Mio. westeuropäische Haushalte über einen Kabelanschluß verfügt haben.[29] Allerdings differiert die Anschlußdichte in den europäischen Staaten sehr stark. In Flächenstaaten wie beispielsweise Frankreich und Spanien sind nur eine relativ geringe Zahl von Haushalten an Breitbandkabelnetze angeschlossen.[30]

---

24 Als Maß des Verhältnisses von angeschlossenen zu anschließbaren Haushalten. Das Verhältnis von anschließbaren zu insgesamt vorhandenen Haushalten wird dagegen Versorgungsgrad genannt (Begriffe nicht von allen Autoren einheitlich verwendet !).

25 Quelle: *Deutsche Bundespost*, zit. nach DLM-Jahrbuch 1988, S.257.

26 Quelle: *Prognos*, zit. nach *Kessler, M.A / Schrape, K.*, Fernsehmarkt Westeuropa, Media Perspektiven 1990, S.31 f. mit Fn.5.

27 Quelle: *Deutsche Bundespost Telekom* abgedruckt in IW-Medienspiegel Nr.32 vom 03.08.1992.

28 Maß für das Verhältnis von anschließbaren zu insgesamt vorhandenen Haushalten.

29 *Wössner, M.*, "Vision 2000 - Medien in Europa", IW-Medienspiegel Nr.26 vom 22.06.1992.

30 In Frankreich waren zum Stand Ende Mai 1991 550 Tausend Haushalte an Breitbandkabelnetze angeschlossen; vgl. *Opitz, G.*, Das Rundfunksystem Frankreichs, Internationales Handbuch für Rundfunk und Fernsehen 1992/93, S. D/96. In Spanien verfügen nur wenige kleine Orte über Kabelinstallationen; vgl. *Mateo, R.*, Das Rundfunk- und Fernsehsystem in Spanien, Internationales Handbuch für Rundfunk und Fernsehen 1992/93, S. D/254.

b) Übertragungskapazität und Programmbelegung

Mit Breitbandkabelnetzen auf Kupferkoaxialbasis ist derzeit ein Frequenzspektrum von etwa 400 MHz verfügbar, das für die Verteilung von 28 Fernseh- und 40 UKW-Hörfunkprogrammen für ausreichend gehalten wird.[31] Weitere Frequenzgewinne sind zu realisieren, wenn sukzessive statt der bisher verwendeten Kupferkoaxialkabel Glasfasersysteme eingesetzt werden. Aber auch mit den bestehenden Breitbandnetzen in Kupferkoaxialtechnik ließe sich durch digitale Signalübertragung eine Steigerung der Übertragungskapazität erreichen.[32]

Selbst die relativ schwachen Signale der Fernmeldesatelliten[33] können kostengünstig - da nur jeweils eine Satellitenempfangsanlage notwendig wird - aufgefangen und in die Netze eingespeist werden. Nicht zuletzt deshalb ist das Kabel derzeit noch in den alten Bundesländern der Bundesrepublik Deutschland der Hauptdistributionsweg für Satellitenprogramme.[34]

Anstelle des dezentralen Empfangs gibt es gleichermaßen die Möglichkeit der Heranführung der Programme von zentralen Kopfstationen über entsprechend dimensionierte Kabelstrecken zu den Breitbandkabelnetzen. Mit vertretbarem Kostenaufwand könnten dadurch theoretisch alle in Europa überhaupt erreichbaren Satellitenprogramme in die Kabelnetze eingespeist werden. Sogar der Empfang und die Einspeisung von Satellitensignalen mit abgestimmten Ausleuchtzonen über Vorderasien und Übersee ist technisch und wirtschaftlich erreichbar.

Daneben kann angesichts der fortschreitenden Verkabelung im Zusammenhang mit der Weiterentwicklung der Glasfasertechnik erwartet werden, daß Rundfunkprogramme auch ausschließlich im Kabel verbreitet werden, d.h. Kabelverbindung vom Rundfunkveranstalter zum Rundfunkteilnehmer besteht (Stichwort: Kabelhörfunk, Kabelfernsehen). So plant die Deutsche Bundespost

---

[31] *Müller-Römer, F.*, Rundfunkversorgung (Hörfunk und Fernsehen), Internationales Handbuch für Rundfunk und Fernsehen 1992/93, S. A/139 f.

[32] Erläuterungen zu dieser Technik (in einer auch für Nicht-Techniker verständlichen Sprache) etwa bei *Haase, V.*, Die Technik der neuen Medien, 1983, S.48 ff.

[33] Zur Satellitentechnik siehe oben, S. 13.

[34] *Kessler, M.A / Schrape, K.*, Fernsehmarkt Westeuropa, Media Perspektiven 1990, S.31 ff.

Telekom den Aufbau eines diensteintegrierten Breitbandnetzes, in dem neben der Verbreitung von Rundfunkprogrammen auch alle Dienste der Individualkommunikation vermittelt werden sollen.[35]

Zusammen mit der Programmausweitung öffentlich-rechtlicher und privater Veranstalter wurde die Kapazitätsgrenze der Breitbandkabelnetze in Kupferkoaxialtechnik jedoch relativ schnell erreicht. Bereits im Jahr 1992 mußten die deutschen Landesmedienanstalten Entscheidungen über die Rangfolge von Kabeleinspeisungen treffen. Diese Rangfolgeentscheidungen können für die betroffenen Veranstalter beim erreichten Stand der Anschlußdichte mit erheblichen wirtschaftlichen Konsequenzen verbunden sein. Dieser neue Zweig der "modernen Mangelverwaltung", der rechtswissenschaftlich erst noch erschlossen werden muß,[36] wird beim Thema Breitbandkabel zunehmend die Diskussion bestimmen.

II. Entwicklungen in den nationalen Rundfunkordnungen

Die nationalen Rundfunkordnungen in den europäischen Staaten haben sich in den letzten Jahren zwar mit unterschiedlichem Tempo und Ausmaß, jedoch zunehmend für neue Strukturen geöffnet. Ein Ende der Umbruchphase kann derzeit noch nicht verzeichnet werden. Ob die Ursachen dieser Öffnung mehr in der Weiterentwicklung der Rundfunktechnik oder mehr in gesellschaftlichen Veränderungen zu suchen sind, bleibt für die Ausgangsfrage nicht entscheidend. Indessen ist diese Neuorientierung ein unentbehrlicher Faktor hinsichtlich der Existenz eines europäischen Rundfunkraumes und der möglichen Ausformung eines europäischen Rundfunksystems.

Nachfolgend sollen für diesen Untersuchungsgegenstand nur einige Tendenzen des vollzogenen und sich vollziehenden Wandels gewürdigt werden.

---

35 IBFN - *I*ntegriertes *B*reitband*f*ernmelde*n*etz. *Deutsche Bundespost*, Konzept der DBP zur Weiterentwicklung der Fernmeldeinfrastruktur, 1984, S.26 ff. Die Forschung und Entwicklung integrierter Breitband-Kommunikationswege wird auch auf EG-Ebene gefördert. Hier besteht z.B. das Forschungsprogramm RACE (= Research and Development in Advanced Communications Technologies in Europe).

36 *v.Holtzbrinck, S.*, Definitions- und Rangfolgeprobleme bei der Einspeisung von Rundfunkprogrammen in Kabelanlagen, 1990 und *Ricker, R.*, Kriterien der Einspeisung von Rundfunkprogrammen bei Kapazitätsengpässen in Kabelanlagen, ZUM 1992, S.521 ff.

Als Teile einer insgesamt komplexen Reform sind dabei ohne Frage deren enge Korrelationen zu berücksichtigen.

1. Zulassung privatrechtlicher Rundfunkveranstalter

Bereits seit 1954 nach Maßgabe des Independent Television Act besteht im Rundfunksystem *Großbritanniens* die Möglichkeit, daß privatrechtlich organisierte Rundfunkveranstalter unter behördlicher Aufsicht[37] mit der öffentlich-rechtlichen BBC konkurrieren.[38] Dieser frühe Start eines "dualen Rundfunksystems" kann im europäischen Raum eine gewisse Sonderstellung für sich beanspruchen. Denn überwiegend erst im Zeitraum von etwa 1975 bis 1985 haben sich die meisten Rundfunkordnungen in Westeuropa für privatrechtliche Rundfunkveranstalter geöffnet und Rundfunkmonopole abgebaut.

In *Italien* legalisierten zwei Urteile des Verfassungsgerichtes von 1974 und 1976 privaten Rundfunk auf regionaler Ebene.[39] Nationaler Rundfunk sollte zwar weiterhin der staatseigenen RAI vorbehalten bleiben, dennoch konnten durch die zeitgleiche Ausstrahlung über lokale Sender auch private Networks entstehen.[40] Begünstigt wurden diese Entwicklungen - gegen die Vorgaben des italienischen Verfassungsgerichts - durch das langdauernde Scheitern jeder Gesetzgebung über den privaten Rundfunk. Erst am 06.August 1990 verab-

---

[37] Zunächst der "Independent Television Authority" (ITA), die durch den Broadcasting Act von 1973 in die "Independent Broadcasting Authority" (IBA) umgewandelt wurde. Mit dem Broadcasting Act von 1990 wurden die IBA und die Cable Authority abgeschafft und durch die "Independent Television Commission" (ITC) und die Radio Authority ersetzt.

[38] Zur Entwicklung in Großbritannien: *Dix, A.*, Rundfunk in Grossbritannien, RuF 1980, S.361 ff.; *Humphreys, P.*, Das Rundfunksystem Großbritanniens, Internationales Handbuch für Rundfunk und Fernsehen 1992/93, S. D/114 ff. und Der *Einfluß des europäischen Gemeinschaftsrechts auf die deutsche Rundfunkordnung*, Hrsg. von E.-J. Mestmäcker u.a., 1990, S.117 ff.; *Mahle, W.A.*, Kommerzielles Fernsehen in der Medienkonkurrenz - Großbritannien: ein Modell für die Bundesrepublik ?, 1984.

[39] Gesetze Nr.225 und 226/1974 und Gesetz Nr.202/1976 s. *Natale, A.*, Das Rundfunksystem Italiens, Internationales Handbuch für Rundfunk und Fernsehen 1992/93, S. D/145 ff.

[40] Zur Entwicklung in Italien: *Martini, P.*, Die Umstrukturierung des italienischen Fernsehsystems, RuF 1985, S.502 ff.; *Natale, A.*, Das Rundfunksystem Italiens, Internationales Handbuch für Rundfunk und Fernsehen 1992/93, S. D/143 ff.; *Böckelmann, F.*, Kommerzielles Fernsehen in der Medienkonkurrenz - Italien: Selbstregulierung eines "freien" Rundfunkmarktes, 1983.

schiedete das italienische Parlament nach 14-jährigem Rechtsvakuum ein Mediengesetz ("Gesetz Mammi"), das ein Senderecht öffentlicher und privater Gesellschaften anerkennt, Werbe- und Konzentratiosnregelungen vorsieht und eine Rundfunkaufsicht installiert.[41]

Besonders erfolgreich und über Italien hinaus bekannt ist beispielsweise die TV-Kette Canale 5 des Silvio Berlusconi. Trotz deutlicher Konzentrationstendenzen bestehen in Italien noch eine Vielzahl von Stationen. Neben den Sendern der RAI konnten etwa in 1987 acht überregionale und 495 lokale Sender gezählt werden.[42] Zwei Jahre nach Inkrafttreten des Mediengesetzes hat die italienische Regierung einen Frequenzzuteilungsplan veröffentlicht, nach dem zwölf nationale Networks und 660 lokale Fernsehstationen eine Zulassung erhalten können.[43]

In *Frankreich* wurden die schon länger bestehenden illegalen "Radios libres" seit 1981 (nach dem Wahlsieg Mitterands als Staatspräsident) offiziell als "Radios locales privées" zugelassen.[44] Mit dem 4.11.1984 startete die erste private Fernsehkette "Canal plus" ihr Abonnementsprogramm, wobei hier noch der französische Staat über Anteile an den tragenden Unternehmen mittelbar beteiligt war. Ein Jahr später erhielt "La Cinq", eine neugegründete privatrechtliche Fernsehgesellschaft (getragen von den damaligen Großaktionären Berlusconi und Seydoux), die Lizenz zur Veranstaltung eines nunmehr rein werbefinanzierten Fernsehprogramms. Zur Jahreswende 1991/92 stellte der neue Anteilseigner Hachette das Programm mit einem Defizit von über einer Milliarde Francs ein.[45] Der ebenfalls rein werbefinanzierte Musikkanal TV 6 startete Anfang 1986 sein Programm. Der erste

---

41 Gesetz vom 06.08.1990, Nr.223. S. *Sauer, U.*, Auswirkungen des neuen Mediengesetzes in Italien, Media Perspektiven 1991, S.161 ff. Zu den Werberegelungen: *Fauceglia, G.*, Die Werbesendung im neuen italiensischen Rundfunkgesetz, GRUR Int. 1992, S.271 ff.

42 *Der Spiegel*, Nr.11 / 1988, S.201.

43 *Funk-Information* Nr. 19/1992, S.595 f.

44 Zur Entwicklung dieser privaten Radiostationen: *Patzwald, W.*, Zur Kommerzialisierung des französischen privaten Hörfunks seit 1981, Media Perspektiven 1992, S.306 ff.

45 *Medien-Jahrbuch 1992*, Band 1, S.160.

und reichweitenstärkste Fernsehkanal Télévision Française 1 (TF 1) wurde Ende 1986 privatisiert.[46]

Die Verordnung über lokale Rundfunk-Versuche (RVO) vom 1982[47] war in der *Schweiz* Grundlage für den am 1.11.1983 aufgenommenen legalen Betrieb der ersten lokalen privaten Hörfunkstation.[48] Längere Zeit zuvor wurden bereits private Hörfunkprogramme wie etwa Schamonis Radio 24 vom Staatsgebiet Italiens aus in die Schweiz hinein abgestrahlt und konnten dort vor allem bei jüngeren Personen große Reichweiten gewinnen. Mit der Annahme des Verfassungsartikels 55 ^{bis} der Bundesverfassung durch Volk und Stände am 2.12.1984 erhielt der Bund nach zwei fehlgeschlagenen Anläufen in den Jahren 1957 und 1976 die Gesetzgebungskompetenz über den Rundfunk.[49] Gestützt auf diese Verfassungskompetenz beschloß die Bundesversammlung ein "Bundesgesetz über Radio und Fernsehen" (RTVG), das seit dem 01.04.1992 in Kraft getreten ist. Durch das RTVG wurde eine Rahmenordnung sowohl für die SRG als auch für privaten Rundfunk geschaffen, deren Ausgestaltung jedoch in weitem Umfang (z.B. für das Verfahren zur Konzessionserteilung, Werbezeitregelungen u.a.) der Exekutive überlassen wurde. Interessant ist die durch Art.17 Abs.2 RTVG eröffnete Möglichkeit des Gebührensplittings zwischen SRG und privaten lokalen und regionalen Veranstaltern, wenn im Versorgungsgebiet des privaten Veranstalters keine ausreichenden Finanzierungsmöglichkeiten vorhanden sind und an deren Programm ein besonderes öffentliches Interesse besteht.[50]

---

46 Zur Entwicklung in Frankreich: *Optiz, G.*, Das Rundfunksystem Frankreichs, Internationales Handbuch für Rundfunk und Fernsehen 1992/92, S. D/78 ff. und Der *Einfluß des europäischen Gemeinschaftsrechts auf die deutsche Rundfunkordnung*, Hrsg. von E.-J. Mestmäcker u.a., 1990, S.103 ff.

47 *Verordnung über lokale Rundfunkversuche (RVO) 1982*, Schweizerisches Bundesrecht 784.401, 1982.

48 Zur Entwicklung in der Schweiz: *Saxer, U.* Das Rundfunksystem der Schweiz, Internationales Handbuch für Rundfunk und Fernsehen 1990/91, S. D/204 ff.

49 *Weber, R.H.*, Schweizer Medienkontrolle im Umbruch, ZUM 1991, S.305 f.

50 *Zölch, F.*, Das schweizerische Radio- und Fernsehgesetz (RTVG), Medien und Recht 1991, S.226 ff.

Die *deutschen Bundesländer* haben ab 1980 die gesetzlichen Voraussetzungen für die Zulassung privater Rundfunkveranstalter geschaffen.[51] Inzwischen sind sowohl in den alten als auch den neuen Bundesländern die Rechtsgrundlagen für die Lizenzierung privaten Rundfunks vorhanden.[52] In diesem Zusammenhang nicht weiter von Interesse sind die Unterschiede der von den Ländern jeweils entwickelten Rundfunkmodelle. Rechtsgrundlage für bundesweit verbreiteten privaten Rundfunk ist der Rundfunkstaatsvertrag 1991,[53] sowie die (Teil-)Staatsverträge über die Nutzung der TV-SAT-Satellitenkanäle.[54]

Der Rundfunk in *Luxemburg* befand sich seit seines Bestehens unter privatrechtlicher, bis zum Mediengesetz vom 27.07.1991 auch unter monopolistischer Trägerschaft.[55] Seit 1931 hatte die CLT[56] im Großherzogtum Luxemburg die alleinige Konzession zur Verbreitung von Rundfunksendungen. Die CLT betreibt inzwischen in einer Gesellschaft mit der UFA-Film und Fernsehen GmbH (Tochtergesellschaft der Bertelsmann AG und Gruhner+Jahr AG) ein Satellitenprogramm mit großen Publikumsreichweiten in der Bundesrepublik Deutschland. Auch in *Belgien*,[57] das am dichtesten

---

[51] Rheinland-Pfälzisches Landesgesetz über einen Versuch mit Breitbandkabel vom 4.12.1980, GVBl. 1980, S.229. Aufgrund dieses Gesetzes war die "Stunde null" in der Bundesrepublik Deutschland der 1.1.1984 mit Beginn des Kabelpilotprojektes in Ludwigshafen, das private Veranstalterschaft unter einem "öffentlich-rechtlichen Dach", der Ludwigshafener Anstalt für Kabelkommunikation, ermöglichte.

[52] Übersicht über die Rundfunkgesetze etwa bei *Ring, W.*, Medienrecht, Loseblattausgabe 30. Ergänzungslieferung März 1992.

[53] Der *Staatsvertrag über den Rundfunk im vereinten Deutschland* in Kraft seit dem 01.01.1992, u.a. abgedruckt in epd Nr.69/1991.

[54] Über die Vergabe und Nutzung der drei bislang zur Verfügung stehenden Satellitenkanäle bestehen folgende Staatsverträge: 1.) Staatsvertrag vom 20.3.1986 zwischen den Ländern Berlin, Hamburg, Niedersachen und Schleswig-Holstein; 2.) Staatsvertrag vom 12.5.1986 zwischen den Ländern Baden-Württemberg, Bayern und Rheinland-Pfalz; 3.) Staatsvertrag vom 29.6.1989 zwischen den Ländern Bremen, Hessen, Nordrhein-Westfalen und Saarland.

[55] s. *Hirsch, M.*, Das Rundfunksystem Luxemburgs, Internationales Handbuch für Rundfunk und Fernsehen 1992/93, S. D/159 ff.

[56] Compagnie Luxembourgoise de Télédiffusion (seit 1954) unter Neubenennung der 1931 gegründeten CLR = Compagnie Luxembourgoise de Radiodiffusion.

[57] s. *Hirsch, M.*, Das Rundfunksystem Belgiens, Internationales Handbuch für Rundfunk und Fernsehen 1992/93, S. D/47 ff.

verkabelte Land der Welt, sind kommerzielle Rundfunkveranstalter wie etwa die CLT mit dem Programm "RTL-TVi" lizenziert.

Das in vielen Punkten außergewöhnliche Rundfunksystem der *Niederlande*[58] ist grundsätzlich offen für privatrechtliche Trägerschaft. Sofern die als privatrechtliche Vereine zu organisierenden Rundfunkveranstalter eine bestimmte Anzahl von Mitgliedern nachweisen können, haben sie Anspruch auf entsprechend berechnete Sendezeit. Die Vereine sind insgesamt jedoch zur Zusammenarbeit untereinander in der NOS (Niederländische Rundfunk-Stiftung) verpflichtet. Mit dem neuen Mediengesetz von 1987, novelliert im Juli 1992, können nunmehr auch private Rundfunkveranstalter mit kommerzieller Ausrichtung senden. Das erfolgreichste und über die Niederlande hinaus bekannte Programm dieser Kategorie ist "RTL 4" (früherer Programmname: "RTL-Veronique"), welches seit dem 02.10.1989 über den Satelliten ASTRA ausgestrahlt und in die niederländischen Kabelnetze eingespeist wird. Auf lokaler Ebene exisitierten im Jahr 1992 etwa 350 Hörfunkveranstalter, die von einer im Jahr 1988 gegründeten Medienbehörde lizenziert und kontrolliert werden.[59] In *Schweden* konnte - nach Novellierung des Rundfunkgesetzes - im Jahr 1992 ein privates, werbefinanziertes TV-Programm den Betrieb aufnehmen.[60]

Auch in *Spanien*,[61] *Portugal*[62] und *Griechenland*[63] wurden inzwischen private Rundfunkveranstalter zugelassen. Seit Beginn der 80er Jahre bestan-

---

58 Siehe dazu *Bos, H.*, / *van Reenen, B.*, Der Rundfunk in den Niederlanden, Internationales Handbuch für Rundfunk und Fernsehen 1992/93, S. D/169 ff.

59 *Etty, W.*, Situation broadcasting system in the Netherlands and position Media Authority in European perspective, veröffent. Referat gehalten an den Münchner Medientagen Oktober 1992.

60 *Rüdel, W.*, Rundfunkaufsicht in Schweden, veröffent. Referat gehalten an den Münchner Medientagen Oktober 1992.

61 *Mateo, R.*, Das Rundfunk- und Fernsehsystem in Spanien, Internationales Handbuch für Rundfunk und Fernsehen 1992/93, S. D/247 ff.

62 *Erhardt, M.*, Das Rundfunksystem Portugals, Internationales Handbuch für Rundfunk und Fernsehen 1992/93, S. D/213 ff.

63 *Dimitras, P.*, Radio und Fernsehen in Griechenland, Internationales Handbuch für Rundfunk und Fernsehen 1992/93, S. D/106 ff.

den allerdings in allen drei Staaten eine wachsende Anzahl illegaler TV- und Hörfunksender auf lokaler und regionaler Ebene.[64]

Als eines der letzten Staaten Westeuropas existierte Ende 1992 in *Österreich* ein Sendemonopol zugunsten einer Rundfunkanstalt des öffentlichen Rechts.[65] Allerdings erscheint auch hier das Ende dieses Monopols in Sicht.[66] Bis vor kurzem fanden sich ähnliche Monopole noch in den Rundfunkordnungen *Dänemarks*[67] und *Irlands*.[68] Über Satellitendirektempfang, Kabelsysteme wie über terrestrische Sender können die Rundfunkteilnehmer in den genannten Staaten viele weitere Programme empfangen, was dazu führte, daß Sendemonopole vor der rechtlichen Abschaffung zunächst faktisch abgeschafft wurden.[69]

Die in Westeuropa zu konstatierende Entwicklung spiegelt sich zunehmend in den Staaten Osteuropas, nach der dort fortgeschrittenen gesellschaftlichen und politischen Öffnung wider.

Ungarn,[70] *Polen*[71], *Rumänien*[72], die *Tschechische Republik* und die *Slowakische Republik*[73] gestatten die Veranstaltung von Rundfunk nicht mehr

---

64 *Mateo, R. in*: Internationales Handbuch für Rundfunk und Fernsehen 1992/93, S. D/251 (Spanien), ebenso *Erhardt, M.*, S. D/214 f. (Portugal), ebenso *Dimitras, P.*, S. D/107 (Griechenland).

65 *Fabris, H.-H. u.a.*, Das Rundfunksystem Österreichs, Internationales Handbuch für Rundfunk und Fernsehen 1992/93, S. D/192 ff.

66 Mit der Einführung privaten Rundfunks wird in Österreich 1993 gerechnet. Der Entwurf eines Privatradiogesetzes wurde von den Regierungsfraktionen erarbeitet: *Pürer, H.*, Rundfunkkontrolle in Österreich, veröffent. Referat gehalten an den Münchner Medientagen Oktober 1992.

67 *Prehn, O.*, Das Rundfunksystem Dänemarks zwischen Kulturpolitik und Marktwirtschaft, Internationales Handbuch für Rundfunk und Fernsehen 1992/93, S. D/60 ff.

68 *Murphy, P.*, Das Rundfunksystem der Republik Irland, Internationales Handbuch für Rundfunk und Fernsehen 1992/93, S. D/132 ff.

69 So spricht der Generaldirektor der Schweizerischen Fernsehgesellschaft SRG Antonio Riva davon, daß der technische unvermeidbare Overspill bezogen auf die Schweiz einem "Inspill" gleichzusetzen sei: *Riva, A.*, Unternehmenspolitische Antworten auf europäische Märkte, veröffent. Referat gehalten Baden-Baden, Sept. 1992 auf der Tagung des Fribourger Arbeitskreises für die Ökonomie des Rundfunks.

70 *Jakab, Z.*, Das Ungarische Rundfunksystem, Internationales Handbuch für Rundfunk und Fernsehen 1992/93, S. D/276 ff.; die marktwirtschaftliche Öffnung zeigt sich etwa darin, daß der Werbezeitenverkauf für beide TV-Sender von westeuropäischen Vermarktungsfirmen über-

nur den staatlichen Monopolunternehmen. Auch in den Republiken der *GUS* wurden - mit unterschiedlichem Entwicklungsgraden - duale Rundfunkordnungen aufgebaut.[74]

Somit bestehen gegenwärtig in beinahe allen westeuropäischen Staaten und ebenso in vielen osteuropäischen Staaten die Voraussetzungen für legalen privaten Rundfunkbetrieb. Die Zahl der von Privaten veranstalteten Programme in Westeuropa zeigt, daß diese Chancen auch genutzt werden. In 1989 wurden hier 47 Fernsehprogramme von privaten Anbietern veranstaltet gegenüber 44 Programmen öffentlicher Rundfunkanstalten. Seit 1987 ist dabei nur ein Programm öffentlicher Rundfunkanstalten hinzugekommen.[75]

Die Zulassung privaten Rundfunks in den europäischen Staaten ist allerdings noch kein Faktum an sich, das die Ausformung eines europäischen Rundfunkraumes maßgeblich gefördert hätte. Vielmehr erst mit der gleichzeitigen

2. *Ausweitung von Marktstrukturen*

in den nationalen Rundfunkordnungen ergeben sich besondere Schubkräfte für diese Entwicklung.[76] Ob mehr oder weniger umfänglich und ob mehr oder weniger logisch: zusammen mit der Zulassung privater Rundfunkveranstalter

nommen wurden (MTV 2 von einem Berlusconi-Unternehmen): *Kabel & Satellit*, Nr.30 vom 01.07.91, S.10 f.

71 *Gajlewicz, M.*, Das Rundfunksystem Polens, Internationales Handbuch für Rundfunk und Fernsehen 1992/93, S. D/210 ff.

72 *Radu, S./Hoanca, L.*, Das Rundfunksystem Rumäniens, Internationales Handbuch für Rundfunk und Fernsehen 1992/93, S. D/219 ff. Die private britische Fernsehkette EBC gründete dort Anfang 1992 in einer gemischten Gesellschaft mit rumänischen Anteilseignern ein Zweites Rumänisches Fernsehen als Privatsender.

73 Seit März 1991 ist in der CSFR ein neues Mediengesetz in Kraft, welches das bisherige Sendemomopol des staatlichen Rundfunks aufhob und eine private Veranstalterschaft ermöglicht. *Jakobec, M.*, The new system of the broadcast regulation in Czech Republic and Slovak Republic, veröffent. Referat gehalten an den Münchner Medientagen Oktober 1992.

74 Vgl. *FUNK-Korrespondenz, Nr.23 vom 04.06.1992, S.17 f.*

75 Quelle: *Kessler, M.A / Schrape, K.*, siehe oben Fn. 34. Seit 1992 existiert mit dem Programm ARTE ein weiteres TV-Programm unter öffentlich-rechtlicher Trägerschaft.

76 Siehe zu den ökonomischen Faktoren im einzelnen unten S. 39 ff.

haben die Rundfunkordnungen auch die Ausbreitung von Marktmechanismen im Rundfunkwesen konzessioniert.[77]

Die weitere Öffnung der Rundfunksysteme für Marktstrukturen ist jedoch nicht en passant gleichzusetzen mit der Herstellung eines absolut "freien Rundfunkmarktes". So verhindert etwa im Geltungsbereich des deutschen Grundgesetzes Art.5 Abs.1 S.2 GG die völlige Preisgabe des Rundfunks an Marktkräfte.

Rundfunk unter privatrechtlich organisierter Veranstalterschaft ist wiederum keineswegs ein generelles Kennzeichen für die Expansion von Marktmechanismen. Ein von Privaten veranstalteter Rundfunk läßt sich ebenso regulieren, daß er in praxi nicht von dem öffentlich-rechtlich organisierter Veranstalter zu unterscheiden ist.

An dieser Stelle sei nicht einmal der Fall angesprochen, wo sich die privatrechtliche Organisationsform nur als die Etikette öffentlich-rechtlicher Träger ausnimmt.[78] Vielmehr können auch sonst die rechtlichen Rahmenbedingungen privatwirtschaftliche Träger so binden, daß nur wenig Spielraum für marktwirtschaftliche Verhaltensweisen bleibt. Die öffentlich-rechtliche "Bepakkung"[79] privaten Rundfunks, zuletzt diskutiert am Beispiel des Landesrundfunkgesetzes Nordrhein-Westfalen,[80] wurde in der Bundesrepublik Deutschland von vielen Stimmen propagiert[81] und natürlich ebenso disquali-

---

77 Dazu: *Mehr Markt in Hörfunk und Fernsehen*, hrsg. vom Frankfurter Institut für wirtschaftspolititsche Forschung, 1989; zur Abgrenzung verschiedener Teilmärkte und Marktmöglichkeiten im Rundfunk: *Immenga, U.*, Rundfunk und Markt, AfP 1989, S.621 ff.

78 Etwa das Vorhaben "Deutschland-Fernsehen GmbH", dessen Gesellschafter nach den Plänen Bundeskanzler Adenauers ("Adenauer-Fernsehen") die Bundesrepublik Deutschland und die deutschen Bundesländer werden sollten und schließlich im Jahr 1961 zum Erlaß des 1. Rundfunkurteil des BVerfG führte: *BVerfGE 12, 205 ff*; auch die erste deutsche "Reichsrundfunkgesellschaft" von 1926 war unter Beherrschung der Reichspost als Aktiengesellschaft organisiert.

79 Diktion von *Oppermann, T.*, Auf dem Weg zur gemischten Rundfunkverfassung in der Bundesrepublik Deutschland ?, JZ 1981, S.728.

80 Siehe dazu zusammenfassend *Hümmerich, K. / Beucher, K.*, Rundfunkfinanzierung auf dem Prüfstand. Parameter ausstehender Rundfunkurteile des Bundesverfassungsgerichts, AfP 1989, S.715 f.

81 Für weitere: *Hoffmann-Riem, W.*: Die Zukunft des Rundfunks - ein Verfassungsproblem, RuF 1979, S.154 ff.; *Badura, P.*, Verfassungsrechtliche Bindungen, 1980, S.22 ff. et passim; *Groß, R.*, Zu den verfassungsrechtlichen Grenzen einer Privatisierung des Rundfunks, DVBl.

fiziert.[82] Das in diesem Zusammenhang gesprochene Wort von der privaten Struktur, die frei mache,[83] ist vor diesem Hintergrund unzutreffend.

Umgekehrt kann die öffentlich-rechtliche Organisationsform alleine genausowenig auf die strikte Beschränkung der Möglichkeiten marktwirtschaftlicher Betätigung hinweisen. Wenn öffentliche Rundfunkanstalten sich beispielsweise maßgeblich über Wirtschaftswerbung finanzieren,[84] konkurrieren sie mit öffentlichen und privaten Rundfunkveranstaltern (soweit jeweils vorhanden) und mit anderen Medien um die Werbeetats. Auch gesellschaftsrechtliche Verflechtungen zwischen Rundfunkveranstaltern kann es unter einem öffentlich-rechtlichen "Dach"[85] prinzipiell genauso geben, wie in rein privatrechtlich organisierten Systemen.

Dennoch haben sich die nationalen Rundfunkordnungen verbunden mit der Zulassung privater Rundfunkveranstalter auf mehr "Markt" im Rundfunkwesen eingelassen. Dies sei anhand folgender Beispiele aufgezeigt:

1980, S.940 f.; *Bethge, H.*, Rundfunkfreiheit und privater Rundfunk, 1985, S.81 f. und *Bethge, H.*, Rundfunkfreiheit und Organisationsvorbehalt, 1987, S. 82 ff.; *Hendriks, B.*, Zum Wettbewerb im dualen Rundfunk, ZUM 1988, S.212 ff.

[82] Ebenfalls für weitere: *Lerche, P.*, Verfassungsrechtliche Aspekte neuer kommunikationstechnischer Entwicklungen, BayVBl. 1976, S.535; *Harms, W.*: Rundfunkmonopol und Marktkonkurrenz, AfP 1981, S.245 ff.; *Wolf, J.*, Medienfreiheit und Medienunternehmen, 1985, S.377 ff.; *Seemann, K.*, Ordnungspolitische Perspektiven eines dualen Rundfunksystems, ZUM 1987, S.256; *Degenhart, Chr.*, Öffentlich-rechtlicher und privater Rundfunk im dualen Rundfunksystem, ZUM 1988, S.51 ff.; *Immenga, U.*, Rundfunk und Markt, AfP 1989, S.623 ff.

[83] *Klein, H.H.*, Rundfunkrecht und Rundfunkfreiheit, in: Der Staat 1981, S.191 mit dem Verweis auf J.H. Kaiser, Presseplanung, 1972, S.31.

[84] In 1992 erwirtschafteten beispielsweise ARD und ZDF trotz Auftragsrückgängen zusammen Netto-Umsätze von 1,90 Mrd. DM (Werbefunk und Werbefernsehen). Quellen: Arbeitsgemeinschaft Rundfunkwerbung in *medien aktuell* Nr.8/1993, S.12 und *epd* Nr.4/1993, S.12. Am meisten profitierten jedoch private TV-Veranstalter vom steigenden Fernsehwerbemarkt: im Jahr 1992 sollen vom Gesamtumsatz von 4,33 Mrd. DM die Privatstationen insgesamt 70 % verbucht haben. Quelle: *iw-Medienspiegel*, Nr.11/1993, S.8.

[85] Vgl. etwa die Rechtslage in Bayern nach Art.111 a Abs.2 der Bayerischen Verfassung und dem Gesetz über die Erprobung und Entwicklung neuer Rundfunkangebote und anderer Mediendienste in Bayern (MEG) in der Fassung der Neubekanntmachung vom 8.12.1987. Nach dem MEG ist die Bayerische Landeszentrale für neue Medien (BLM) der öffentlich-rechtliche Träger privat veranstalteter Rundfunkprogramme in Bayern.

a) Zunahme der Wirtschaftswerbung

Während öffentliche Rundfunkanstalten aufgrund ihrer Gebühreneinnahmen teils keine[86] oder nur beschränkt[87] Werbung ausstrahlen dürfen, bzw. anderen mittelbaren Beschränkungen unterliegen,[88] ist die Akquisition von Wirtschaftswerbung für privatwirtschaftliche Rundfunkveranstalter existentiell. Ausgeklammert sind davon einige wenige Non-Profit-Rundfunkveranstalter ("Missionsrundfunk") mit erklärtem Verzicht auf Wirtschaftswerbung.

Massenattraktive Programme, wie Sportsendungen und Spielfilme, lassen sich zwar auch ohne Werbung über die Form des "Pay-TV" (etwa als Abonnementsfernsehen oder per Einzelabruf von Filmen) finanzieren. Diese Möglichkeit ist aber derzeit aufgrund von Akzeptanzschwierigkeiten nicht sonderlich verbreitet.[89] Beispielsweise stieg die Zahl der Pay-TV Programme in Westeuropa von Ende 1987 bis Mitte 1989 lediglich von 10 auf 11 bei einer Zunahme von total 78 auf 91 Programme.[90] Die Reichweiten sind ebenfalls deutlich geringer als die ausschließlich werbefinanzierter Satellitenprogramme wie etwa RTL plus oder MTV Europe. Hörfunkprogramme auf Entgeltbasis sind derzeit nicht bekannt. Dabei finanzieren sich die Pay-TV Programme zwar vorwiegend über Entgelte, jedoch auch zusätzlich über Werbeeinnahmen. Canal plus in Frankreich etwa versteigerte alle Sendungen

---

86 Beispiel: BBC als rein gebührenfinanzierte Rundfunkanstalt.

87 Beispiel: die öffentlich-rechtlichen Rundfunkanstalten in der Bundesrepublik Deutschland. Nach § 15 des Rundfunkstaatsvertrages 1991 bestehen Bindungen in Umfang (20 Minuten/Tag) und Tageszeit (vor 20 Uhr) und das Verbot von Sonntagswerbung. Gem. § 15 Abs.2 des Rundfunkstaatsvertrages werden auch die Werbeverbote in den 3.Fernsehprogrammen und den Kulturprogrammen beibehalten.

88 Beispielsweise "unwirtschaftliche", da auf Minderheiten ausgerichtete, Programme produzieren und verbreiten zu müssen: etwa FR 3 und Antenne 2 in Frankreich. Siehe dazu *Holleaux, A.*, Le droit de l'audiovisuel, entre la politique et la technique, Revue francaise d'administration publique, 1987, S.9. Ebenso die öffentlich-rechtlichen Rundfunkanstalten in der Bundesrepublik Deutschland nach dem sog. "Grundversorgungsauftrag".

89 Ein neuer Versuch nach dem Scheitern von "Teleclub" starteten die Bertelsmann-Tochter ufa, der französische TV-Sender Canal plus und die Kirch-Gruppe am 28.02.91 mit dem Pay-TV-Kanal "Premiere". Premiere wird codiert über Satellit verbreitet, um "Schwarzsehern" den Zugang zu versperren.

90 Quelle: *Prognos*, siehe oben Fn. 34. Vgl. auch *Wilde, G.*, Der Markt für Fernsehprogramme in Westeuropa 1989 bis 1999, Media Perspektiven 1990, S.648 f.

an Sponsoren, deren Firmensignet oder Marke dann im Vor- und Nachspann erscheinen.[91]

Insgesamt läßt sich heute die Bedeutung der nationalen Werbevorschriften verbunden mit der Praxis ihrer Durchsetzung, die Frage nach Marktbindung oder Marktfreigabe der Rundfunkwerbung, für den privatwirtschaftlich betriebenen Rundfunk kaum überschätzen. Die einzelnen Rundfunkordnungen haben dabei in unterschiedlichem Umfang den Rundfunkwerbemarkt im privaten Rundfunk eröffnet. Für einige europäische Staaten sei dies nachfolgend beispielhaft aufgezeigt.

In *Großbritannien* sind den privatrechtlichen Programmgesellschaften im Hörfunk 9 Minuten und im Fernsehen max. 7,5 Minuten Werbung pro Stunde erlaubt.[92] Sie unterstehen dabei der Aufsicht der ITC (Independent Television Commission) bzw. der Radio Authority samt deren weitgehenden Kontrollbefugnissen. Eine Konkurrenz zur öffentlichen BBC um die Werbeeinnahmen besteht nicht.[93] Allerdings war bisher die Situation der Rundfunkwerbung in Großbritannien noch eher ein Gegenbeispiel für die Ausweitung von Marktstrukturen. Die privaten Programmgesellschaften standen als Teile des ITV[94] bzw. des ILR[95] durch die ausschließliche Zuständigkeit für ein bestimmtes Sendegebiet nur in geringem Wettbewerb untereinander. Konkurrenz bestand lediglich in den Überstrahlungsgebieten, sowie gegenüber dem anderen kommerziellen Fernsehkanal Channel 4 und gegenüber den Satellitenprogrammen wie zum Beispiel Sky One.[96] Mit dem Broacasting Act von 1990 entfiel jedoch das Werbemonopol der ITV-Gesellschaften, die sich folglich zunehmendem Wettbewerbsdruck ausgesetzt sehen.

In *Frankreich* war nach dem ersten Audiovisionsgesetz von 1982 Wirtschaftswerbung in privaten Lokalradios zunächst ganz verboten. Anderen Veranstaltern konnte eine Werbefinanzierung von höchstens 80 % erlaubt werden. Inzwischen,[97] nicht zuletzt aufgrund von Umgehungspraktiken quasi erzwungen, können sowohl die Lokalradios als auch Fernseh-

91 *Die Zeit*, vom 2.11.1984: "Canal plus startet im Minus".

92 s. *Kagan*, European Media Regulation 1992, S. 201; zur früheren Regulierungspraxis: *Independent Broadcasting Authority*, Television and Radio 1986, The IBA's Yearbook of Independent Broadcasting, 1987, S.210 ff.

93 Zu den Finanzierungsproblemen der BBC: *Bullinger, M.*, Rundfunkfinanzierung im Ausland, ZUM 1986, S.225 ff.

94 Independent Television = Zusammenfassung aller auf dem 3.Fernsehkanal sendenden privaten Programmgesellschaften.

95 Independent Local Radio = Zusammenfassung aller privaten Lokalradiostationen.

96 Allerdings machten sich die ITV-Gesellschaften hier ein Stück selbst Konkurrenz, da sie an Channel 4 ebenfalls als Gesellschafter beteiligt waren. Siehe dazu: *IBA*, Yearbook 1986.

97 Seit dem Gesetz vom 1.8.1984. Siehe dazu: *Voigt, S.*, Kurswechsel, Mitterands Medienpolitik. Eine Halbzeitbilanz, medium 1984, S.34.

stationen zu 100 % werbungsfinanziert sein.[98] Die privaten Rundfunkveranstalter konkurrieren dabei mit den öffentlichen Rundfunkanstalten um die Werbeetats, können sich jedoch nach Umfragen gut behaupten. So soll zum Beispiel im Jahr 1987 das Gesamtwachstum von 1,8 Milliarden Francs in der Fernsehwerbung fast ausschließlich den privaten Fernsehveranstaltern zugeflossen sein.[99]

Die Medien- und Privatrundfunkgesetze der *deutschen Bundesländer* haben Wirtschaftswerbung im privaten Rundfunk von Anfang an erlaubt. Die dort bzw. in §§ 26, 27 des Rundfunkstaatsvertrages 1991 enthaltenen spezielllen Werberegelungen sind von Art und Umfang großzügiger als die bezüglich der öffentlich-rechtlichen Konkurrenz. Allgemein begrenzt ist der Anteil der Werbung auf 20 %, die der Spotwerbung auf 15 % der täglichen Sendezeit; ein Wert, den die privaten Rundfunkveranstalter derzeit kaum akquirieren können.[100] Für die Werbewirtschaft attraktive, weil zielgruppengenauere Werbeeinschaltungen nach 20 Uhr lassen sich momentan nur im privaten Rundfunk plazieren. Die Möglichkeit, Teleshopping- und längere Dauerwerbesendungen anzubieten, besteht alleine im privaten Rundfunk.

Die Situation in *Italien* konnte als Beispiel für eine völlige Freigabe des Werbemarktes im privaten Rundfunk angesehen werden. Während die öffentlich-rechtliche RAI auf einen Werbeanteil von 4 % der wöchentlichen Sendezeit beschränkt wurde[101] und ihre Einnahmen aus Werbung einer Obergrenze unterliegen, die jährlich durch die Parlamentarische Kommission festgelegt wird,[102] gab es für private Rundfunkveranstalter keine Zeitbeschränkungen. Dementsprechend erreichten die privaten Fernsehstationen Anteile von 20 bis 25 % Werbung an der Gesamtsendezeit bei häufiger sog. "Unterbrecherwerbung".[103] Zu dieser Situation gibt es das Wort des italienischen Medienkritikers Rossi, daß das Kommerzfernsehen mit seinen Programmen keine Zuschauer, sondern lediglich Konsu-

---

98 Ein kurzer Überblick der Entwicklung in Frankreich findet sich etwa bei *Bullinger, M.*, Freiheit und Gleichheit in den Medien, JZ 1987, S.257 ff.

99 Untersuchung des Institut de recherches et d'etudes publicitaires (IREP), Meldung des epd Nr.89 vom 13.11.1987.

100 Vgl. dazu eine Untersuchung der Landesanstalt für Kommunikation Baden-Württemberg, nach der bei Hörfunksendern Werbezeitanteile von 0,2 bis max. 7 Prozent erzielt wurden. Auch im Fernsehbereich werde die 20 % Grenze nirgends erreicht und sei vor allem wegen Gefahren für die Programmakzeptanz zu hoch gesetzt; *Landesanstalt für Kommunikation Baden-Württemberg*, Bericht an die Landesregierung gemäß § 88 Landesmediengesetz Baden-Württemberg 1989, S.90.

101 Siehe auch *Seidel, M.*, Europa und die Medien, *in: Fernsehen ohne Grenzen*, 1985, S.149.

102 in 1991 lag die Einnahmenobergrenze bei 1.172 Mill. Lire: *Kagan*, European Media Regulation 1992, S. 117.

103 Statistische Erhebungen hierzu: Internationales Handbuch 1986/87 des *Hans-Bredow-Instituts* (Hrsg.), S.66 ff.

menten suche.[104] Allein Berlusconis TV-Ketten sollen beispielsweise in 1989 2,70 Milliarden Mark an Einnahmen aus Werbung erwirtschaftet haben während die RAI im gleichen Jahr 135 Mio. DM Verluste verbuchte.[105] Mit dem Mediengesetz vom August 1990 ("Gesetz Mammi") wurde die Werbezeit im Hörfunk und Fernsehen auf ein Maxiumum von 18 % pro Stunde beschränkt.[106]

Obengenannte Situationsbeschreibungen weisen exemplarisch auf, daß die nationalen Rundfunkordnungen mit der Zulassung privatrechtlicher Rundfunkveranstalter auch in verstärktem Umfang Wirtschaftswerbung im Rundfunk erlauben. Es wird noch zu zeigen sein, daß diese Tatsache als wichtiges Datum auf dem Weg zu einem europäischen Rundfunksystem anzusehen ist.

b) Programmzulieferungen

Auf den Programmbeschaffungsmärkten treten die Rundfunkveranstalter als Nachfrager sowohl mit den privatrechtlichen als auch mit den öffentlich-rechtlichen Mitbewerbern in wirtschaftlichen Wettbewerb.[107] Durch die Zulassung privater Rundfunkveranstalter ist die zwischen den öffentlich-rechtlichen Rundfunkanstalten schon bestehende Konkurrenz spürbar schärfer geworden. Deutlich wird dies besonders bei den beträchtlichen Kosten für den Erwerb der Übertragungsrechte von publikumswirksamen Sportsendungen.[108]

---

104 Zit. nach *Thieringer, T.*, Süddeutsche Zeitung vom 2.11.87, Bericht über ein Gespräch italienischer und deutscher Medienfachleute über die Entwicklung des Fernsehens.

105 *Die Zeit*, Nr.45/1990, S.39.

106 *Fauceglia, G.*, Die Werbesendung im neuen italienischen Rundfunkgesetz, GRUR Int. 1992, S.271 ff.

107 Aus der Sicht der öffentlich-rechtlichen Rundfunkanstalten gegen die volle Anwendbarkeit des Wettbewerbsrechts im Bereich der Programmbeschaffung: *Hendriks, B.*, Zum Wettbewerb im dualen Rundfunk, ZUM 1988, S.215 ff.; dagegen für die volle Anwendbarkeit des GWB auf dem Programmbeschaffungsmarkt: *Immenga, U.*, Rundfunk und Markt, AfP 1989, S.626 f.

108 Für die nationalen Übertragungsrechte von Sportveranstaltungen, die von den Spitzenverbänden und den ihnen angeschlossenen Vereinen veranstaltet werden, wie etwa Tennis, Alpin-Ski, Leichtathletik u.a. bezahlten die öffentlich-rechtlichen Rundfunkanstalten in 1989 "nur" 80 Millionen DM. Der sog. "Fernseh-Globalvertrag", der ARD und ZDF die ausschließlichen Fernsehrechte einräumen sollte, wurde allerdings vom Kartellsenat des BGH für unwirksam erklärt: *BGH Beschl. v. 14.3.1990 - KVR 4/88*, Meldung in NJW 1990, Heft 17 S.X. Im Jahr 1992 bezahlten Privatstationen für den Erwerb der Ausstrahlungsrechte einzelner Sportarten bereits ein Mehrfaches dieser Summe: 195 Millionen DM für Tennisübertragungen und 700 Millionen für die Übertragung der Fußball-Bundesliga (Lizenzdauer: 5 Jahre).

Besonders Augenmerk soll hier dennoch nicht der "gewöhnlichen" Programmbeschaffung, sondern solchen Programmkooperationen gelten, die über das bei den öffentlichen Rundfunkanstalten bekannte und mögliche Maß hinausgehen.[109] Gemeint sind insbesondere die Fälle der Rahmenprogrammlieferung bis hin zu kompletten Programmübernahmen von einer sich bereits etablierten Softwareindustrie.[110] Die starke Einwirkung von Marktkräften auf den privaten Rundfunk zeigt sich in diesem Bereich sehr klar.

Gerade bei kleineren Reichweiten lassen sich vollständig selbstproduzierte Programme nur schwer finanzieren. Ein Ausweg eröffnet sich deshalb vielen privaten Rundfunkveranstaltern in der Übernahme fertig produzierter Programme. Der Softwareanbieter wird hier in vielen Fällen zum faktischen Rundfunkveranstalter und Betreiber eines Rundfunk-Networks.

Der in den USA als "programsyndication" bezeichnete Verkauf von Mantelprogrammen[111] gehört nach der Zulassung privatrechtlicher Rundfunkveranstalter auch in den Rundfunkordnungen der europäischen Staaten zur alltäglichen Geschäftspraxis.

So haben sich beispielsweise die TV-Networks in Italien zunächst über Syndication herausgebildet. Im Hörfunk kann besonders auf die Lage in denjenigen deutschen Bundesländern verwiesen werden, deren Rundfunkordnungen ein ausgeprägtes Lokalfunkkonzept vertreten, wie etwa Baden-Württemberg und Bayern. Neben Werbeverbünden (Funk-Kombis) bestehen dort Programmketten durch Mantelprogrammlieferungen mit überregionaler Akquisition von Werbekunden.[112]

---

109 Vgl. zur europaweiten Zusammenarbeit öffentlicher Rundfunkanstalten auch unten S. 46 ff.

110 Beispielsweise bietet RTL Radio sein Rahmenprogramm mittels Satellitenverbindung Lokal- und Regionalstationen an, s. dazu *Klingler, W. / Schröter, Chr.*, Privatrechtlicher Hörfunk in Baden-Württemberg; Auf dem Weg zur landesweiten Kette, Media Perspektiven 1989, S.419 ff.

111 *Rieger, B.W.*, Syndication - Programmvermarktung in einer Region mit konkurrierenden Regional-/Lokalsendern, Info-Dienst NEUE MEDIEN, 1/1988, S.28.

112 Siehe oben Fn. 110. Siehe ebenfalls *Schurig, Chr.*, Programmzulieferung zwischen Wirtschaftlichkeit und Vielfalt unter Berücksichtigung baden-württembergischer Verhältnisse, DLM-Jahrbuch 1988, S.50 ff.

Programmübernahmen können ohne Frage zur starken Abhängigkeit der Rundfunkveranstalter von ihren Programmanbietern führen. Solcherart Verbindungen sind allerdings markt-systemimmanent. Die nationalen Rundfunkordnungen sehen diese Entwicklungen, da vielfaltsgefährdend,[113] gewiß nicht gerne, haben sie gleichwohl nicht maßgeblich verhindern können.

c) Gesellschaftsrechtliche Verflechtungen und Veranstalterkonzentrationen

Neben den vielleicht etwas subtileren Formen möglicher Einflußnahme über Syndication sind in einem Marktsystem auch offenkundigere Bestrebungen der Konkurrenten zu gewärtigen, die eigene Marktstellung auszubauen. Nachdem die europäischen Rundfunksysteme privatrechtliche Rundfunkveranstalter auf zwar meist kontrollierter, dennoch grundsätzlich marktwirtschaftlicher Basis zugelassen haben, wäre es ganz und gar folgewidrig, käme es auf Veranstalterseite nicht zu Verflechtungen und Konzentrationen.

Die in allen europäischen Ländern mehr oder minder anerkannte öffentliche Funktion des Rundfunks[114] mit dem damit verbundenen Interdikt, das Medium dem Einfluß weniger zu überantworten, und die Marktentfaltung privater Rundfunkveranstalter stehen hier in einem permanenten Widerstreit. Bei allen Harmonisierungsbestrebungen beider Pole: Verflechtungen und Anbieterkonzentrationen sind prinzipielle Gefahren für Meinungsvielfalt und Pluralität.

Deshalb versuchen die nationalen Rundfunkordnungen mit verschiedenen rechtlichen Instrumentarien solche Konzentrationsbestrebungen wenn nicht völlig zu verhindern, so doch in ihrem Ausmaß zu begrenzen.[115] Neben einem

---

113 *Schurig, Chr.*, Programmzulieferung, DLM-Jahrbuch 1988, S.52 ff.

114 Zur öffentlichen Aufgabe des Rundfunks in den europäischen Staaten: *Seidel, M.*, Europa und die Medien, in: Fernsehen ohne Grenzen, 1985, S.123 f.; Die öffentliche Aufgabe des Rundfunks wurde in der Bundesrepublik Deutschland bereits durch das 1. Rundfunkurteil im Jahr 1961 anerkannt: *BVerfGE 12, 205*, S.243 f.; weitere Beiträge bei *Maunz, T.*, Rundfunk als öffentliche Verwaltung, BayVwBl. 1972, S.169 ff.; *Scharf, A.*, Der Rundfunk als öffentliche Aufgabe, 1976; *Löffler, M.*, Rechtsbegriff und Inhalt der öffentlichen Aufgabe von Presse und Rundfunk, NJW 1982, S.91 ff.; *Hoffmann-Riem, W.*: Internationale Medienmärkte - nationale Rundfunkordnungen, RuF 1986, S.20 f.

115 Vgl. § 21 Rundfunkstaatsvertrag 1991; s. auch *Holznagel, B.*, Konzentrationsbekämpfung im privaten Rundfunk, ZUM 1991, S.263 ff.

spezifisch medienrechtlichen ist hier ebenso ein kartellrechtlicher Ansatz zu finden.[116] Voraussetzungen und Wirkungen dieser Möglichkeiten sind an dieser Stelle nicht weiter zu thematisieren. Vielmehr ist lediglich aufzuzeigen, daß die weitere Öffnung der Rundfunksysteme für Marktstrukturen zwangsläufig mit Versuchen zur Konzentration publizistischer Macht einhergeht.

Hierfür paradigmatisch kann die Lage in der Bundesrepublik Deutschland angesehen werden, deren Rechtsordnung sich immer explizit gegen die Dominanz einzelner Personen oder Gruppen im Rundfunk aussprach und ausspricht.[117] Trotz eines im europaweiten Vergleich großen Werbemarktes[118] dominieren im privat veranstalteten TV-Bereich zwei deutschsprachige Fernsehvollprogramme.[119] Die Konzentrationsbewegungen hin zu zwei Veranstaltergruppen mit entsprechenden "Programmfamilien" konnten die deutschen Landesmedienanstalten trotz verstärkter Bemühungen bisher nicht aufhalten.[120]

---

116 In der Bundesrepublik Deutschland besteht wegen unterschiedlicher grundgesetzlicher Kompetenzverteilung eine (noch ?) große äußere und innere Distanz zwischen Rundfunk- und Kartellrecht - siehe zu diesem "Antinomieproblem": *Stock, M.*, Rundfunkrecht und Kartellrecht. Verfassungsrechtliche Aspekte, AfP 1989, S.627 ff.; zur Effizienz des Kartellrechts als Mittel der Vielfaltssicherung in einem außenpluralen Rundfunkmodell: *Frank, A.*, Vielfalt durch Wettbewerb ?, 1987, S.34 ff.; zur Frage Medienverflechtung und Wettbewerbsrecht: *Kübler, F.*, Medienverflechtung, 1982, S.52 ff.; für die ausschließliche Anwendung von Kartellvorschriften/Kartellaufsicht in einem außenpluralen Rundfunk: *Maunz, T.*, Staatsaufsicht über den Rundfunk, BayVBl 1977, S.532.

117 Ständige Rechtsprechung des BVerfG zu Art.5 Abs.1 S.2 GG: *BVerfGE 12, 205* ("1. Rundfunkurteil"), S.262 f.; *BVerfGE 31, 314* ("2. Rundfunkurteil") S.327 f.; *BVerfGE 57, 295* ("3. Rundfunkurteil"), S.322 ff.; *BVerfGE 73, 118* ("4. Rundfunkurteil"), S.153 ff.; *BVerfGE 74, 297* ("5. Rundfunkurteil"), S.324.; *BVerfG Urt. vom 5.2.91*, 1 BvF 1/85, 1/88 ("6. Rundfunkurteil), NJW 1991, S.900 ff.

118 So soll im Jahr 1991 der Netto-Werbeumsatz nach Erhebungen des ZAW (Zentralausschuß der deutschen Werbewirtschaft) 27 Milliarden DM betragen haben (Steigerung um 10 Prozent gegenüber dem Vorjahr); *Medien-Jahrbuch 1992*, Bd. 1, S.106.

119 Reichweitenanalysen zeigen, daß die Marktanteile der privaten TV-Programme teilweise diejenigen der öffentlich-rechtlichen Programme übersteigen: vgl. *epd* vom 09.05.91.

120 *Röper, H.*, "Berechnung mittelbarer Einflüsse" - Vom notwendigen Umgang mit dem DLM-Fragebogen, epd Nr.55/1992, S.3 ff.; *Ott, K.*, Herrscher über fünf der sechs Privtprogramme - Leo Kirch und die Privatfernseh-Kontrolleure: Verspätete, windelweiche Überprüfung, FUNK-Korrespondenz Nr.27/1992, S.1 ff.; Papiertiger, Behinderungsbehörden oder verfassungswidrig?: *infosat*, Nr.55/1992, S.12 ff.

Symptomatisch sind die Beteiligungen großer Multimedia-Unternehmen an den genannten Programmen. Bei der RTL plus GmbH & Co. KG halten neben der luxemburgischen Muttergesellschaft CLT die Bertelsmann AG (UFA, Gruner+Jahr etc.) - die wiederum indirekt an der CLT beteiligt ist - und die Zeitungsgruppe der Westdeutschen Allgemeinen Zeitung (WAZ) wichtige Anteile. Beteiligt sind hier ebenfalls die Frankfurter Allgemeine Zeitung und der Burda-Verlag.[121]

Die Gesellschaftsanteile an der SAT.1 Satelliten Fernsehen GmbH werden im wesentlichen vom Kirch-Konzern, der Axel Springer AG und der Holtzbrinck-Verlagsgruppe (AV Euromedia) gehalten.[122] Verflechtungen bestehen zwischen dem Kirch-Konzern und der Axel Springer AG sowie zwischen der Axel Springer AG und einem weiteren SAT.1-Gesellschafter. Die Kapitalstruktur kann insgesamt nahelegen, daß der Kirch-Konzern den Veranstalter dominiert.[123] Dies stünde im Gegensatz zu der mit der Erteilung der Fernsehlizenz verbundenen Auflage, daß kein Gesellschafter die Mehrheitsbeteiligung oder einen beherrschenden Einfluß bei SAT 1 erhalten dürfe.

Im Hörfunk sind grundsätzlich die gleichen Konzentrationstendenzen zu verzeichnen, wenn auch hier von einer meist breiteren Veranstalterbasis ausgegangen werden kann. So etwa verfügen die Verleger Oschmann in Nordbayern und Döser in Südbayern direkt oder mittelbar über die meisten Sendelizenzen.[124] In Baden-Württemberg wurde die CLT Luxemburg Vertragspartner dortiger Hörfunkveranstalter, die gemeinsam eine "RTL Baden-Württemberg GmbH & Co. KG" gegründet haben.[125]

In anderen, insbesondere den östlichen und den norddeutschen Bundesländern zeigen sich die Konzentrationstendenzen beinahe noch stärker, da diese Rundfunkordnungen mehr auf landesweite, somit wirtschaftlich besonders attraktive Programme setzen.

Insgesamt sind deutlich erkennbare Konzentrationsbestrebungen im privaten Rundfunk zu beobachten. Die Entwicklung in der Bundesrepublik Deutschland kann dabei durchaus als pars pro toto für die Situation in den nationalen Rundfunksystemen anderer Staaten herangezogen werden. Namen wie CLT, Havas, Time Warner, Hacette, Murdoch und Berlusconi stehen dort für Marktmacht und Anbieterkonzentration im Medienbereich.

---

121 *Röper, H.*, Formationen deutscher Medienmultis 1991, Media Perspektiven 1992, S.2 ff.

122 *Medienjahrbuch 1992*, S.84.

123 Die Beteiligungen am TV-Veranstalter SAT.1 waren Gegenstand einer konzentraions-rechlichen Prüfung nach § 21 Rundfunkstaatsvertrag 1991. Vgl. Meldung der *epd* Nr. 3/1993 S.13.

124 *Ott, K.*, "'Ein Hugenberg-Imperium' in Bayerns Äther ?", Süddeutsche Zeitung vom 28.09.1988.

125 *Stuttgarter Zeitung*, vom 15.12.1989: "RTL künftig Partner von Stuttgarter Privatsender"; Zur Konzentration im Hörfunk Baden-Württembergs vgl. auch *Landesanstalt für Kommunikation Baden-Württemberg*, Bericht an die Landesregierung gemäß § 88 Landesmediengesetz Baden-Württemberg 1989, S.97 ff.

3. Vervielfachung der Programme

Zusammen mit der Zulassung privatrechtlicher Rundfunkveranstalter hat sich die Zahl der angebotenen Fernseh- und Hörfunkprogramme in den 18 westeuropäischen Ländern (EG und EFTA) erheblich vermehrt. Wurden Mitte 1987 in diesen Staaten 78 Fernsehprogramme gezählt, waren es Mitte 1989 bereits 91 Programme. Die Mehrheit entfiel mit 47 Fernsehprogrammen auf private Anbieter, gegenüber 44 öffentlicher Rundfunkanstalten.[126] Zur Jahrtausendwende wird eine Zahl von etwa 150 Fernsehvollprogrammen erwartet.[127]

Das Angebot an Hörfunkprogrammen ist kaum mehr überschaubar. Soweit die nationalen Rundfunkordnungen auch relativ sendeschwache Lokalstationen lizenziert haben, gehen - wie etwa in Frankreich[128] - die Zahlen der Programmveranstalter in die Tausende.

Ein Ende dieser allgemeinen Angebotsexpansion scheint derzeit noch nicht erreicht zu sein. Laut einer Untersuchung der französischen Medienagentur Carat ist immer noch ein sprunghaftes Ansteigen der Zahl neuer Rundfunksender festzustellen. So existierten Mitte 1990 in den Staaten West- und Südeuropas 7934 Rundfunksender (von denen 6348 mit Werbung belegt werden konnten !), wobei sich die Neugründungen nunmehr vornehmlich auf Skandinavien, Irland, England und die Bundesrepublik Deutschland konzentrierten und damit eine Entwicklung nachholten, die es in Südeuropa bereits Ende der siebziger und Anfang der achtziger Jahre gegeben habe.[129]

Bei allerdings nur bedingt steigerbaren Werbeetats dürften jedoch mittel- und längerfristig die Quantitäten insbesondere von Fernsehvollprogrammen nicht weiter wachsen. Die aktuelle Entwicklung kann sicherlich noch als eine Zeit der "Marktbesetzung" und des Aufbaus gekennzeichnet werden. Neben

---

126 Quelle: *Kessler, M.A / Schrape, K.*, Fernsehmarkt Westeuropa, Media Perspektiven 1990, S.25 f.

127 s. bei *Wenger, K.*, Bericht über die Medienwissenschaftliche Tagung Trier 1991, *StZ* vom 23.05.91, S.12.

128 Ca. 15000 Rundfunklizenzen für insgesamt 1208 Lokalfrequenzen - *Optiz, G.*, Das Rundfunksystem Frankreichs, Internationales Handbuch für Rundfunk und Fernsehen 1990/91, S. D/47.

129 Zit. nach *FAZ*, Nr.209 vom 08.09.1990: "Gründerwelle bei Radiosendern in Europa".

einer Spezialisierung der Veranstalter, sprich Produktion von Spartenprogrammen, werden die angestrebten Reichweitengewinne auch wieder dazu führen, daß nicht immer alle Programme wirtschaftlich gehalten werden können.[130]

Da die nationalen Werbevolumen für die Finanzierung aller Programme kaum ausreichend sind,[131] werden gerade deshalb weitere europaweite Expansionskräfte erwartet.

III. Ökonomische Faktoren eines europäischen Rundfunkraumes

Wie gezeigt, haben sich die nationalen Rundfunkordnungen Europas für die Ausweitung von Marktstrukturen entschieden. Der wirtschaftliche Wettbewerb, das Gesetz von Angebot und Nachfrage, ist damit auch auf dem Gebiet des Rundfunks zum bestimmenden Regulativ geworden. Gegen diese Folgerung können (insbesondere aus deutscher Sicht) vielerlei verfassungsrechtliche, rechtspolitische und soziologische Vorbehalte entgegengebracht werden. Dennoch: wenn ökonomische Gründe für die Schaffung eines europäischen Rundfunkraumes sprechen, wäre es angesichts solcher Ausgangslage nur schwer vorstellbar, sollte er nicht auch entstehen.

1. Die gestaltende Kraft des Rundfunk-Werbemarktes

Den Verhältnissen auf dem Rundfunk-Werbemarkt kommt besondere Bedeutung zu, angesichts der finanziellen Abhängigkeit fast aller privaten Rundfunkveranstalter von der Wirtschaftswerbung. Auf diesem Markt zeichnen sich Entwicklungen ab, die als wichtige Triebkräfte zum europäischen Rundfunkraum und darüberhinaus zu einem europäischen Rundfunksystem anzusehen sind.

---

130 Siehe auch die Einschätzung der *Prognos AG* mit der Studie: "Film-Fernsehen-Video". Der Programmbedarf bis zum Jahr 2000", Basel 1988.

131 Die gesamten (!) Werbeaufwendungen in allen westeuropäischen Ländern sollen in 1988 44,0 Mrd ECU betragen haben, schwankten jedoch um einen Anteil am Bruttosozialprodukt von ca. 0,5 % (Österreich) bis ca. 1,50 % (Großbritannien). Vgl. *Kessler, M.A / Schrape, K.*, Fernsehmarkt Westeuropa, Media Perspektiven 1990, S.30.

Auf die immer weiter reichende wirtschaftliche Vernetzung der Staaten reagiert die Werbeindustrie mit Marketingstrategien, deren Basis die Europäisierung, ja Globalisierung der Märkte ist.[132] Vor allem große Unternehmen mit Produkten, welche für viele Verbraucherschichten kaufenswert sind, waren schon bisher nicht exklusiv auf nationale Märkte festgelegt.[133] Ein nationaler Markt alleine konnte diesen Unternehmen für den Absatz ihrer Produkte nicht ausreichen. Er war regelmäßig für eine weitere Expansion zu klein.

Es bedarf nur geringer Prophetie, sich vorzustellen, daß im Europa ohne Binnengrenzen, dem europäischen Binnenmarkt, sich das Marketing noch mehr als bisher auf den übernationalen Absatz einstellen muß. Gute Entwicklungschancen haben deshalb alle Werbemedien, die diesen erweiterten Markt bedienen und entsprechende Reichweiten aufweisen können. Diese Medien profitieren vom Gesetz der economies of scale, mit einem geringen Einsatz an Werbeaufwand (d.h. Placierung in einem, statt vielen Werbeträgern) sehr viele Verbraucher zu erreichen.[134]

Mit der Einführung des Satellitendirektrundfunks erscheint der Rundfunk, insbesondere der Fernsehbereich, für diese Anforderungen das ideale Werbemedium zu sein, da er bereits technisch auf eine europaweite Verbreitung angelegt ist. Die privaten Rundfunkveranstalter können hier mit Recht ihre große Chance sehen. Schon jetzt löst sich die Isolation der bisher nationalen Rundfunk-Werbemärkte zusehends auf.[135]

Auch sprachliche Schwierigkeiten werden der wirtschaftlich favorisierten Entwicklung auf Dauer nicht entgegenstehen.[136] Es werden Programminhalte (Sport, Musik etc..), Programmformen (Doppelmoderation, Mehrsprachenprogramm u.a.) und technische Mittel (Untertitelung, Live-Synchronisation,

---

132 *Paefgen, T.Chr.*, Globales und Euro-Marketing, 1989, S.29 ff. m.w.N.

133 *Merkle, H.*, Europafernsehen aus der Sicht der Werbungstreibenden, in: Europafernsehen und Werbung, 1987, S.63 f.

134 *Merkle, H.*, Europafernsehen aus der Sicht der Werbungstreibenden, in: Europafernsehen und Werbung, 1987, S.64.

135 s. *Pieper, A.K.*, Die Anforderungen an Werbesendungen im grenzüberschreitenden Rundfunk, ZUM 1989, S.396 ff.

136 Zu den sprachrelevanten Konsequenzen der Internationalisierung der Mediensysteme in Europa: *Saxer, U.*, Sprachenbabel in Europas Medien, Media Perspektiven 1990, S.651 ff.

Mehrkanalton u.a.) erprobt und gefunden, die den Sprachgrenzen ihren meist trennenden Charakter nehmen können.[137] Auch dieser Aspekt ist für die privaten Rundfunkveranstalter ein Element des Kampfes um Reichweiten und damit der Attraktivität als Werbeträger. Treffend hat dies der Marketing-Chef eines deutschen Privatfernsehveranstalters so beschrieben: "Werbung ist ein Star im Programm. Und diesem Star schreiben wir ein Drehbuch auf den Leib."[138]

2. *Internationale Programmbeschaffungsmärkte*

Rundfunkveranstalter sind nicht nur Anbieter, sondern gleichfalls Nachfrager von Programmen. Vor einer Ausstrahlung müssen Fernseh- und Hörfunkproduktionen bei Dritten aufgekauft, Senderechte erworben oder Eigenproduktionen finanziert werden. Der wirtschaftliche Erfolg auf diesen Programmbeschaffungsmärkten setzt die wichtigste Ursache für das finanzielle Überleben oder Nichtüberleben eines privaten Rundfunkveranstalters. Zum einen müssen die Programme so kostengünstig erworben oder produziert werden, daß Gewinne überhaupt noch möglich sind. Zum anderen müssen die Programme Reichweiten erbringen, die von der Werbewirtschaft akzeptiert und entsprechend honoriert werden. Gerade solche Programme haben wiederum den größten Marktwert und kosten bei der Beschaffung viel Geld.[139] Viel stärker als bei öffentlich-rechtlichen Rundfunkanstalten, die sich auf Gebühreneinnahmen stützen können, besteht für die privaten Rundfunkveranstalter ein Zwang zu "günstigem" Einkauf bzw. "preiswerter" Eigenproduktion ihrer Programme.

---

137 Vgl. dazu: *Hallenberger, G.*, Grenzüberschreitendes Unterhaltungsfernshen in Europa, epd Nr.73/1992 S. 5 ff. und *Faul, E.*, Ordnungsprobleme des Fernsehwesens in nationaler und europäischer Perspektive, in: Nationale und europäische Perspektiven der Telekommunikation, 1987, S.113 ff.

138 Norbert Büttner, Leiter des Werbezeitenverkaufs von SAT 1, zit. nach *Stuttgarter Zeitung* vom 17.09.88.

139 So haben beispielsweise ARD und ZDF in 1987 und 1988 pro Jahr fast 1 Mrd.DM allein an Aufträgen für die Filmwirtschaft ausgegeben. Siehe dazu die Ergebnisse einer entsprechenden Umfrage bei: *Wöste, M.*, ARD/ZDF: Rund 1 Mrd DM jährlich für die Filmwirtschaft, ZUM 1989, S.689 ff.

Eine Beschränkung auf den nationalen Programmbeschaffungsmarkt können sich in dieser Hinsicht möglicherweise private Hörfunkveranstalter leisten, privatwirtschaftliche Fernsehveranstalter von gewisser Bedeutung würden jedoch mit solcher Konzeption scheitern. Ein derartiger Markt wäre - sofern er überhaupt definiert werden kann - regelmäßig zu klein. Von Manfred Lahnstein, dem Vorstandsmitglied der Bertelsmann AG, ist dazu die prägnante Aussage bekannt, daß privates Fernsehen entweder international/europäisch sein oder überhaupt nicht sein werde.[140] Nach seiner Meinung liegen die Gründe dafür ganz einfach im Zwang zur Kostenoptimierung, einer der wesentlichen Voraussetzungen für den wirtschaftlichen Erfolg.[141]

Sehr deutlich wird die Übernationalität der Programmbeschaffungsmärkte im Fernsehbereich,[142] wenn einmal die Relationen zwischen Programmbedarf und Programmproduktion in den westeuropäischen Staaten gesehen werden. Der Programmstunden-Output vergrößert sich dabei kontinuierlich mit zweistelligen Zuwachsraten. Waren es Ende 1987 noch 308.948 Stunden, so betrug das Programmvolumen Ende 1989 bereits 388.800 Stunden.[143] Sofern sich dieser Trend fortsetzt, kann für das Jahr 2000 ein Volumen von etwa 600.000 Programmstunden errechnet werden.[144]

70 Prozent aller Spielfilme und Serienprogramme werden derzeit importiert, davon wiederum die Hälfte aus den USA. Der zeitliche Anteil des Programm-Imports aus den USA gemessen am Gesamtprogramm liegt bei ca. 25 Prozent.[145] Teilweise wird die Ansicht vertreten, daß der Anteil US-amerika-

---

140 *Lahnstein, M.*, Europäisches Privatfernsehen und nationale Kulturräume, in: Europafernsehen und Werbung, 1987, S.122.

141 *Lahnstein, M.*, Europäisches Privatfernsehen und nationale Kulturräume, in: Europafernsehen und Werbung, 1987, S.122 ff.

142 Siehe zur Internationalisierung des Programmgeschäftes auch *Berekoven, L.*, Europa-Fernsehen - Ein Kommunikationsinstrument des Internationalen Marketings, in: Europafernsehen und Werbung, 1987, S.57 ff.

143 Siehe dazu *Kessler, M.A / Schrape, K.*, Fernsehmarkt Westeuropa, Media Perspektiven 1990, S.26 ff. mit Hinweisen auf Untersuchungen von Prognos, CIT und Frost & Sullivan.

144 Sowohl Prognos als auch CIT kommen zu Schätzungen mit gleicher Tendenz.

145 *Frohne, R.*, Die Quotenregelungen im nationalen und im europäischen Recht, ZUM 1989, S.390 ff.

nischer Produktionen am Gesamtprogramm in den 90er Jahren noch weiter auf etwa 40 Prozent steigen wird.[146]

Diese Zahlen sagen noch nichts über die Reichweiten dieser Programme, die erheblich höher liegen. Gerade in der "Prime-Time" senden viele Veranstalter Programme US-amerikanischer Provenienz, die hohe Einschaltquoten und somit lukrative Werbeschaltungen versprechen. Für die Fernsehveranstalter sind diese Programme daher noch bedeutsamer, als es ihrem zeitlichen Anteil am Gesamtprogramm entspräche.

Wenn folglich der "Amerikanisierung"[147] der Programme in Europa noch teilweise begegnet werden kann, dann nur durch europaweit tätige Medienunternehmen. Alleine sie können leistungsfähig genug werden, um in der Konkurrenz zur US-amerikanischen Programmindustrie zu bestehen. Quotenregelungen wie §§ 4 ff. der EG-Rundfunkrichtlinie[148] oder Vorgaben nach Art.10 Abs. I u. II der Europaratskonvention über das grenzüberschreitende Fernsehen[149] können nicht die alleinige Antwort auf die "amerikanische Herausforderung"[150] darstellen. Sofern europäische Produktionen zu teuer sind und/oder zu geringe Reichweiten erbringen, werden Wege gefunden, die Quotenregelungen zu umgehen.[151]

Größenvorteile sprechen hier ebenfalls dafür, daß sich die bisher mehr national ausgerichteten Programmindustrien auf europaweiter Ebene engagieren. Eine öffentliche Förderung dieser Entwicklung läßt das am 2.10.1989

---

146 Einschätzung des US-amerikanischen Instituts Frost & Sullivan, zit. nach *Kessler, M.A / Schrape, K.*, Fernsehmarkt Westeuropa, Media Perspektiven 1990, S.29.

147 *Dicke, K.*, Eine europäische Rundfunkordnung für welches Europa ?, Media Perspektiven 1989, S.194; *Schürmann, L.*: Internationale Rundfunkentwicklung und nationale Rundfunkpolitik, ZUM 1986, S.32 ff.

148 *Richtlinie des Rates der Europäischen Gemeinschaften* vom 3.Oktober 1989 zur Koordinierung bestimmter Rechts- und Verwaltungsvorschriften der Mitgliedsstaaten über die Ausübung der Fernsehtätigkeit (EG-Fernsehrichtlinie), Amtsblatt der Europäischen Gemeinschaften 17.10.89 Nr.L 298/23.

149 *Europarat*: Europäisches Übereinkommen über das grenzüberschreitende Fernsehen vom 5.Mai 1989 (Europarat-Fernsehkonvention).

150 *Schürmann, L.*: Internationale Rundfunkentwicklung und nationale Rundfunkpolitik, ZUM 1986, S.32.

151 s. *Frohne, R.*, Die Quotenregelungen im nationalen und im europäischen Recht, ZUM 1989, S.391 ff.

beschlossene Konzept "Audiovisuelles EUREKA" erwarten, der sich neben den EG- und EFTA-Staaten auch osteuropäische Staaten angeschlossen haben.[152] Ein weiteres - auf den Bereich der EG-Staaten beschränktes - europäisches Film- und Fernsehförderprogramm firmiert seit 1990 unter dem Namen "MEDIA 95" mit einem Volumen von rund 200 Mio. ECU und insgesamt 14 Förderprojekten.[153]

3. Unternehmensverflechtungen und Unternehmenskonzentrationen in europaweiter Dimension

Nicht alle derzeit bestehenden Rundfunkveranstalter und Medienunternehmen, werden im europäischen Rundfunkraum ihre rechtliche und/oder wirtschaftliche Selbstständigkeit bewahren können. Der auch in den nationalen Rundfunkordnungen zu beobachtende Trend zu Unternehmensverflechtungen und Unternehmenskonzentrationen findet seine Fortsetzung in einer europaweiten Dimension.

Diese Entwicklung hat schon lange eingesetzt.[154] Gerade im Bereich der Fernsehanbieter gibt es Beteiligungen, Joint-Ventures bis hin zu Unternehmensverflechtungen.[155] Ob nun Berlusconi oder CLT, Bertelsmann, Times Warner oder Murdoch: immer mehr verstärken die großen Medienunternehmen ihre multinationalen und multimedialen Aktivitäten. Der Kampf um Marktanteile führt auch hier dazu, daß Unternehmen miteinander kooperieren, sich zusammenschließen oder wirtschaftlich starke Unternehmen andere auf-

---

152 s. *Möwes, B. / Schmitt-Vockenhausen, M.*: Europäische Medienordnung, EuGRZ 1990, S.128.

153 MEDIA = Mesures pour Encourager le Développement de l'Industrie Audiovisuelle) Amtsblatt der Europäischen Gemeinschaften 31.12.90 Nr.L 380/37. S. auch: *Ring, W.-D.*, Rechtsentwicklung in Europa, DLM Jahrbuch 89/90, S.28; *Pechstein, M.*, Subsidiarität der EG-Medienpolitik ?, DÖV 1991, S.541 f.

154 Eingehend zu den Entwicklungstendenzen im Medienbereich bereits: *Hoffmann-Riem, W.*: Internationale Medienmärkte - nationale Rundfunkordnungen, RuF 1986, S.5 ff.

155 Siehe dazu die Entschließung des Europäischen Parlaments vom 15.02.1990 zur Konzentration im Medienbereich, ABl. Nr.C 68 vom 19.03.1990, S.137 und die Entschließung des Europäischen Parlaments zur Medienkonzentration und Meinungsvielfalt ("Schinzel/Fayot-Papier), Drucks. PE 161.872 vom 16.09.1992. S. auch *Wagner, C.*, Konzentrationskontrolle im Medien-Binnenmarkt der EG, AfP 1992, S.1 ff. und *Delbrück, J.*, Die europäische Regelung des grenzüberschreitenden Rundfunks, ZUM 1989, S.380.

kaufen. Mit der Vollendung des europäischen Binnenmarktes wird sich diese Entwicklung noch weiter intensivieren, da viele Handelshemmnisse abgebaut und übernationale wirtschaftliche Aktivitäten in Europa entscheidend erleichtert werden.[156]

Gerade weil die Internationalisierung zu einem Teil der Existenzfrage von Medienunternehmen geworden ist, sind zukünftig noch vielerlei Unternehmensverflechtungen und Unternehmenskonzentrationen zu erwarten, welche wiederum die Ausformung des europäischen Rundfunkraumes weiter forcieren werden. Die Verfestigung des europäischen Rundfunkraumes aber zwingt zu weiterer Internationalisierung und führt zu weiteren Verflechtungen und Konzentrationen. Der Wirkungskreislauf beginnt hier von neuem: an seinem Ende wird ein klar erkennbarer europäischer Rundfunkraum stehen.[157]

Ausgeklammert bleiben an dieser Stelle die Probleme der gezeigten Wirkungskette, wie etwa eine potentielle Gefährdung der Meinungsvielfalt durch Unternehmensverflechtungen und -konzentrationen. Hier steuernde Eingriffe in das Marktverhalten zu definieren, ist Ansatzpunkt einer Medienordnung. Daneben kann eine entsprechende Wettbewerbsordnung allgemeinen Verzerrungen des Wettbewerbsverhaltens entgegenwirken.[158]

IV. Entwicklungen im Programmbereich

Besonders "augenfällig" (und "hörbar" - in der Worte doppelter Bedeutung) wird die Ausformung eines europäischen Rundfunkraumes in den übernational produzierten und verbreiteten Programmen. Vor allem die öffentlichen Rundfunkanstalten können auf langjährige Erfahrungen in der Programmkooperation verweisen. Privatwirtschaftliche Rundfunkveranstalter

---

156 Vgl. *Möwes, B. / Schmitt-Vockenhausen, M.*: Europäische Medienordnung, EuGRZ 1990, S.128.

157 Siehe dazu: *Rundfunk in den 90er Jahren - zwischen Kultur, Kommerz und Internationalisierung*, Dokumentation einer Fachtagung am 10./11.10.1989 München, hrsg. von der Bayerischen Landeszentrale für neue Medien, 1990.

158 Im Bereich der EG stehen hier die Rechtsinstrumente nach Art. 85/86 des EG-Vertrages und der Fusionskontrollverordnung (ABl. EG Nr.L 395 vom 31.12.1989) zur Verfügung. Weiterführende Darstellung bei *Wagner, C.*, Konzentrationskontrolle im Medien-Binnenmarkt der EG, AfP 1992, S.1 ff.

ziehen hier in neuerer Zeit nach, wobei ohne Frage die Grenzen zwischen Kooperation und Konzentration - wie bereits angesprochen - fließend sind.

Nicht nur wirtschaftliche Gründe begünstigen die Produktion und Verbreitung europäischer bzw. übernationaler Programme. Auch die Europapolitik initiiert und fördert diese Kooperationen dank der Fähigkeit des Rundfunks (vor allem des Fernsehens), als bedeutsames "Instrument der europäischen Integration" zu wirken.[159]

1. Zusammenarbeit der Rundfunkveranstalter

Seit 1950 bis heute haben sich mehr als 40 Fernsehorganisationen in 30 Staaten zur Union der Europäischen Rundfunk- und Fernsehanstalten (UER/EBU)[160] zusammengeschlossen. Auch Rundfunkanstalten aus außereuropäischen Staaten sind Mitglieder der Organisation geworden.[161] Wichtigste und bekannteste Folge dieser Zusammenarbeit ist die EUROVISION, die Übernahme von Fernsehprogrammen zwischen den Mitgliedsanstalten.[162] Auf ihrem 59.Treffen vom Frühjahr 1991 in Berlin hat die EBU beschlossen, sich 1993 mit der Internationalen Rundfunk- und Fernsehorganisation Osteuropas, der OIRT, zu vereinigen.

Aber auch im technischen Bereich wirkt sich diese Kooperation der Rundfunkanstalten aus. Seit ihrer Gründung ist die EBU in einem Technik-

---

159 Begriff etwa bei *Delbrück, J.*, Direkter Satellitenrundfunk und nationaler Regelungsvorbehalt, 1982, S.24 mit einem Hinweis auf ein Zitat von D. Ratzke (FAZ vom 12.3.1980, S.11), der die verbindende Kraft des Fernsehens auf europäischer Ebene höher einschätze, "als alle europäischen parlamentarischen Gremien und alle Europa-Initiativen zusammengenommen".

160 Union Européenne de Radiodiffusion (UER); European Broadcasting Union (EBU). Sitz der Organisation ist Genf; deutsche Zentrale der Organisation in Köln. Zur Bedeutung der EBU für den grenzüberschreitenden Programmaustausch siehe den gleichnamigen Beitrag von *Gressmann, R.* in: Offene Rundfunkordnung, hrsg. von E.-J. Mestmäcker, 1988, S.397 ff.

161 Beispielsweise Rundfunkanstalten aus Ägypten, Algerien, Israel, Jordanien, Libanon, Libyen, Marokko, Tunesien

162 Gegründet am 6.Juni 1954 mit dem von Italien, Frankreich, Schweiz, Belgien, Niederlande, Dänemark, Deutschland und Großbritannien gemeinsam übertragenen Narzissenfest in Montreux. Quasi "Feuertaufe" war ein knappes Jahr zuvor die Fernsehübertragung der Krönung Elisabeths II. in verschiedene europäische Staaten. Zu Geschichte und Programmstatistik der EUROVISION s. *Internationales Handbuch für Rundfunk und Fernsehen 1992/93*, S. F/59 ff.

Komitee und assoziierten Arbeitsgruppen mit Untersuchungen über Wellenverbreitung, Frequenzplanung und Schutzmaßnahmen gegen Interferenzen beschäftigt und allgemein an den Fortschritten der Medientechnologie beteiligt.[163] Ein Beispiel dafür ist das "Radio Daten System" (RDS). Europaweit werden nunmehr (nicht hörbare) codierte Informationen zusammen mit dem normalen Radioprogramm ausgestrahlt und können von einem RDS-tauglichen Empfangsgerät verarbeitet werden. Mit Hilfe von RDS kann das Empfangsgerät den Namen des Senders anzeigen, sich beim gewünschten Sender automatisch die stärksten Frequenzen suchen oder gezielte Verkehrsdurchsagen anwählen und anderes mehr.

Weiteres Beispiel für die Zusammenarbeit von öffentlichen Rundfunkanstalten ist das Projekt einer europäischen Produktionsgemeinschaft für Fernsehserien (EPG).[164] Das ZDF in der Bundesrepublik Deutschland, Antenne 2 in Frankreich, Channel Four in Großbritannien, RAI in Italien, ORF in Österreich und die SRG in der Schweiz arbeiten hier zusammen, um "europäische Inhalte mit gewissermaßen amerikanischem Professionalismus und nicht minder amerikanischer Investitionsbereitschaft zu produzieren".[165]

Auf Seiten der privatwirtschaftlichen Rundfunkveranstalter und Medienunternehmen sind ebenfalls Ansätze einer verstärkten Zusammenarbeit zu erkennen. Dazu gehört beispielsweise die gemeinsame Produktion kostenintensiver Filme durch ein europäisches Konsortium im Besitz der Medienunternehmer Kirch, Berlusconi, Maxwell und Seydoux.[166] Es ist zu erwarten, daß diese noch wenige Kooperationen allmählich Schule machen werden.[167]

---

163 Dazu *Type, M.*, Die European Broadcasting Union (EBU) in einer Welt des Wandels - ein Abriß, Internationales Handbuch für Rundfunk und Fernsehen 1992/93, S. D/16 ff.

164 Bekanntestes "Aushängeschild" dieser EPG-Produktionen ist bisher die Fernsehserie "Eurocops". Auch die EBU tritt inzwischen als Träger von Gemeinschaftproduktionen in Erscheinung: *Gangloff, T.*, Gemeinsame finanzieren, gemeinsam produzieren, epd Nr.83/1992 S.3 ff.

165 So der Generaldirektor der SRG Leo Schürmann. Zit. nach *Schürmann, L.*: Internationale Rundfunkentwicklung und nationale Rundfunkpolitik, ZUM 1986, S.33.

166 Siehe *Röper, H.*, Medien, Macht und Monopole, Das Parlament Nr.19/1988 (6.5.1988), S. 52.

167 Zur Zusammenarbeit der europäischen Filmindustrien s. *Europäische Co-Produktion in Film und Fernsehen*, hrsg. von J. Becker und M. Rehbinder, 1989.

2. *Rundfunk für übernationales Publikum*

Die Zusammenarbeit der Rundfunkanstalten und -veranstalter aus verschiedenen Staaten läßt sich dahin erweitern, nicht nur einzelne Sendungen oder Serien, sondern gesamte Programme übernational zu produzieren und zu verbreiten. Die Programme werden daraufhin konzipiert, ständig (gewöhnlich dem gleichen Sprachraum angehörige) Teilnehmer in mehreren Staaten zu erreichen. Beispiele für diesen Fall des "transnationalen Rundfunks"[168] sind das vom deutschen ZDF, der schweizerischen SRG und dem österreichischen ORF getragene Satellitenprogramm 3SAT und das im französischen Sprachraum ausgestrahlte Satellitenprogramm TV 5, welches die französischen Fernsehstationen TF 1, A 2, FR 3, das französischsprachige belgische Fernsehen und die SRG gemeinsam produzieren.[169]

Zum transnationalen Rundfunk lassen sich ebenfalls all diejenigen Programme zählen, welche nur sekundär an inländische Teilnehmer gerichtet sind; ihren Adressatenkreis vielmehr in einem vom Sendeland verschiedenen nationalen Publikum suchen und finden. Bekanntestes Beispiel dafür waren in der Vergangenheit die Programme des luxemburgischen Veranstalters CLT, dessen maßgebende Zielgruppe Rundfunkteilnehmer in der Bundesrepublik Deutschland bildeten. Diese Orientierung hat in der Bundesrepublik Deutschland bei Programmverantwortlichen und Politikern zum Teil heftige Kritik hervorgerufen. Besonders die möglichen Einbußen der inländischen Veranstalter am Werbeaufkommen war Ausgang der Kritik.[170] Als Antwort darauf, wurde die Beteiligung deutscher Unternehmen am Fernsehprogramm RTL

---

168 Begriff etwa bei *Bullinger, M.*, Das Verhältnis von deutschem und europäischem Rundfunkrecht, VBlBW 1989, S.161.

169 Mit Bullinger kann man hier auch von einem "koordinierten Export inländischer Programme (Gemeinschaftsprogramme)" sprechen; *Bullinger, M.*, Das Verhältnis von deutschem und europäischem Rundfunkrecht, VBlBW 1989, S.162. Dagegen reicht der Europäische Kulturkanal (ARTE) über den koordinierten Export inländischer Programme hinaus. Vielmehr soll hier eine Art übernationaler Rundfunkanstalt geschaffen werden - der Anfang eines europäischen Fernsehprogramms.

170 Siehe nur etwa *Herrmann, G.*, Statement zur rundfunkrechtlichen Entwicklung aus der Sicht der öffentlich-rechtlichen Rundfunkanstalten, in: Rundfunk und Fernsehen im Lichte der Entwicklung des nationalen und des internationalen Rechts, 1986, S.164 f.; *Lieb, W.*, Die Medienstruktur für neue Kommunikationssysteme (Satellitenfunk, Kabelfunk), in: Hörfunk und Fernsehen im Gemeinsamen Markt, 1983, S.186 ff.

plus gefördert, die dort inzwischen eine knappe Mehrheit besitzen.[171] Grenzüberschreitende Programme tragen dazu bei, daß sich die Rundfunkordnungen der europäischen Staaten zunehmend internationalisieren. Als Folge kann sich ein fließender Übergang von (erweiterten) transnationalen Programmen hin zu europäischen Programmen vollziehen.

3. Europäische Rundfunkprogramme

An der Schnittstelle vom transnationalen Programm zum europäischen Programm ist der Europäische Kulturkanal (ARTE) anzusiedeln. Diese Einrichtung (Sendestart war der 30.05.1992), an der sich zunächst der französische Programmveranstalter La Sept sowie das ZDF und die ARD beteiligen, soll Basis eines - über die rein deutsch-französische Kooperation hinausgehenden - Europäischen Fernsehprogramms werden.[172] Die Ausstrahlung des Programms über den französischen Satelliten TDF 2 in der D2 MAC-Norm ermöglicht die Synchronisation der Beiträge in vier Sprachen. Untertitel sind in neun Sprachen möglich. Das Programm wird zusätzlich in PAL-Norm über die Kabelnetze, über den Satelliten ASTRA und in Frankreich über terrestrische Fernsehfrequenzen verbreitet. Durch die Zuweisung der Frequenzen des in Konkurs gefallenen Senders La Cinq ist ARTE in Frankreich praktisch flächendeckend terrestrisch empfangbar.

Die Finanzierung des deutschen Beitrags an dem werbefreien Programm erfolgt über die Rundfunkgebühr. Die deutschen Zuschauer zahlen dafür seit Anfang 1992 einen Anteil von 75 Pfennig ihrer Rundfunkgebühr. Im Gegen-

---

[171] Zum Stand März 1993 hielt die Ufa 38,9 %, die Westdeutsche Allgemeine Zeitung 10 %, der Burda-Verlag 2 % und die Frankfurter Allgemeine Zeitung 1 % der Gesellschaftsanteile. Zu den Beteiligungsverhältnissen siehe etwa die jährlichen Berichte von *Röper, H.*, Formationen deutscher Medienmultis, in der ZUM. Die Verflechtung mit deutschen Medienunternehmen fördert wiederum die übernationale Unternehmensverflechtung und -konzentration im Medienbereich. Aus diesem Grund gegen eine Beteiligung deutscher Unternehmen: *Delbrück, J.*, Direkter Satellitenrundfunk, 1982, S.38 f.

[172] Staatsvertrag zwischen den (elf "alten") deutschen Bundesländern und der Französischen Republik zum Europäischen Fernsehkulturkanal vom 02.10.1990. Sitz des Kulturkanals ist Straßburg; die nationale Stelle auf deutscher Seite wurde in Baden-Baden, diejenige auf französischer Seite in Paris eingerichtet. Der Etat wird in Frankreich und Deutschland zu gleichen Teilen (aus der Rundfunkgebühr) finanziert. Der Jahresetat für 1992 betrug ca. 110 Mio. DM. Die Mittel für die Beschaffung der Programmbeiträge sind von den ARTE-Gesellschaftern (Arte Deutschland GmbH, La Sept) aufzubringen.

satz zu Gemeinschaftsprogrammen wie 3SAT oder TV 5 wird der Europäische Kulturkanal von der gemeinsamen Gesellschaft ARTE G.E.I.E[173] mit eigener Rechtspersönlichkeit produziert und verantwortet.

Einen Vorgänger im Bereich der öffentlichen Rundfunkanstalten hatte das Projekt eines europäischen Fernsehvollprogramms bereits 1985 bis 1986 unter dem Namen "Europa TV".[174] Dieses von der EBU initiierte Programm scheiterte an seinen Finanzierungsgrundlagen. Ausgestattet mit einem Startkapital von nur etwa 41 Mio.DM für die ersten drei Jahre, sollte das Programm nach dieser Zeit bereits Gewinne aus den erhofften Werbeeinnahmen erwirtschaften. Die dafür erforderlichen Publikumsreichweiten konnten jedoch schon technisch nicht erreicht werden. Für die Weiterführung von "Europa TV" mangelte es letztlich am Engagement der beteiligten öffentlichen Rundfunkanstalten. Die Förderung erfolgte gleichsam "nur mit dem kleinen Finger der linken Hand."[175] Inzwischen plant die EBU wieder eine modifizierte Neuauflage der Idee. Nach dem Vorbild des erfolgreichen Nachrichtensenders CNN wird von 1993 an ein Nachrichtenkanal mit dem Namen "Euronews" über Satellit verbreitet, in dem das von den Mitgliedern ohnehin im Rahmen der Eurovision gelieferte Material verwertet werden kann. Die Europäische Gemeinschaft und der Europarat sollen das Programm zunächst sechs Jahre lang unterstützen.[176]

Auf Seiten der privatwirtschaftlichen Rundfunkveranstalter ist die Entwicklung weiter vorangeschritten. Mehrere Programme können schon derzeit beanspruchen, europäisch zu sein. Dazu gehören beispielsweise die (bevorzugt über den Satelliten ASTRA verbreiteten) Fernsehprogramme Screensport/Sportkanal, Eurosport, Movie Channel, Super Channel und MTV Europe. Zur Überwindung der Sprachbarrieren senden Stationen wie Screensport mehrsprachig, andere wiederum wie FilmNet setzen auf die Interna-

---

173 *A*ssociation *r*elative à la *t*élévision *e*uropéenne.

174 Zur Geschichte des Europa TV vgl. *Faul, E.*, Ordnungsprobleme des Fernsehwesens in nationaler und europäischer Perspektive, in: Nationale und europäische Perspektiven der Telekommunikation, 1987, S. 115 ff. und *Engels-Weber, M.*, Aus für Europa TV ?, Funk-Korrespondenz Nr.47 vom 21.11.1986.

175 *Faul, E.*, Ordnungsprobleme, S.116.

176 So bewilligte das Europa-Parlament für 1992 einen Zuschuß von 3 Mio. ECU. Weitere Gelder werden aus dem EUREKA-Programm aufgebracht. ARD und ZDF können sich aufgrund der Rechtslage nach dem Rundfunkstaatsvertrag 1991 an dem Projekt nicht beteiligen.

tionalität der englischen Sprache.[177] Verstärkt eingesetzt werden die Möglichkeiten zur Synchronisation (Mehrkanalton) oder Untertitelung der Sendungen.[178]

Die Publikumsreichweiten der privaten europäischen Programme sind, gemessen an den national orientierten Programmen, noch relativ gering. Nach einer Erhebung der GfK Fernsehforschung entfielen beispielsweise im Jahr 1991 auf alle privaten europäischen Programme zusammengenommen weniger als 15 Minuten täglicher Sehdauer bei durchschnittlich 173 Minuten in Kabelhaushalten.[179] Die weitere Zukunft dieser bereits existierenden privaten europäischen Programme kann noch nicht abgesehen werden. Manche Programme wie etwa Murdochs "Sky Channel", mußten große finanzielle Verluste verbuchen und konnten sich am Markt nicht halten.[180] Wie auch das Beispiel des im Juli 1990 in Konkurs gegangenen Frühstücksfernsehens "European Buisness Channel" zeigt, gilt es als recht sicher, daß nicht alle Stationen Publikumsreichweiten erreichen können, die ein finanzielles Überleben sichern. Andere finanzkräftige Veranstalter werden freie Sendefrequenzen jedoch schnell wieder belegen;[181] der Ausbau europäischer Fernsehprogramme wird sich insgesamt durch aktuelle Reichweiten-/Finanzprobleme nicht aufhalten lassen. Viele Veranstalter sehen heutige Einbußen als Vorleistungen auf zukünftige, finanziell lukrative Marktpositionen an.

---

177 Dazu: *Saxer, U.*, Sprachenbabel in Europas Medien, Media Perspektiven 1990, S.651 ff.; Programme, welche ohne Dolmetscheraufwand in fremdsprachigen Gebieten als rezipierbar gelten, sei es wegen ihrer Programminhalte (Musik) oder Internationalität der benutzten Sprache (englisch) werden teilweise auch als "lingua-franca-Programme" bezeichnet: *Faul, E.*, Ordnungsprobleme, S.113 f.

178 Diese Signale können beispielsweise in der sog. "Austastlücke" des Fernsehbildes übermittelt werden.

179 *GfK Fernsehforschung*, Fernsehnutzung 1991 Ergebnisse, abgedruckt in Media Perspektiven 1992, S.65. Dazu auch *Schmitt-Beck, R.*, Satellitenfernsehen in Deutschland, Media Perspektiven 1992, S.490 ff.

180 Murdochs News International, London, machte 1989 einen Verlust von umgerechnet 800 Mio. DM vor Steuern, der vor allem auf Einbußen bei Sky Channel zurückzuführen ist. *Stuttgarter Zeitung (dpa/vwd)*, Nr.196 vom 25.8.1990, S.15.

181 So hat RTL plus sich umgehend um den Schweizer Anteil an dem Satellitenkanal beworben, auf dem bisher European Buisness Channel gesendet hat.

4. Fernsehen als Instrument der Integration: europapolitische Aspekte

Unumstritten groß ist die Bedeutung des Rundfunks, insbesondere des Fernsehens im alltäglichen Leben der meisten Menschen. Hauptinformationsquelle auf der einen - vorwiegendes Unterhaltungsmittel auf der anderen Seite: mit durchschnittlich 2 ½ Stunden pro Tag verbringen die meisten Bundesbürger die Hälfte der ihnen zur Verfügung stehenden Freizeit vor dem Fernsehgerät.[182] Die Hörfunknutzung (häufig während der Arbeitszeit und unterwegs) erreicht etwa den Wert der Fernsehnutzung oder geht noch leicht darüber hinaus.[183] Vergleichbar ist die Situation in den anderen europäischen Ländern.

Die Analyse des Einflusses auf Meinungsbildung und Verhalten der Rundfunkrezipienten ist Disziplin der Medienwirkungsforschung. Auch wenn hier viele Fragen konträr diskutiert werden wie zum Beispiel die Frage der Wirkung von Gewaltdarstellungen in Spielfilmen und Serien, so besteht Einigkeit über die große Bedeutung des Fernsehens bei der Förderung gesellschaftlicher Integrationsprozesse.[184]

Integrationsgemeinschaften wie die EG müssen daher bestrebt sein, diesen wichtigen Faktor in ihre Bemühungen um Vertiefung der Beziehungen entsprechend einbinden. An dieser Stelle sollen allerdings nicht die Bemühungen der EG (und auch der Staaten des Europarates) angesprochen werden, rechtliche Harmonisierung im Rundfunkbereich zu erzielen. Europäische Programme werden auch unmittelbar politisch gefördert. Ein praktischer Ansatz dazu ist der oben erwähnte Europäische Kulturkanal. Neben der gemeinschaftsweiten Verbreitung nationaler Programme setzt sich die Europapolitik für die Schaffung eines europäischen Fernsehprogramms ein. Erklärte

---

182 *GfK Fernsehforschung,* Fernsehnutzung 1991 Ergebnisse, abgedruckt in Media Perspektiven 1992, S.65.

183 Siehe die turnusmäßigen Medienanalysen der *GfK* in den Sammlungen Basisdaten der Media Perspektiven.

184 Ein Beispiel aus einem anderen Kulturkreis zeigt, daß manche Programme gar festgefügte ethnische Grenzen übergehen können: auf dem indischen Subkontinent haben 85 % aller (!) Fernsehzuschauer jede der 93 (!) Folgen des Fernsehepos "Mahabharata" gesehen. *Venzky, G.*, Indien in der Zeit 'nach Mahabharata', Stuttgarter Zeitung, 31.7.1990.

Intention dafür ist, gemeinsame Anschauungen und das Bewußtsein einer Europäischen Gemeinschaft zu fördern.[185]

Aus diesem politischen, sich bis in konkrete Programme auswirkenden Ansatz heraus, folgen nachhaltige Impulse zur Formung eines übernationalen Rundfunkraumes. Von der integrativen Kraft des Rundfunks wird es dann auch abhängen, zu welchem Zeitpunkt die Strukturen einer europäischen Medienordnung sich festigen.

V. Rechtliche Rahmenbedingungen

Besondere Aufmerksamkeit verdienen Regelungen - selbst fragmentarischer Art - , welche versuchen, übernationale Rahmenbedingungen für einen sich konsolidierenden europäischen Rundfunkraum bereitzustellen. Zum einen sind diese Regelungen wichtige Elemente beim weiteren Ausbau des Rundfunkraumes, zum anderen enthalten sie die Grundlagen einer europäischen Medienordnung. Jeder Versuch, Aussagen über mögliche und zulässige Inhalte dieser Medienordnung zu treffen, hat von den bestehenden Regelungen auszugehen.

1. Völkerrechtliche Grundlagen

Rechtliche Rahmenbedingungen einer übernationalen Medienordnung finden sich in internationalen Vereinbarungen, deren Signatarstaaten über den Kreis der EG- und Europarats-Staaten hinausreichen. Sowohl die EG,[186] als auch deren einzelne Mitgliedsstaaten haben allgemeines Völkerrecht und völkerrechtliche Konventionen zu beachten. Aus diesem Kontext können sich Implikationen bei der Gestaltung eines europäischen Rundfunksystemes ergeben.

---

185 Siehe dazu auch den Bericht des *Ausschusses des Europäischen Parlaments für Jugend, Kultur, Bildung, Information und Sport* über eine Rahmenordnung für eine europäische Medienpolitik (Berichterstatter: Herr W. Hahn) vom 5.7.1985, PE DOK A 2-75/85.

186 deren Völkerrechtssubjektivität unbestritten ist: siehe dazu und zur allgemeinen Zuordnung des Völkerrechts zum Gemeinschaftsrecht *Oppermann, T.*, Europarecht, 1991, Rdnr.140 ff. und *Ipsen, H.P.*, Rundfunk im Europäischen Gemeinschaftsrecht, 1983, S.32 ff.

Im technischen Bereich suchen internationale Vereinbarungen die endliche Zahl der Frequenzen und Satelliten-Orbitpositionen befriedigend zu verteilen. Ein frühes Regelungswerk ist hier der Internationale Fernmeldevertrag von Atlantic City 1947, novelliert Nairobi 1983, samt dessen Vollzugsordnung für den Funkdienst.[187] Nachfolgend wurden auf mehreren Konferenzen der ITU[188], einer Sonderorganisation der Vereinten Nationen, weitere Zuteilungsvereinbarungen getroffen.[189] Die in den final acts festgelegten Vereinbarungen der ITU-Konferenzen (abgekürzt: WARC = World Administrative Radio Conference) werden in der Bundesrepublik Deutschland über den ratifizierten Internationalen Fernmeldevertrag unmittelbar geltendes (Fernmelde-) Recht.

Der bereits angesprochene[190] Art.7 Randnummer 428 A der Vollzugsordnung für den Funkdienst der ITU von 1971, durch den die Staaten verpflichtet werden, die Ausleuchtzonen der Rundfunksatelliten möglichst eng auf ihr eigenes Staatsgebiet zu begrenzen, war Ausgang entschiedener Kritik der EG-Kommission.[191] Sie war der Ansicht, daß sich die EG-Mitgliedstaaten hier völkerrechtlich zu einem Tun verpflichtet haben, das dem innergemeinschaftlichen Recht zuwiderlaufe und den Ausbau eines europäischen Rundfunkraumes maßgeblich erschwere. Die technische Entwicklung hat, wie oben dargestellt, diese Regelung inzwischen weitgehend ausgehöhlt. Behinderungen bei der Entwicklung eines europäischen Rundfunkraumes ergeben sich daraus in praxi kaum.

---

187 Zu den Konsequenzen für das nationale Rundfunksystem der Bundesrepublik Deutschland in dieser Zeit: *Rudolf, W.*, Die Errichtung privater Rundfunk- und Fernsehsender nach der gegenwärtigen Rechtslage, NJW 1953, S.1700 f. Bemerkenswert ist insbesondere Nr.488 der Vollzugsordnung für den Funkdienst, wonach die Errichtung einer Hörfunk- oder Fernsehstation von der Erteilung einer staatlichen Lizenz abhängig gemacht wird. Die Erteilung dieser Sendelizenz kann nur bei Erfüllung bestimmter sachlicher Voraussetzungen erteilt werden - das sind Grundstrukturen eines Rundfunksystems !

188 International Telecommunication Union

189 Z.B. über Polarisation und Ausleuchtzonen von Funksatelliten. Konzise Darstellung bei *Bueckling, A.*, Grenzüberschreitendes Direktfernsehen durch Satelliten - rechtlich gesehen, NJW 1981, S.1113 ff.

190 Siehe oben S. 16 mit Text der Vorschrift in Fußnote.

191 Im *Grünbuch der EG-Kommision Fernsehen ohne Grenzen*, Die Errichtung des Gemeinsamen Marktes für den Rundfunk, insbesondere über Satellit und Kabel, KOM (84) 300 endg., dort Teil 5, B II.

Wichtige Grundlagen für heutige Frequenzplanungen auf europäischem Raum sind für den Bereich des Satellitenrundfunks die Beschlüsse der WARC 1977 ("Genfer Satelliten-Konferenz") und entsprechend für den UKW-Rundfunkdienst die Ergebnisse der Genfer Wellenkonferenz 1984 ("Genfer Wellenplan"). Beide Konferenzen haben dazu beigetragen, daß die Nutzung der technischen Ressourcen intensiviert wurden. Mittelbar haben diese Regelungswerke damit auch beim Aufbau eines europäischen Rundfunkraumes mitgewirkt, pikanterweise sogar gegen manche ihrer eigenen Intentionen.[192]

Grenzüberschreitender Rundfunk berührt jedoch nicht nur Aspekte technisch-rechtlicher Zuteilungen von Frequenzen und Orbitpositionen. Als völkerrechtliches Problem stellt sich hier die grundsätzliche Frage, ob die Staaten den freien Informationsfluß per Rundfunk gewährleisten müssen oder nicht. Die Anerkennung einer "völkerrechtlichen Rundfunkfreiheit" wäre ein starker Impetus für jede übernationale Medienordnung und einer der Grunddaten auf dem Weg zu einem europäischen Rundfunksystem.

Diese Wirkkräfte ergeben sich jedoch aus allgemein-völkerrechtlichen Grundlagen (derzeit noch ?) nicht. Es sind zwar langjährige Ansätze zu verzeichnen, das Prinzip des "free-flow-of-informations" als allgemeiner Grundsatz des Völkerrechts oder durch Völkervertragsrecht zu etablieren.[193] Dazu gehören Art.19 der allgemeinen Menschenrechtsdeklaration von 1948, Art.10 der Europäischen Menschenrechtskonvention von 1950[194] sowie Art.13 der Amerikanischen Menschenrechtskonvention, die Bestrebungen der UNESCO zum Abschluß einer UN-Medienresolution mit Deklarationen 1972 und 1978 und den Forderungen nach einer "Neuen Weltinformationsordnung" sowie auch die entsprechenden Passagen in der Schlußakte der KSZE-Konferenz

---

192 Siehe den Anhang 8 Ziff.1 der Schlußakte WARC 1977 und die darauf zielende Kritik im "EG-Grünbuch".

193 Weiterführend *Haagen, B.U.*, Satellitenfernsehen, 1986, S.63 ff.; *Bueckling, A.*, Transnationales Satelliten-TV und nationale Kulturreservate in der EG, EuGRZ 1987, S.97 ff.; *Delbrück, J.*, Direkter Satellitenrundfunk und nationaler Regelungsvorbehalt, 1982, S.40 ff.; *Witzmann, B.*, Völkerrechtliche Aspekte der Bemühungen um eine neue Weltinformationsordnung, 1984, S.146 ff.

194 Ausführlich dazu *Astheimer, S.*, Rundfunkfreiheit, ein europäisches Grundrecht. Eine Untersuchung zu Art.10 EMRK, 1990; *Oppermann, T.*, Europarecht, 1991, Rdnr.79 ff. Zur Bedeutung des Art.10 EMRK für die Freiheit der Wirtschaftswerbung siehe *Friauf, K.H.* in: Europafernsehen und Werbung, 1987, S.23 ff.

1975 Helsinki[195] und im Abschließenden Dokument des KSZE-Folgetreffens Wien 1989.[196] Auf der anderen Seite steht das Prinzip des "prior-consent" und der Betonung der staatlichen Souveränität bezüglich grenzüberschreitender Programme, wie es sich etwa nach den Beschlüssen der WARC 1977, dem Prinzipienkatalog der UNO 1982 für direktstrahlendes Satelliten-TV und der langjährigen Staatenpraxis (insbesondere in der Zeit des "Kalten Krieges" zwischen Ost und West) herausgebildet hat. Eine stärkere Hinwendung zum Grundsatz des 'free-flow' läßt sich hier für die Zukunft erwarten, wie es etwa in neuerer Zeit das Abschließende Dokument des Wiener KSZE-Folgetreffens 1989 unter Randnummer 34 formuliert:

> "Dabei werden sie (gemeint: die Signatarstaaten) sicherstellen, daß Rundfunksendungen, die gemäß der Funkordnung der Internationalen Fernmeldeunion (ITU) ausgestrahlt werden, in ihren Staaten direkt und normal empfangen werden können.... Zu diesen Zwecken werden sie alle mit den oben erwähnten völkerrechtlichen und anderen internationalen Verpflichtungen (gemeint: Internationale und Europäische Menschenrechtskonvention u.a.) unvereinbaren Einschränkungen beseitigen."[197]

In diesem Sinne hoffnungsvoll stimmen vor allem auch die neueren Urteile des Europäischen Gerichtshofes für Menschenrechte zu Art.10 EMRK, welche ebenfalls mithelfen, das Prinzip des 'free flow of informations' allgemein abzusichern.[198] Insgesamt geben derzeit jedoch allgemein-völkerrechtliche, über den Kreis der EG- und Europarat-Staaten hinausreichende, Rahmenbedingungen schon wegen ihres zeitlichen Rückstandes nur geringe Impulse bei der Gestaltung eines europäischen Rundfunksystems.

---

195 Zur Entwicklung der KSZE: *Oppermann, T.*, Europarecht, 1991, Rdnr.136 ff.

196 Manche dieser Dokumente setzen hinter das generelle JA zum Prinzip des freien Meinungsflusses das große ABER zur Respektierung der nationalen Kultur; vgl. die UNESCO-Mediendeklarationen. Soweit dieses ABER in der Staatenpraxis gleichgesetzt wird mit "staatlicher Souveränität", bleibt vom genannten Grundsatz nicht mehr viel übrig.

197 *Konferenz über Sicherheit und Zusammenarbeit in Europa (KSZE)*, Abschließendes Dokument des Wiener KSZE-Folgetreffens vom 15.Januar 1989, in: Bulletin des Presse- und Informationsamtes der Bundesregierung vom 31.01.1989, Nr.10/S.71

198 Nach dem Urteil des EGMR vom 22.5.1990 - Autronic-AG/Schweiz (NJW 1991, S.620 ff.) schützt Art.10 EMRK auch den Empfang ausländischer Fernsehprogramme über (Fernmelde-)Satelliten. Siehe dazu auch *Ricker, R.*, Die Freiheit des Fernseh-Direktempfangs und die rechtliche Zulässigkeit ihrer Beschränkung, NJW 1991, S.602 ff. Nach dem Urteil vom 28.3.1990 - Groppera AG u.a./Schweiz (NJW 1991, S.615 ff.), fällt auch jede durch Kabelnetze weiterverbreitete Rundfunksendung in den Anwendungsbereich des Art.10 EMRK; Beschränkungen der Weiterverbreitung sind nur unter engen Voraussetzungen zulässig.

2. *Fernsehübereinkommen des Europarates*

Die Europaratsvereinbarung über das grenzüberschreitende Fernsehen wurde am 5.Mai 1989 in Straßburg unterzeichnet.[199] Sie tritt nach Art. 29 in Kraft, wenn -woran nicht gezweifelt wird- mindestens sieben Unterzeichnerstaaten die Konvention ratifizieren. Neben den Mitgliedsstaaten des Europarates[200] kann auch die EG das Übereinkommen unterzeichnen. Nach Maßgabe des Art. 30 können darüberhinaus auch weitere Staaten der Konvention beitreten. Der Geltungsbereich des Fernsehübereinkommens reicht damit weit über den Raum der EG-Staaten hinaus.

Voraussetzung und Basis einer erleichterten "grenzüberschreitenden Verbreitung und Weiterverbreitung von Fernsehprogrammen" (Artt. 1 und 4) ist die Schaffung gemeinsamer Standards für grenzüberschreitende Fernsehprogramme. Das Übereinkommen verpflichtet deshalb die Vertragsstaaten zur Schaffung oder Harmonisierung nationaler Regelungen bezüglich

- *Werbevorschriften* (Artt.11-18, als eigentlichem Kernstück der Konvention). Unter anderem ist danach die Werbedauer auf 15 % der täglichen Sendezeit und auf 12 Minuten pro Stunde zu begrenzen (Art.12). Eine Unterbrecherwerbung ist bei Kino- und Fernsehfilmen, welche länger als 45 Minuten dauern, einmal je vollständigem 45-Minuten-Zeitraum zulässig. Überschreitet die vorgesehene Sendedauer zwei oder mehrere volle 45-Minuten-Zeiträume um mindestens 20 Minuten, ist eine weitere Unterbrechung zulässig. Schleichwerbung (Product Placement) ist unzulässig. Werbung darf keinen Einfluß auf das redaktionelle Programm ausüben (Art.12) und ist von diesem erkennbar zu trennen (Art.13). Unzulässig ist die Werbung für Tabakwaren und rezeptpflichtige Medikamente, bei alkoholischen Getränken ist sie nur mit Einschränkungen zulässig (Art.15). Sponsorsendungen unterliegen Auflagen wie der Kennzeichnungspflicht und dem Verbot

---

199 *Europarat*: Europäisches Übereinkommen über das grenzüberschreitende Fernsehen vom 5.Mai 1989 (Europarat-Fernsehkonvention), abgedruckt in Media Perspektiven 1989, S.96 ff.

200 Belgien, Bulgarien, Dänemark, Deutschland, Finnland, Frankreich, Griechenland, Irland, Island, Italien, Liechtenstein, Luxemburg, Malta, Niederlande, Norwegen, Österreich, Polen, Portugal, San Marino, Schweden, Schweiz, Slowakische Republik, Spanien, Tschechische Republik, Türkei, Ungarn, Vereinigtes Königreich, Zypern (Stand: Ende 1992).

direkter Verkaufsförderung (Artt. 17 u. 18).[201] So schließt beispielsweise Art. 17 Abs. 3 Europaratskonvention aus, daß in Sponsorsendungen auch Werbespots für die Produkte oder Dienstleistungen des Sponsors geschaltet werden können.[202]

- Wichtig ist ferner die Bestimmung des Art. 16, wonach Fernsehwerbung, die sich eigens und häufig an Zuschauer außerhalb des Sendestaates richtet, die Werbevorschriften des Empfangsstaates zu beachten hat. Dies soll Wettbewerbsverzerrungen des Werbemarktes verhindern, welche sich daraus ergeben können, daß die Werbevorschriften des Empfangsstaates restriktiver sind als diejenigen des Sendestaates. Gem. Art.28 werden die Vertragsstaaten durch das Übereinkommen generell nicht gehindert, strengere nationale Regelungen zu treffen, sofern sie nicht dadurch die Verbreitung andersnationaler Programme entgegen den Intentionen des Übereinkommens behindern (Artt. 1 und 4).

- bestimmter *Programmgrundsätze* (Art. 7), wie der Pflicht zur Achtung der Menschenwürde und der Grundrechte anderer, dem Verbot von Pornographie, exzessiver Gewaltdarstellung und Aufstachelung zum Rassenhaß. Programme, die geeignet sind, die körperliche, geistige und sittliche Entwicklung von Kindern und Jugendlichen zu gefährden, dürfen erst zu Zeiten ausgestrahlt werden, zu denen dieser Personenkreis üblicherweise diese Sendungen nicht mehr wahrnimmt (Jugendschutz).

Gemessen an den Regelungen zur Fernsehwerbung, lassen die Aussagen der Konvention zu den Verantwortlichkeiten des Rundfunkveranstalters großen interpretatorischen Spielraum. Auch wenn bei der Formulierung von Programmnormen ein hoher Grad an Unbestimmtheit unvermeidbar sein

---

201 Siehe zu weiteren Einzelheiten rechtlicher Anforderungen an Werbesendungen in verschiedenen Regelungswerken: *Pieper, A.K.*, Die Anforderungen an Werbesendungen im grenzüberschreitenden Rundfunk, ZUM 1989, S.396 ff.

202 Vgl. dazu auch Ziff. 225 des *Erläuternden Berichts zum Europäischen Übereinkommen über das grenzüberschreitende Fernsehen*, nichtamtliche Übersetzung der englischen und französischen Originalfassung (Europarats-Dokument DH-MM (89) 2 vom 28.04.1989 in: Europäisches Medienrecht, Beck'sche Textausgaben, 1991, S. 143. Dagegen läßt sich nicht argumentieren, daß der Begriff der 'Sendung' nicht auch die darin plazierten Werbeblöcke einschließt. Werbung kann nach Art. 14 Abs.1 S.2 der Konvention zwar in Sendungen 'eingefügt' (!) werden, wird damit aber rechtlich zum Teil dieser Sendung.

sollte,[203] ist die Zurückhaltung des Fernsehübereinkommens in dieser Frage unverkennbar.

- des *Rechts auf Gegendarstellung* (Art.8), wobei eine wirksame Inanspruchnahme dieses Rechts sowohl hinsichtlich der Fristen als auch hinsichtlich der Anwendungsmodalitäten zu garantieren ist.

Mit der Fernseh-Konvention des Europarates haben sich die Vertragsstaaten untereinander zu ständiger Kooperation verpflichtet. Über den gegenseitigen Austausch von Informationen hinaus (Art.6), sollen die staatlich zuständigen Behörden in allen weiteren Fragen grenzüberschreitender Fernsehprogramme zusammenarbeiten (Art.19). Zur Koordinierung wird ein "Ständiger Ausschuß" bestehend aus Delegierten aller Vertragsstaaten eingerichtet (Artt. 20 bis 22). Für den Fall von Streitigkeiten zwischen Vertragsparteien ist ein Vergleichs- und Schiedsverfahren vorgesehen (Artt. 25, 26 und Anhang)

Neben der rechtlichen Harmonisierung ist die Förderung der europäischen audiovisuellen Produktion ein weiteres Ziel des Fernsehübereinkommens (Präambel und Art.10). Bestimmte Quoten europäischer Werke am Gesamtprogramm werden jedoch nicht vorgegeben. Für Kinofilme sind Schutzfristen zwischen der Aufführung in Lichtspielhäusern und der Ausstrahlung in Fernsehprogrammen einzuhalten (Art.10 Abs.4).

Die oben dargestellten Regelungen der Europaratskonvention könnten in vergleichbarer Form Inhalt eines nationalen Rundfunkgesetzes sein. Zwar hätte ein derartiges nationales Regelungswerk nur bruchstückhaften Charakter. Insbesondere fehlt, um nur ein Beispiel zu nennen, jede Einbeziehung des Hörfunks. Dennoch enthielte es wichtige Teile einer Rundfunkrechtsordnung. In gleicher Weise können die Bindungen der Fernsehkonvention als Elemente einer sich bildenden europäischen Medienordnung angesehen werden.[204] Über

---

[203] Vgl. dazu etwa die Untersuchung von *Ossenbühl, F.*, Programmnormen im Rundfunkrecht, 1981, S.53 ff.

[204] Mit gleicher Bewertung *Dicke, K.*, Eine europäische Rundfunkordnung für welches Europa ?, Media Perspektiven 1989, S.198.; *Delbrück, J.*, Die europäische Regelung des grenzüberschreitenden Rundfunks - Das Verhältnis von EG-Richtlinie und Europaratskonvention, ZUM 1989, S.379 ff.; *Möwes, B. / Schmitt-Vockenhausen, M.*: Europäische Medienordnung, EuGRZ 1990, S.128.

den konkreten Regelungsanlaß hinaus, erhält damit das Fernsehübereinkommen des Europarates seine besondere Bedeutung.

3. Fernsehrichtlinie der EG

In gewisser Konkurrenz zum Übereinkommen des Europarates steht die am 3.10.1989 verabschiedete Fernsehrichtlinie des Rates der Europäischen Gemeinschaften.[205] Diese Konkurrenz ist nicht rechtlicher Natur: Art. 27 Abs. 1 der Europaratskonvention stellt selbst die Subsidiarität der Konvention gegenüber der EG-Richtlinie fest. Wohl aber sind Kompetenzfragen und unterschiedliche rechtliche Bindungswirkungen beider Regelungswerke Ursache dafür, daß vor allem von Seiten der deutschen Bundesländer die Europaratskonvention gegenüber der EG-Richtlinie eindeutig favorisiert wird.

Inhaltlich unterscheiden sich Übereinkommen und Richtlinie dabei nur wenig.[206] Um bestehende "Beschränkungen der Freiheit, innerhalb der Gemeinschaft Sendungen auszustrahlen, ...aufzuheben" (Präambel), will die Fernsehrichtlinie die geltenden Rechtsvorschriften der Mitgliedsstaaten angleichen. Koordiniert werden nationale Regelungen bezüglich

- der *Fernsehwerbung* (Artt.10 bis 21): wie die Europaratskonvention setzt auch die EG-Richtlinie hierauf ihren Schwerpunkt. Unter anderem ist die Werbung deutlich vom Programm zu trennen und prinzipiell in Werbeblöcken zu senden. Schleichwerbung ist verboten. (Art.10) Unterbrecherwerbung ist eingeschränkt zulässig nach den gleichen Maßstäben, welche bereits die Konvention formuliert. Für Tabakwaren und rezeptpflichtige Medikamente ist Werbung ebenfalls untersagt (Artt.13 u. 14), für alkoholische Getränke nur eingeschränkt statthaft (Art.15). Die Fernsehwerbung hat allgemeine inhaltliche Grundsätze einzuhalten (Art.12), insbesondere zum Schutz von Minderjährigen (Art.16). Die Werbedauer wurde übereinstimmend mit den Rege-

---

205 *Richtlinie des Rates der Europäischen Gemeinschaften* vom 3.Oktober 1989 zur Koordinierung bestimmter Rechts- und Verwaltungsvorschriften der Mitgliedsstaaten über die Ausübung der Fernsehtätigkeit (EG-Fernsehrichtlinie), Amtsblatt der Europäischen Gemeinschaften 17.10.89 Nr.L 298/23. Zur Vorgeschichte der EG-Richtlinie mit den Eckpunkten Hahn-Bericht und EG-Grünbuch siehe *Betz, J.*, Die EG-Fernsehrichtlinie - Ein Schritt zum europäischen Fernsehen ?, Media Perspektiven 1989, S.677 ff.

206 Die Kompatibilität zwischen Konvention und Richtlinie ist vor allem dem nachhaltigen Einsatz der Bundesregierung zu verdanken.

lungen der Konvention auf maximal 15 % der täglichen Sendezeit und maximal 12 Minuten pro Stunde begrenzt (Art. 18).

Die EG-Richtlinie enthält jedoch keine dem Art. 16 der Europaratskonvention vergleichbare Vorschrift. Damit ist auch ein "Export" von Fernsehprogrammen möglich, die sich gezielt an das Fernsehpublikum eines Mitgliedsstaates richten, dessen Werbevorschriften strenger sind als diejenigen des Sendestaates.[207] Hier stellt die EG-Richtlinie -mittelbar- größere rechtliche Harmonisierung her. Um den absehbaren Wettbewerbsverzerrungen zum Nachteil inländischer Veranstalter entgegenzuwirken, werden Mitgliedsstaaten mit restriktiveren Normen sich längerfristig am Standard der Richtlinie orientieren müssen.[208]

- *allgemeiner Programmgrundsätze*, wie dem Verbot von Pornographie, grundloser Gewaltdarstellung, Aufstachelung zum Rassenhaß u.a. Zum Schutz von Minderjährigen sind Programme, die geeignet sind, die körperliche, geistige und sittliche Entwicklung zu beeinträchtigen, durch Wahl der Sendezeit oder durch technische Maßnahmen vor der Wahrnehmung durch Minderjährige zu schützen. (Art. 22) Wie bei den entsprechenden Regelungen der Konvention nimmt auch die Richtlinie Abstand von einer konkreteren Definition der Programmnormen.

- des *Rechtes auf Gegendarstellung* (Art. 23) mit der Pflicht der Mitgliedsstaaten, eine effektive Wahrnehmung des Rechtes durch verfahrensmäßige Vorkehrungen sowie durch gerichtliche Kontrolle zu sichern.

- *Schutzfristen für Kinofilme* zwischen der Aufführung in Lichtspielhäusern und der Ausstrahlung in Fernsehprogrammen (Art. 7).

---

207 Die Richtlinie schließt strengere oder ausführlichere nationale Bestimmungen ausdrücklich nicht aus: Art. 3 Abs. 1 der Richtlinie.

208 Eine gewisse Relativierung bringt allerdings die Erklärung der Kommission zu Artikel 3 und Artikel 4 Absatz 2 in der *Anlage zur EG-Richtlinie*. Dort ist festgehalten: "Die *Kommission* erklärt, daß sie bei der Wahrnehmung der ihr zukommenden Rolle und bei der Auslegung des Rechts dafür Sorge tragen wird, daß die Rechtsprechung des Gerichtshofs der Europäischen Gemeinschaften bezüglich der Umgehung einzelstaatlicher Regelungen beachtet wird. Dies gilt insbesondere für Umstände, die dazu führen würden, daß Fernsehveranstalter einen anderen Mitgliedstaat als Stützpunkt ihrer Fernsehtätigkeit wählen, nur um sich dadurch Vorschriften zu entziehen, die für sie gelten würden, wenn sie auf dem Hoheitsgebiet des Staates, in dem ihre Sendungen empfangen werden, ansässig wären, und so gegenüber den Fernsehveranstaltern, die in dem Mitgliedsstaat ansässig sind und dort ausstrahlen, in dem ihre Sendungen empfangen werden, einen Vorteil zu erringen."

Die EG-Richtlinie versucht ebenso wie die Europaratskonvention die Herstellung und Verbreitung "europäischer Werke" (Art.6) zu fördern. Hier jedoch über allgemeine Erklärungen hinausgehend, sollen bestimmte Programmanteile europäischen Werken vorbehalten bleiben. Nach Art.4 der Richtlinie haben die Mitgliedsstaaten dafür Sorge zu tragen, daß die Fernsehveranstalter den Hauptanteil ihrer Sendezeit mit Ausnahme von Sportberichten, Nachrichten, Spielshows oder Werbe- und Videotextleistungen aus europäischen Werken bestreiten. Gemäß Art.5 haben sie ferner dafür zu sorgen, daß mindestens 10 % ihrer Sendezeit -ausgenommen wiederum Sportberichte, Nachrichten, Spielshows oder Werbe- und Videotextleistungen-durch unabhängige europäische Produzenten hergestellt worden sind.[209]

Die Quotenregelungen der EG-Richtlinie wurden hauptsächlich von Rundfunkveranstaltern und ihnen nahestehenden Kreisen kritisiert.[210] Die EG-Kommission mußte sich den Vorwurf gefallen lassen, ihr industriepolitisches Ziel, zur Schaffung einer international konkurrenzfähigen europäischen Programmindustrie beizutragen, mit protektionistischen und rechtlich bedenklichen Mitteln zu verfolgen.[211] Hintergrund (wenn auch nicht bestimmende Argumentation) der Kritik war dabei meist die befürchtete Verteuerung der Programme durch europäische Produktionen. Quotenregelungen seien letztlich auch überflüssig, da wirkungslos.[212] Die Einwände bewirkten schließlich, daß Art.4 und 5 EG-Richtlinie nicht unmittelbar rechtsverbindlich wurden. Durch gemeinsame Protokollerklärung des Rates und der Kommission zur Fernsehrichtlinie wurde festgestellt, "daß sich die Mitgliedsstaaten durch Artikel 4 und 5 politisch auf die dort vereinbarten Ziele verpflichten."

---

209 Die definitorischen Probleme sollten durch ein wissenschaftliches Gutachten geklärt werden ("Booz-Allen u. Hamilton-Studie").

210 Siehe dazu den Überblick bei *Frohne, R.*, Die Quotenregelungen im nationalen und im europäischen Recht, ZUM 1989, S.390 ff.

211 *Bogdany, A.v.*, Europäischer Protektionismus im Medienbereich, EuZW 1992, S.9. Nach dieser Ansicht verstoßen Art.4 und 5 der EG-Fernsehrichtlinie auch gegen Art.III Abs.4 GATT.

212 *Hoffmann-Riem, W.*: Internationale Medienmärkte - nationale Rundfunkordnungen, RuF 1986, S.20 f.; *Kühn, M.*: Harmonisierung des Rundfunkrechts in Europa, ZUM 1986, S.586; *Frohne, R.*, Die Quotenregelungen im nationalen und im europäischen Recht, ZUM 1989, S.396.; *Betz, J.*, Die EG-Fernsehrichtlinie - Ein Schritt zum europäischen Fernsehen ?, Media Perspektiven 1989, S.686.

Insbesondere die deutschen Bundesländer verneinen eine Kompetenz der EG-Kommission zum Erlaß der Fernsehrichtlinie. Die Richtlinie fände im Gemeinschaftsrecht keine ausreichende Grundlage, da der EG nach dem EG-Vertrag (zumindest vor der Ratifizierung des Vertrages von Maastricht) keine ausdrücklichen Rechtsetzungsbefugnisse im Bereich der Kulturpolitik zugewiesen worden sei. Der von der EG-Kommission maßgeblich zitierte Kompetenztitel des Art.59 ff. EG-Vertrages (freier Dienstleistungsverkehr) würde überstrapaziert. Sofern die EG im Bereich des Rundfunks Regelungen treffe, sei dies ein "für die Länder nicht hinnehmbarer Eingriff in den Kernbereich ihrer Rundfunkhoheit".[213]

Gegen den Beschluß der Bundesregierung, der EG-Rundfunkrichtlinie zuzustimmen, hat die bayerische Staatsregierung Klage vor dem Bundesverfassungsgericht erhoben und im Wege der einstweiligen Anordnung beantragt, der Bundesregierung aufzugeben, den Kabinettsbeschluß einstweilen nicht zu vollziehen. Den Antrag auf Erlaß einer einstweiligen Anordnung hat das Bundesverfassungsgericht mit Urteil vom 11.4.1989 aus hier nicht weiter darstellbaren Gründen abgewiesen.[214]

Neben Kompetenzfragen ist auch die rechtliche Qualifizierung der Fernsehrichtlinie anzusprechen. Im Gegensatz zum Fernsehübereinkommen, das eine Ratifizierung durch die Unterzeichnerstaaten voraussetzt, sind die EG-Mitgliedsstaaten zur Umsetzung der Richtlinie verpflichtet. Gem. Art.25 Abs.1 muß diese spätestens innerhalb von 2 Jahren in nationales Recht umgesetzt worden sein. Das Übereinkommen setzt dagegen keine Frist zur Ratifizierung. Die Richtlinie kann von den EG-Mitgliedsstaaten nicht gekündigt werden; bei Verletzung einzelner Bestimmungen kann ein Vertragsverletzungsverfahren vor dem EuGH eingeleitet werden.[215] Keine nationalen Vorbehaltserklärungen und keine einschränkenden innerstaatlichen Vereinbarungen können den Vorschriften der Richtlinie beigefügt werden oder sie modifizieren.

---

213 Siehe *Beschluß der Regierungschefs der Länder* zum Vorschlag für eine EG-Rundfunkrichtlinie, ZUM 1986, S.600 f.

214 NJW 1990, S.974 f. Siehe zum Verfahren vor dem BVerfG auch die Stellungnahme des *Bundesrates* Drucksache 462/89, Empfehlungen der Ausschüsse zu Verfahren vor dem Bundesverfassungsgericht; *Memminger, G.*, Bedeutung des Verfassungsrechtsstreits zur EG-Rundfunkrichtlinie, DÖV 1989, S.846 ff.

215 Art. 169 ff. EG-Vertrag; s. auch: *Oppermann, T.*, Europarecht, 1991, Rdnr.627 ff.

Diese Beispiele sollen zeigen, daß der EG-Fernsehrichtlinie bei wesentlich gleichem materiellem Gehalt eine größere praktische Wirkung im Verhältnis zum Fernsehübereinkommen des Europarates zukommen kann. Zwar enthält auch die Richtlinie nur wenige Elemente einer europäischen Medienordnung. Viel mehr konnte sie schon aus kompetenzrechtlichen Gründen nicht leisten. Dennoch werden die aus der EG-Richtlinie folgenden Impulse grundlegend für die weitere Formung einer europäischen Rundfunkrechtsordnung sein.

4. EG-Integrationsprozeß: Die EG nach der Einheitlichen Europäischen Akte und dem Vertrag von Maastricht

Unabhängig davon, daß der EG nach dem EG-Vertrag keine expliziten rundfunkrechtlichen Kompetenzen zugewiesen sind, beeinflussen (fast) alle Integrationserfolge auf wirtschaftlichem, rechtlichem und politischem Gebiet - zumindest mittelbar - die nationalen Rundfunkordnungen. So können sich die Strukturen eines Rundfunksystems ändern, wenn Veranstalter aus anderen EG-Mitgliedsstaaten, gestützt auf ihrer gemeinschaftsweiten Dienstleistungs- und Niederlassungsfreiheit, den grundsätzlich gleichen Anspruch auf Zugang zum Rundfunk besitzen wie inländische Veranstalter. Vor allem die integrationsfreundliche Rechtsprechung des EuGH[216] schrieb bei aller Betonung der ökonomischen Dimension in diesem Sinne auch Rundfunkrecht. An Kritik hat es ihr deshalb nicht gefehlt.[217]

---

216 Urteile des EuGH vom 30.04.1974, "Sacci" und vom 18.03.1980, "Debauve" und Coditel". Ausführliche Darstellung der Rechtsprechung des EuGH zu Urteilen mit rundfunkrechtlichem Bezug im Zusammenhang mit der Dienstleistungsfreiheit bei *Oppermann, T.*, Europarecht, Rdnr. 1508 ff. m.w.N. Zum Urteil des EuGH vom 26.4.1988 "Kabelregeling": *Bueckling, A.*, Weiterverbreitung, ZUM 1988, S.288 ff., *Koszuszeck, H.*, Freier Dienstleistungsverkehr und nationales Rundfunkrecht, ZUM 1989, S.541 ff. und *Gulich, J.*: Fernsehen mit Grenzen ?, ZUM 1990, S.170 ff. Zum Urteil des EuGH vom 18.09.1991 "ERT": *de Nanclares, J.-M.*, Fernsehmonopole und Gemeinschaftsrecht, ZUM 1992, S.607 ff.

217 *Scharf, A.* in: Entwicklungsperspektiven der Europäischen Gemeinschaft, 1985, S.157; *Delbrück, J.*, Die Rundfunkhoheit der deutschen Bundesländer im Spannungsfeld zwischen Regelungsanspruch der Europäischen Gemeinschaft und nationalem Verfassungsrecht, 1986, S.40 ff.; *Herrmann, G.*, Statement zur rundfunkrechtlichen Entwicklung aus der Sicht der öffentlich-rechtlichen Rundfunkanstalten, in: Rundfunk und Fernsehen im Lichte der Entwicklung des nationalen und des internationalen Rechts, 1985, S.163 ff.; *Memminger, G.*, Bedeutung des Verfassungsrechtsstreits zur EG-Rundfunkrichtlinie, DÖV 1989, S.849 mit einem treffenden Zitat des bayerischen Staatssekretärs Dr.Vorndran: "Es kann nicht richtig sein, daß die Frage der Kompetenzabgrenzung zwischen der EG und den Mitgliedsstaaten - und damit auch den Ländern

Die vertraglichen Grundlagen der EG wurden mit der am 28.02.1986 unterzeichneten "Einheitlichen Europäischen Akte" (EEA)[218] erstmalig modifiziert. Wichtigstes Resultat dieser Änderungen ist die Verpflichtung zur Vollendung des europäischen Binnenmarktes bis 31.12.1992. Der EG-Binnenmarkt wird dabei nur als *ein* - wenn auch bedeutender - Schritt zur weiteren Integration der EG-Staaten angesehen. Zu diesem Zweck wurde ebenfalls das frühere Einstimmigkeitsprinzip weitgehend durch das Mehrheitsprinzip ersetzt und die Rechte des Europäischen Parlaments und der EG-Kommission erweitert. Mit dem am 07.02.1992 in Maastricht unterzeichneten "Vertrag über die Europäische Union" wurden die einzelnen Elemente des EG-Integrationsprozesses nochmals zusammengeführt und auf eine neue, erweiterte Grundlage gestellt.[219] Sollte trotz der vielfachen Widerstände die Ratifizierung durch die Mitgliedsstaaten gelingen, erhielte die Gemeinschaft erstmalig explizit eine - wenn auch beschränkte Kompetenz im Bereich der Kulturpolitik.[220] So wird die Gemeinschaft durch Art.128 und Art.3 p) berechtigt und verpflichtet, einen (eigenständigen) Beitrag zur Entfaltung der Kulturen der Mitgliedsstaaten unter Wahrung ihrer nationalen und regionalen Vielfalt sowie gleichzeitiger Hervorhebung des gemeinsamen kulturellen Erbes zu leisten.[221] Zu diesem Zweck fördert die Gemeinschaft durch ihre Tätigkeit die Zusammenarbeit zwischen den Mitgliedsstaaten und unterstützt und ergänzt deren Tätigkeit auch im audiovisuellen Bereich (Art.128 Abs.3 4.Spiegelstrich). Nach Art.3 b des neuen EG-Vertrages wird die Gemeinschaft allerdings im

- allein in der Hand des Europäischen Gerichtshofes liegt, wie vielfach angenommen. Denn damit würden sich die Staaten in die Hand des Organs einer zwischenstaatlichen Einrichtung begeben, der selbst keine Staatsqualität zukommt. Das wäre letztlich ein Freibrief zur Aushöhlung der eigenen Staatlichkeit."

218 ABl. EG 1987 Nr.L 169/1, von der Bundesrepublik Deutschland ratifiziert mit Gesetz zur Einheitlichen Europäischen Akte vom 19.12.1986, BGBl. 1986 II, S.1102 ff. Die deutschen Bundesländer haben in diesem Zustimmungsgesetz eine Bestimmung durchgesetzt, die ihre Einbeziehung in Willensbildung und Entscheidungen der Bundesregierung bei EG-rechtlichen Angelegenheiten besser als bisher sichern soll.

219 *Oppermann, T. / Classen, C.*, Die EG vor der Europäischen Union, NJW 1993, S.5 ff.

220 Von den Befürwortern der weiteren Integration der EG-Mitgliedsstaaten wurde und wird immer wieder auch die Bedeutung der EG als Kulturgemeinschaft hervorgehoben. Siehe schon 1958 *Hallstein, W.*, Europäische Reden. Hrsg. von Thomas Oppermann unter Mitarbeit von Joachim Kohler, 1979, S.92; ebenso Hahn-Bericht und EG-Grünbuch an diversen Stellen; auch *Schwarze, J.*, Die Medien im Spannungsfeld von Wirtschaft und Kultur, 1986, S.147 f. ("Fortentwicklung der Gemeinschaft in eigentlich kulturelle Dimensionen").

221 *Ress, G.*, Die neue Kulturkompetenz der EG, DÖV 1992, S.944 ff.

Kulturbereich "nach dem Subsidiaritätsprinzip nur tätig, sofern und soweit die Ziele der in Betracht gezogenen Maßnahmen auf Ebene der Mitgliedstaaten nicht ausreichend erreicht werden können und daher wegen ihres Umfangs oder ihrer Wirkungen besser auf Gemeinschaftsebene erreicht werden können."[222] Dieses allgemeine Erfordernis wird die Gemeinschaft nach den Erfahrungen der Vergangenheit jedoch nicht hindern, weitere Tätigkeiten auch im Bereich des Rundfunks zu entfalten. Die integrationsfreundliche und teilweise kompetenzschöpfende Rechtsprechung des EuGH wird dazu mit ihren Beitrag leisten.

Kurz- und mittelfristig schafft der europäische Binnenmarkt 1993 für den Bereich des Rundfunks die Voraussetzungen dafür, daß sich Medienunternehmen leichter als bisher übernational verflechten können. Diese Möglichkeit werden die Veranstalter schon deshalb nutzen, da gleichfalls mit einer weiteren Konsolidierung des europäischen Werbemarktes zu rechnen ist. Der Binnenmarkt des Warenverkehrs wird vom Binnenmarkt der Wirtschaftswerbung begleitet.[223] Schon um den Gefahren für die Meinungsvielfalt im Rundfunk aus den zu erwartenden Verflechtungen und Konzentrationen zu begegnen, wird das Bedürfnis nach einer umfassenden europäischen Medienordnung wachsen.[224] Die Entschließung des Europäischen Parlaments vom 30.09.1992 zur Medienkonzentration und Meinungsvielfalt[225] (auf der Basis des sog. "Schinzel/Fayot-Papier") und das daraufhin von der EG-Kommission angenommene Grünbuch über Pluralismus und Medienkonzentration[226] sind deutliche Zeichen dafür, daß die EG auch im Bereich der elektronischen Medien verstärkt ordnungspolitisch tätig werden will. Der EG-Binnenmarkt, rechtlich abgesichert und erweitert durch den neuen EG-Vertrag wird hier

222 Siehe dazu: *Schmidhuber, P. / Hitzler, G.*, Die Verankerung des Subsidiaritätsprinzips im EWG-Vertrag - ein wichtiger Schritt auf dem Weg zu einer föderalen Verfassung der Europäischen Gemeinschaft, NVwZ 1992, S.720 und *Hochbaum, I.*, Kohäsion und Subsidiarität, Maastricht und die Länderkulturhoheit, DÖV 1992, S.285.

223 Vgl. dazu *Pieper, A.K.*, Die Anforderungen an die Werbesendungen im grenzüberschreitenden Rundfunk, ZUM 1989, S.397.

224 Mit gleicher Bewertung: *Möwes, B. / Schmitt-Vockenhausen, M.*: Europäische Medienordnung, EuGRZ 1990, S.128.

225 Siehe auch die Dokumentation in Kabel & Satellit Nr.41/1992, S.25 ff.

226 *Grünbuch der Kommission der Europäischen Gemeinschaften*, Pluralismus und Medienkonzentration im Binnenmarkt, Bewertung der Notwendigkeit einer Gemeinschaftsaktion, KOM(92) 480 endg.

zum wichtigen Motor weiterer Integrationsschritte. Mit Recht läßt sich folgern, daß es in wenigen Jahren "wahrscheinlich keine Rechtsmaterie mehr geben, die nicht durch das Gemeinschaftsrecht überlagert wird."[227]

Dieser beabsichtigte Effekt mußte in föderal verfassten Staaten wie der Bundesrepublik Deutschland Befürchtungen wecken und Kritik hervorrufen. Neben wenigen Stimmen, die mit der EEA und mit dem im Vertrag von Maastricht verankerten Subsidiaritätsprinzip kleine Fortschritte für den Föderalismus erwarten,[228] befürchten viele in der Bundesrepublik Deutschland eine Gefährdung der bundesstaatlichen Struktur durch Aushöhlung der Länderkompetenzen.[229] Das durch Art.2 des Gesetzes zur EEA (innerstaatlich) eingeführte Länderbeteiligungsverfahren[230] kann Kompetenzverluste nicht rechtlich abwenden, da der Bund gem. Art.24 I GG (solange er nicht die Staatlichkeit der Länder gefährdet) nicht gehindert werden darf, Hoheitsrechte der Bundesländer auch gegen deren Willen auf die EG zu übertragen.

Ansätze, den Verlust föderativer Substanz, der sich gerade am Beispiel des Rundfunks deutlich zeigt, aufzuhalten, gibt es einige. So wollen die Länder durch eine Änderung des Art.24 I GG ihre Einbindung in den Entscheidungs-

---

227 *Bleckmann, A.*, Politische Aspekte der europäischen Integration unter dem Vorzeichen des Binnenmarktes 1992, ZRP 1990, S.265.

228 *Burgess, M.*, Federalism and European union, political ideas, influences and strategies in the European community, 1989, S.215; *Schmidhuber, P. / Hitzler, G.*, Die Verankerung des Subsidiaritätsprinzips im EWG-Vertrag - ein wichtiger Schritt auf dem Weg zu einer föderalen Verfassung der Europäischen Gemeinschaft, NVwZ 1992, S.720 ff.

229 *Magiera, S.* in: Bundesländer und Europäische Gemeinschaft, 1988, S.14 ff.; *Schodder, T.F.W.*, Föderative Gewaltenteilung in der Bundesrepublik Deutschland, 1989, S.85 ff.; *Bleckmann, A.*, Politische Aspekte der europäischen Integration unter dem Vorzeichen des Binnenmarktes 1992, ZRP 1990, S.265 ff.; *Delbrück, J.*, Die Rundfunkhoheit der deutschen Bundesländer im Spannungsfeld zwischen Regelungsanspruch der Europäischen Gemeinschaft und nationalem Verfassungsrecht, 1986, S.20 ff.; *Meier, G.*, Die Beteiligung der Bundesländer an der Gesetzgebung der Europäischen Gemeinschaften - ein Ende der Diskussion ?, ZRP 1987, S.228 ff.; *Borchmann, M.*, Die Europäische Gemeinschaften im Brennpunkt politischer Aktivitäten der Bundesländer, DÖV 1988, S.624 ff.; *Haas, E.*, Die Mitwirkung der Länder bei EG-Vorhaben, DÖV 1988, S.613 ff.

230 Das Länderbeteiligungsverfahren hat inzwischen eine neue Rechtsgrundlage erhalten: Gesetz vom 12.03.1993 über die Zusammenarbeit von Bund und Ländern in Angelegenheiten der Europäischen Union, BGBl. I, S.313 ff.

prozeß auch verfassungsrechtlich zur Pflicht machen.[231] Manche Stimmen fordern ein eigenständiges Klagerecht der Bundesländer vor dem EuGH.[232] Inzwischen verstärken die Länder ihre direkten EG-Aktivitäten auf politischer Ebene über eigene "Länderbüros"[233] in Brüssel. Auch an den Verhandlungen über die politische Union Europas nahm ein "Beobachter der Länder" teil.[234] Von der EG fordern die deutschen Bundesländer (zusammen mit anderen europäischen autonomen Regionen), mehr als bisher den innerstaatlichen Föderalismus zu beachten.[235] Dem starken politischen Druck war es zu verdanken, daß das Subsidiaritätsprinzip Teil des neuen EG-Vertrages wurde.[236]

---

231 BR-Drucksache 703/89; s. auch *Hess, J.*, Die EG-Rundfunkrichtlinie vor dem Bundesverfassungsgericht, AfP 1990, S.95 ff.; bereits die Enquete-Kommission Verfassungsreform hatte eine Änderung des Art. 24 I GG vorgeschlagen.

232 Siehe etwa die Entschließung der Teilnehmer der Konferenz "Europa der Regionen", abgedruckt in: *Knemeyer, F.-L.*, Subsidiarität - Föderalismus, Dezentralisation. Initiativen zu einem "Europa der Regionen", ZRP 1990, S.174; *Bleckmann, A.*, Politische Aspekte der europäischen Integration unter dem Vorzeichen des Binnenmarktes 1992, ZRP 1990, S.268; *Streinz, R.*, Bundesverfassungsgerichtliche Kontrolle über die deutsche Mitwirkung am Entscheidungsprozeß im Rat der Europäischen Gemeinschaften, 1990, S.13 hält eine Klagebefugnis der Bundesländer vor dem EuGH für gegeben und stützt sich dafür auf das Urteil des EuGH vom 08.03.1988, Rs. 62 und 72/87 - Exécutif Régional Wallon und S.A.Glaverbel / EG-Kommission; Analyse der Rechtsschutzmöglichkeiten der deutschen Bundesländer gegen EG-Recht bei: *Geiger, R.*, Die Stellung der deutschen Bundesländer im Europäischen Gemeinschaftsrecht und ihre Rechtsschutzmöglichkeiten gegen Rechtsakte der Gemeinschaft, in: Die Landesparlamente im Spannungsfeld zwischen europäischer Integration und europäischem Regionalismus, hrsg. von H.A. Kremer, 1990, S.51 ff.

233 *Strohmeier, R.W.*, Möglichkeiten der Einflußnahme auf den Entscheidungsprozeß der Europäischen Gemeinschaften durch die Deutschen Bundesländer nach Einrichtung der Länderbüros in Brüssel, DÖV 1988, S.633 ff.; *Fastenrath, U.*, Länderbüros in Brüssel, DÖV 1990, S. 125 ff.

234 Baden-Württemberg und Nordrhein-Westfalen vertreten den Bundesrat bei der politischen Union, Bayern und Hamburg bei der Wirtschafts- und Währungsunion. Zur Geschichte und Arbeit der Länderbeobachter siehe *Stöger, F.*, Aufgaben und Tätigkeit des Beobachters der Länder bei den Europäischen Gemeinschaften, in: Bundesländer und Europäische Gemeinschaft, 1988, S.101 ff.; *Borchmann, M.*, Die Europäische Gemeinschaften im Brennpunkt politischer Aktivitäten der Bundesländer, DÖV 1988, S.625 ff.

235 *Böttcher, W.*, Europafähigkeit durch Regionalisierung, ZRP 1990, S.329 ff.

236 *Knemeyer, F.-L.*, Subsidiarität - Föderalismus, Dezentralisation. Initiativen zu einem "Europa der Regionen", ZRP 1990, S.173 ff.; *Hrbek, R.*, Bundesländer und Regionalismus in der EG, in: Bundesländer und Europäische Gemeinschaft, 1988, S.148 f. ebenso *Magiera, S.*, S.16 f.; *Memminger, G.*, Bedeutung des Verfassungsrechtsstreits zur EG-Rundfunkrichtlinie, DÖV 1989, S.849.; *Möwes, B. / Schmitt-Vockenhausen, M.*: Europäische Medienordnung, EuGRZ 1990, S.128; *Schelter, K.*, Subsidiarität - Handlungsprinzip für das Europa der Zukunft,

Hauptsächlich von der allgemeinen Dynamik der EG-Integration wird es abhängen, in welcher Frist eine umfassende und tragfähige europäische Medienordnung geschaffen werden kann. Für das Rundfunkwesen in der EG hat die EEA und der Vertrag von Maastricht eine Entwicklung unumkehrbar beschleunigt, in deren Folge die EG-Mitgliedstaaten sich zukünftig über weitere Grunddaten einer europäischen Medienordnung werden einigen müssen.

5. Weitere Harmonisierungsbestrebungen

Wie gezeigt, ergeben sich die derzeit nachhaltigsten Impulse zur Festigung einer europäischen Rundfunkordnung aus EG-rechtlichen Regelungen. Wie aber der Rundfunk die nationalstaatlichen Grenzen überwindet, so überschreitet er gleichfalls die Grenzen der Europäischen Gemeinschaft. Inhaltlich gibt es hier schon manche Harmonisierungsbestrebungen mit den Staaten des Europarates und osteuropäischen Ländern. Ein Beispiel dafür ist die weitgehende inhaltliche Kongruenz von Europarat-Fernsehkonvention und EG-Fernsehrichtlinie.[237] Im Rahmen der bereits verwirklichten Erweiterung der EG-Außenkompetenz[238] und der durch den Vertrag von Maastricht erweiterten Gemeinsamen Außen- und Sicherheitspolitik ist für die Zukunft eine verstärkte Zusammenarbeit zwischen der EG und dritten Staaten und Organisationen zu erwarten, welche sich wiederum auch im Rundfunkbereich auswirken wird. Letztlich wird die Größe des Rundfunkraumes bestimmen, wie umfassend ein Rundfunksystem zu gestalten ist.

EuZW 1990, S.217 ff.; kritisch zur Operationalisierbarkeit des Subsidiaritätsprinzips: *Pechstein, M.*, Subsidiarität der EG-Medienpolitik ?, DÖV 1991, S.535 ff.

237 die übrigens maßgeblich von der deutschen Bundesregierung mit gefördert wurde, siehe hierzu den Beschluß des Europäischen Rates, abgedruckt in Bulletin der Bundesregierung vom 6.12.1988, S.1509,1511: "...Der Europäische Rat hält es für wichtig, daß die Bemühungen der Gemeinschaft im Einklang mit dem entsprechenden Übereinkommen des Europarates entfaltet werden. Der Europäische Rat ersucht den Rat, seine Beratungen über die Richtlinie "Fernsehen ohne Grenzen" zu beschleunigen, und nimmt zur Kenntnis, daß die Kommission ihren Vorschlag unter Berücksichtigung des Übereinkommens des Europarates anpassen wird..."

238 Dazu ausführlich: *Oppermann, T.*, Europarecht, 1991, Rdnr.1630 ff.

VI. Resümee

Die vorgemachten Ausführungen versuchten zu zeigen, daß in weiten Bereichen bereits übernationale - europäische - Rundfunkräume existieren. Die dargestellten wirtschaftlichen und politischen Kräfte werden dafür sorgen, daß sich vor allem beim Fernsehen der Umbruch von nationalen zu europäischen Rundfunkräumen weiter fortsetzt. Ein auch nur vorläufiges Ende der Entwicklung ist bislang nicht zu verzeichnen.

Wie ebenfalls aufgezeigt, sind Ansätze vorhanden, die Fragen grenzüberschreitender Fernsehprogramme übernational zu ordnen. Diese Initiativen berühren bislang die eigentlichen medienrechtlichen Probleme, wie Vielfaltssicherung und Rundfunkfreiheit noch wenig. Dennoch lassen sich den vorhandenen Regelungen weitere Elemente auf dem Weg zu einem europäischen Rundfunksystem hinzufügen. Die Notwendigkeit ihrer Konstituierung ergibt sich mit einer gewissen Zwangsläufigkeit aus der Eigendynamik des zugrundeliegenden Sachverhaltes. Die (relativ kleinräumigen) europäischen Staaten müssen sich immer mehr bewußt werden, daß "die technischen Möglichkeiten der Programmübermittlung die künstlichen Jurisdiktionsgrenzen der Nationalstaaten faktisch überschreiten"[239] und daraus ein erhöhter grenzüberschreitender Ordnungsbedarf resultiert.

Eine für die weitere Entwicklung entscheidende Frage ist hier die Differenzierung zwischen dem unvermeidbaren Maß übernationalen Konsenses gegenüber solchen Teilen einer europäischen Medienordnung, welche schon aus kulturpolitischen Gründen in der Kompetenz der Mitglieds- bzw. Signatarstaaten zu belassen sind. Für den Bereich der Rundfunkaufsicht versucht die nachfolgende Untersuchung darauf eine Antwort zu finden. Als Testfall eignet sich besonders die Situation der Rundfunkaufsicht in der Bundesrepublik Deutschland. In keinem anderen europäischen Staat sind dafür die legislativen Kompetenzen föderalistischer verteilt.[240]

---

239 *Dicke, K.*, Eine europäische Rundfunkordnung für welches Europa ?, Media Perspektiven 1989, S.194.

240 Was immer wieder Anlaß deutlicher Kritik war: siehe nur *Tettinger, P.J.*, Aktuelle Fragen der Rundfunkordnung, JZ 1986, S.806 ff. ("Postkutschenföderalismus"); *Bullinger, M.*: Satellitenrundfunk im Bundesstaat, AfP 1985, S.5 ff. ("prekäre Rundfunkautarkie der elf Einzelstaaten der Bundesrepublik"); *Stammler, D.*, Europäischer Rundfunkmarkt und innerstaatliche Rundfunkkompetenz, ZUM 1988, S.274 ff.; Gegenargumente etwa bei *Jutzi, S.*: Nochmal:

B. Die Grundlagen der deutschen Rundfunkaufsicht

Während der Zeit des öffentlich-rechtlichen Rundfunkmonopols wurde in der Bundesrepublik Deutschland eine zum Teil heftige Diskussion um Notwendigkeit und Zulässigkeit einer *staatlichen* Aufsicht über die öffentlich-rechtlichen Rundfunkanstalten geführt. So konnte eine der grundlegenden Monographien zu diesem Gegenstand im Jahr 1973 feststellen, daß sich "bei diesem zweifellos umstrittensten Problem des gesamten Staatsaufsichtsrechts ... eine eindeutige herrschende Meinung bisher nicht herausbilden" konnte.[241]

Diese Auseinandersetzung ist nach der Zulassung privatrechtlicher Rundfunkveranstalter praktisch verstummt. An der Existenzberechtigung einer staatlichen Aufsicht konnte schon aufgrund der noch darzustellenden verfassungsgerichtlichen Vorgaben[242] nicht weiter gezweifelt werden. Dann mußte jedoch auch die Begründung einer Staatsaufsichtslosigkeit des öffentlich-rechtlichen Rundfunks auf Akzeptanzprobleme stoßen. Mit Recht: wenn Aufgabe der staatlichen Aufsicht über den Rundfunk die Sicherung der Rundfunkfreiheit ist, läßt sich diese nicht zwischen öffentlich-rechtlichen Rundfunkanstalten einerseits und privatrechtlichen Rundfunkveranstaltern andererseits teilen. Mit anderen Prämissen versuchten hier ältere Literaturstimmen den Nachweis einer Wesensverschiedenheit staatsinterner "Verwaltungsaufsicht" über öffentlich-rechtliche Rundfunkanstalten im Gegensatz zur staatlichen "Mißbrauchsaufsicht" über privatrechtliche Rundfunkveranstalter zu führen.[243]

Bundeskompetenz für direktstrahlende TV-Satelliten ?, ZUM 1986, S.21 ff.; zu grundsätzlichen Problemen des Rundfunk-Föderalismus: *Kreile, J.*, Kompetenz und kooperativer Föderalismus im Bereich des Kabel- und Satellitenrundfunks, 1986, S.265 ff.

241 *Berendes, K.*, Die Staatsaufsicht über den Rundfunk, 1973, S.119.

242 Vor allem *BVerfGE 12, 205* ("1. Rundfunkurteil"), S.262.

243 Am deutlichsten *Salzwedel, J.*, Staatsaufsicht in der Verwaltung, VVDStRL 1965, S.206 ff. Im Ergebnis auch *Wilkens, H.*, Die Aufsicht über den Rundfunk, 1965, S. 36 f.

Wenn dennoch die Strukturen der Rundfunkaufsicht zwischen öffentlich-rechtlichen und privatrechtlichen Veranstaltern differieren, dann nicht wegen einer unterschiedlichen rechtlichen Qualität *staatlicher* Rundfunkaufsicht. Das System der deutschen Rundfunkaufsicht besteht jedoch aus wesentlich mehr Elementen. Art.5 Abs.1 S.2 GG erfordert für die Aufsicht über den Rundfunk in der Bundesrepublik Deutschland einen komplizierten Ausgleich zwischen Funktionsverantwortung und Staatsfreiheit des Rundfunks. Viele praktische Probleme finden ihre Ursache in den sich daraus ergebenden Reibungsflächen.

I. Zum Begriff der Rundfunkaufsicht

"Rundfunkaufsicht" ist kein juristischer Terminus. Entsprechend findet sich in keinem Rundfunk-/Mediengesetz eines deutschen Bundeslandes eine Legaldefinition des Begriffes. Vielmehr sollen damit all diejenigen gesetzlichen Regelungen gemeint sein, welche im weitesten Sinne Fragen der Aufsicht über Rundfunkveranstalter betreffen. Verschiedene Ebenen verbinden sich hier. Sowohl die gesetzlich angeordnete Aufsicht durch pluralistische Organe[244] als auch durch staatliche Stellen gehören nach der hier vertretenen Auffassung zur "Rundfunkaufsicht". Nicht hinzugerechnet werden die ohne gesetzliche Verpflichtung eingeführten veranstalterinternen Kontrollreglements der Rundfunkveranstalter, welche die Einhaltung von Geschäftsgrundsätzen (auch programmlicher Art) und den Vorgaben zur Betriebsführung betreffen.[245]

Nur parenthetisch erwähnt sei, daß die in Rundfunk- und Mediengesetzen benutzte Vokabel "Aufsicht" gleichfalls ein "schillernder Begriff"[246] ist und

---

244 Die Aufsicht durch Organe aus gesellschaftlich relevanten Gruppen wird oftmals gerne als "Kontrolle" bezeichnet, um einen Gegensatz zur "staatlichen Aufsicht" anzuzeigen - eine begriffsjuristische Relevanz besitzen beide Termini nicht. Andere Autoren sehen die "anstaltsinterne Kontrolle" auch als "Rundfunkaufsicht im untechnischen Sinne" an, wie *Kewenig, W.A.*, Zu Inhalt und Grenzen der Rundfunkfreiheit, 1978, S.123 und verengen damit die Rundfunkaufsicht auf die Aufsicht durch staatliche Organe.

245 Siehe dazu etwa *Planung, Aufsicht und Kontrolle von Rundfunk-Unternehmen*, hrsg. von F.H. Fleck..., 1987 (Beiträge zur Rundfunkökonomie Bd.2) sowie *Management und Marketing von Rundfunkanstalten*, hrsg. von Peter Eichhorn und Hans Raffée, 1990.

246 *Wilkens, H.*, Die Aufsicht über den Rundfunk, 1965, S.27.

für sich alleine keine rechtliche Relevanz besitzt.[247] Für detaillierte juristische Aussagen ist also stets die betreffende Aufsichtsfunktion zu benennen. Es wäre andernfalls nur wenig mehr als ein Austausch synonymer Begriffe, nach dem Vorbild eines juristischen Wörterbuchs zu definieren: "Aufsicht ist die Überwachung eines Verhaltens".[248]

II. Verfassungsrechtliche Prämissen

Beinahe so alt wie das Grundgesetz selbst sind die Bemühungen und Diskussionen um die zutreffende Auslegung des Art.5 Abs.1 S.2 GG. Hier haben sich im wesentlichen[249] zwei Ansätze herausgebildet:

Die *institutionelle* Deutung der Rundfunkfreiheit[250] sieht - verkürzt beschrieben - den Hauptgehalt des Art.5 Abs.1 S.2 GG in der Verpflichtung an den Gesetzgeber, die (Programm-)Freiheit des Rundfunks organisatorisch und materiell zu sichern. Dagegen betont der *individualrechtliche* Ansatz[251]

---

247 Vgl. zur terminologischen Deutung der "Aufsicht": *Meyer, T.*, Staatsaufsicht über Private, insbesondere Wirtschaftsunternehmen, 1988, S.166 ff. und zu den jeweiligen sachlichen Klassifizierungen: S.169 ff.

248 *Köbler, G.*, Juristisches Wörterbuch, 1981, Stichwort "Aufsicht" = S.21.

249 Die (durch das BVerfG erwartungsgemäß nicht bestätigte) Deutung der Rundfunkfreiheit als "Gruppengrundrecht" ist unbedeutende Mindermeinung geblieben: *Lücke, J.*, Die Rundfunkfreiheit als Gruppenrecht, DVBl. 1977, S.977 ff.; *Lücke, J.*, Die Rundfunkfreiheit als individuelles Zugangsrecht, JZ 1977, S.41 ff.; Entgegnungen darauf etwa bei *Groß, R.*, Zu den verfassungsrechtlichen Grenzen einer Privatisierung des Rundfunks, DVBl. 1980, S.936 ff., *Hoffmann-Riem, W.*, Medienfreiheit und der außenplurale Rundfunk, AöR 109 (1984), S.310 ff. und *Laubinger, K-H.*, in: Beiträge zum Medienprozeßrecht, 1988, S.174.

250 Nachfolgend beispielhaft lediglich eine Fundstelle je Autor: *Berendes, K.*, Die Staatsaufsicht über den Rundfunk, 1973, S.58 ff.; *Leibholz, G.*, Rechtsgutachten zur verfassungsrechtlichen Problematik der Ausübung der Rechtsaufsicht gegenüber Rundfunk- und Fernsehanstalten im Bereich der Programmgestaltung, 1973, S.26 ff.; *Kewenig, W.A.*, Zu Inhalt und Grenzen der Rundfunkfreiheit, 1978, S.83 ff.; *Hoffmann-Riem, W.*, Rundfunkfreiheit durch Rundfunkorganisation, 1979, S.16 ff.; *Badura, P.*, Verfassungsrechtliche Bindungen der Rundfunkgesetzgebung, 1980, S.22 ff.; *Groß, R.*, Zu den verfassungsrechtlichen Grenzen einer Privatisierung des Rundfunks, DVBl. 1980, S.933 ff.; *Jarass, H.D.*, Die Freiheit des Rundfunks vom Staat, 1981, S.25 ff.; *Stock, M.*, Zur Theorie des Koordinationsrundfunks, 1981, S.154 f.; *Bethge, H.*, Wem gehört die Rundfunkfreiheit ?, 1982, S.27 f.

251 Nachfolgend beispielhaft lediglich eine Fundstelle je Autor: *Rudolf, W.*, Über die Zulässigkeit privaten Rundfunks, 1971, S.21 ff.; *Klein, H.H.*, Die Rundfunkfreiheit, 1978, S.32 ff.;

mehr den Charakter des Art.5 Abs.1 S.2 GG im Sinne eines jedem einzelnen zustehenden Freiheitsrechtes mit allen sich daraus ergebenden Folgen, wie der Begründung von Teilhabeansprüchen und anderem.

Beide Deutungen unterscheiden sich meist mehr in der Bildung ihrer Schwerpunkte, denn in einer inkonvertiblen interpretatorischen Konfrontation. Es hat deshalb nicht an Versuchen gefehlt, eine gemeinsame Antwort zu finden.[252] Diesen Weg hat auch die im Laufe der Zeit vervollständigte Rundfunkrechtsprechung des Bundesverfassungsgerichts genommen.[253] Über die Klärung der Ausgangssituation hinaus, erscheint es daher müßig, die Auseinandersetzung zwischen institutioneller und individualrechtlicher Deutung der Rundfunkfreiheit noch weiter zu vertiefen.[254]

Eine wesentliche Ursache für die unterschiedlichen Ansätze liegt in der Tatsache begründet, daß sich die Verfassung zur Frage der Rundfunkordnung nicht eben wortreich äußert und so den Interpretatoren einigen Spielraum für die Setzung eigener Gewichte ermöglicht.

Die eher kargen Worte[255] des Grundgesetzes, "die Freiheit der Berichterstattung durch Rundfunk [werde]...gewährleistet", sind dazu bestimmt, die wesentlichen Maximen des Rundfunkrechts der Bundesrepublik Deutschland

---

Pestalozza, Chr.v., Rundfunkfreiheit in Deutschland, ZRP 1979, S.25 ff.; *Ricker, R.*, Freiheit und Ordnung des Rundfunks nach dem dritten Rundfunkurteil des BVG, NJW 1981, S.1926 ff.; *Starck, Chr.*, Konstruktionsprinzipien, JZ 1983, S.407 ff.; *Wolf, J.*, Medienfreiheit und Medienunternehmen, 1985, S.255 ff.; *Bamberger, H.G*, Einführung in das Medienrecht, 1986, S.85 ff.; *Bullinger, M.*, Freiheit und Gleichheit in den Medien, JZ 1987, S.260 ff.; *Degenhart, Chr.*, Öffentlich-rechtlicher und privater Rundfunk im dualen Rundfunksystem, ZUM 1988, S.50 ff.; *Eberle, C.-E.*, Rundfunkübertragung, 1989, S.31 ff.

252 *Wufka, E.*, Rundfunkfreiheit, 1971, S.42 ff.; *Oppermann, T.*, Auf dem Weg zur gemischten Rundfunkverfassung in der Bundesrepublik Deutschland ?, JZ 1981, S.726 ff.; im übrigen versuchen auch viele Anhänger der institutionellen und der individualrechtlichen Deutung bei aller eigenen Schwerpunktbildung die jeweils andere Position einzubeziehen.

253 Hier vor allem *BVerfGE 57, 295*, S.319 f. Kritik an dieser Rechtsprechung üben *Starck, C.*, "Grundversorgung" UND Rundfunkfreiheit, NJW 1992, S.3261 f. und *Fink, U.*, Wem dient die Rundfunkfreiheit ?, DÖV 1992, S.805 ff.

254 Manche Stimmen sehen diese Konsequenz nicht. So werden auch lange nach dem 3.Rundfunkurteil, das sich gegen eine einseitige institutionelle Deutung aussprach, hiervon abweichende Interpretationen des Art.5 Abs.1 S.2 GG formuliert: *Kübler, F.*, Die neue Rundfunkordnung: Marktstruktur und Wettbewerbsbedingungen, NJW 1987, S.2961 ff. und *Fuhr, E.W.*, Der öffentlich-rechtliche Rundfunk im dualen Rundfunksystem, ZUM 1987, S.146 f.

255 Diktion von *Schmidt, W.*, Die Rundfunkgewährleistung, 1980, S.90.

zu fassen. Je größer somit die interpretatorischen Möglichkeiten, umso prägender wird die autorisierte Auslegung des Art.5 Abs.1 S.2 GG durch das Bundesverfassungsgericht, das sich nunmehr in sieben sog. "Rundfunkurteilen"[256] und verschiedenen weiteren Entscheidungen[257] geäußert hat. Verglichen mit anderen Lebensbereichen hat das Bundesverfassungsgericht durch seine Darlegungen zur Rundfunkverfassung in einem besonderen Maße die Entwicklung des Rundfunksystems in der Bundesrepublik Deutschland beeinflußt. Nicht umsonst werden die Folgen der verfassungsgerichtlichen Rechtsprechung zu Art.5 Abs.1 S.2 GG meist dann genannt, wenn die Rolle des Bundesverfassungsgerichts unter dem Stichwort "Ersatzgesetzgeber" kritisch beleuchtet und das Medienrecht als Richterrecht bezeichnet wird.[258] Jede Betrachtung zu den Fragen der Rundfunkordnung und Rundfunkaufsicht in der Bundesrepublik Deutschland wird daher eingehend die Rechtsprechung des Bundesverfassungsgerichts gewichten müssen.

1. Notwendigkeit einer Rundfunkaufsicht

a) Vorgaben der ersten Rundfunkgesetze

Die ersten Rundfunkgesetze in der Bundesrepublik Deutschland, geprägt durch die unmittelbaren Erfahrungen aus der NS-Diktatur und konform mit den Vorstellungen der Besatzungsmächte, sahen entweder keine *staatliche*

---

256 *BVerfGE 12, 205 ff.* ("1. Rundfunkurteil" = Deutschland-Fernsehen GmbH); *BVerfGE 31, 314 ff.* ("2. Rundfunkurteil" = Mehrwertsteuer); *BVerfGE 57, 295 ff.* ("3. Rundfunkurteil" = FRAG Saarland); *BVerfGE 73, 118 ff.* ("4. Rundfunkurteil" = Niedersächsisches Landesrundfunkgesetz); *BVerfGE 74, 297 ff.* ("5. Rundfunkurteil" = Baden-Württemberg-Beschluß); *BVerfGE 83, 238 ff.* ("6. Rundfunkurteil = Landesrundfunkgesetz Nordrhein-Westfalen); *BVerfG Beschl. vom 06.10.92* ("Hessen 3"), Media Perspektiven Dokumentation 1992, S.201 ff.

257 *BVerfGE 35, 202 ff.* ("Fall Lebach"); *BVerfGE 59, 231* ("freie Mitarbeiter"); *BVerfGE 60, 53 ff.* ("Rundfunkrat"); *BVerfG* NJW 90, S.311 = Verfassungsbeschwerde Zusammensetzung Rundfunkrat.

258 s. etwa *Becker, J.*, Medienrecht als Richterrecht in: Beiträge zum Medienprozeßrecht, 1988, S.139 ff. m.w.N. vor allem auch in Fn.10; Für *M. Rehbinder* hat sich mit den Entscheidungen des BVerfG zum Medienrecht "eine Art Bundesgesetzgebung entwickelt" (Referat auf den Münchner Medientagen 1987, zit. nach Handelsblatt vom 3.11.87).

Rundfunkaufsicht vor[259] oder lehnten eine solche gar explizit ab.[260] Jüngere Gesetze wiederum normierten eine staatliche Aufsicht.[261] Die generelle Notwendigkeit der Installierung einer Rundfunkaufsicht war dabei nicht bestritten: der Rundfunk als "eminenter Faktor der öffentlichen Meinungsbildung" in einer mit dem Pressewesen nicht vergleichbaren technischen und finanziellen "Sondersituation"[262] sollte nach Maßgabe aller Rundfunkgesetze durch besondere Organe, zusammengesetzt aus den gesellschaftlich relevanten Gruppen, kontrolliert werden.

b) Rundfunkentscheidungen des Bundesverfassungsgerichts

Mit der Frage nach der Notwendigkeit einer Rundfunkaufsicht hat sich das Bundesverfassungsgericht an verschiedener Stelle befaßt.

Zwei grundlegende Aussagen finden sich im 1.Rundfunkurteil: Dort wird zunächst die Organisationsform der öffentlich-rechtlichen Rundfunkanstalten mit ihren pluralistischen Aufsichtsgremien und einer limitierten staatlichen Aufsicht als eines jener "besondere[n] Vorkehrungen zur Verwirklichung und Aufrechterhaltung der in Art.5 GG gewährleisteten Freiheit des Rundfunks" verfassungsrechtlich anerkannt. In diesem System ist die öffentlich-rechtliche Rundfunkanstalt "dem staatlichen Einfluß entzogen oder höchstens einer beschränkten staatlichen Rechtsaufsicht unterworfen".[263]

Eine privatrechtliche Veranstalterschaft hält das Bundesverfassungsgericht für verfassungsrechtlich zulässig, wenn "beispielsweise durch Gesetz eine die

---

259 Gesetz über die Errichtung und die Aufgaben einer Anstalt des öffentlichen Rechts "Der Bayerische Rundfunk", zuletzt geändert durch Gesetz vom 30.07.1987; Gesetz über die Errichtung und die Aufgaben einer Anstalt des öffentlichen Rechts - Radio Bremen, zuletzt geändert durch Gesetz vom 14.02.1989; Gesetz über die Errichtung einer Rundfunkanstalt "Sender Freies Berlin", zuletzt geändert durch Gesetz vom 17.12.1988; Rundfunkgesetz mit Satzung für den "Süddeutschen Rundfunk", zuletzt geändert durch Gesetz vom 18.12.1969.

260 § 1 I 2 des Gesetzes über den Hessischen Rundfunk.

261 § 19 des Staatsvertrages über den Südwestfunk, zuletzt geändert durch Staatsvertrag vom 16./30.01.1987; § 53 des Gesetzes über den "Westdeutschen Rundfunk", zuletzt geändert durch Gesetz vom 07.03.1990.

262 Formulierungen des 1.Rundfunkurteils: *BVerfGE 12, 205*, S.260 f.

263 *BVerfGE 12, 205*, S.261.

spezifischen Zwecke des Rundfunks, insbesondere die Erhaltung seiner institutionellen Freiheit sichernde besondere Gesellschaftsform zur Verfügung gestellt und jede, den angegebenen Erfordernissen genügende Gesellschaft, die Rundfunksendungen veranstaltet, einer Staatsaufsicht, ähnlich etwa der Banken- oder Versicherungsaufsicht unterworfen wird".[264]

Fortgeschrieben wird diese Rechtsprechung mit dem 3.Rundfunkurteil: "Ebenfalls zu den erforderlichen gesetzlichen Regelungen gehört die Normierung einer begrenzten Staatsaufsicht, die - nur - der Aufgabe zu dienen hat, die Einhaltung der zur Gewährleistung der Rundfunkfreiheit ergangenen Bestimmungen sicherzustellen".[265] Soweit der Landesgesetzgeber versucht, die Meinungsvielfalt im privaten Rundfunk durch veranstalterinterne Strukturen ("binnenpluralistisch") sicherzustellen, sind gesetzliche Vorkehrungen notwendig, eine Alibifunktion der Aufsichtsorgane zu verhindern und ihnen einen "effektiven Einfluß"[266] zu garantieren. Sollte er - zulässigerweise - die Rundfunkfreiheit durch ein System externer Vielfalt ("außenpluralistisch") herstellen und erhalten wollen, sind ebenfalls "geeignete Vorkehrungen" und "Regelungen" zur Gewährleistung der Rundfunkfreiheit vorzusehen.[267]

Zum Verhältnis zwischen Staatsaufsicht und pluralistischer Binnenaufsicht stellt das Bundesverfassungsgericht fest: "Interne gesellschaftliche Kontrolle im Wege der gebotenen pluralistisch organisierten Autonomie des Rundfunks und staatliche Aufsicht als Fremdkontrolle lassen sich nicht gegeneinander austauschen. Eine Aufsicht durch die staatliche Exekutive kann zudem nur als zusätzliches - und begrenztes - Sicherungsmittel in Betracht kommen, weil Rundfunkfreiheit nicht nur Freiheit von einseitigen gesellschaftlichen Einflüssen, sondern auch und in erster Linie Freiheit von staatlichem Einfluß ist".[268]

Auch eine veranstalterexterne pluralistische Aufsicht des privaten Rundfunks durch staatsunabhängige Aufsichtsinstitutionen kann nach dem 4. Rundfunkurteil eine der verfassungsrechtlich gebotenen "materielle[n], organisa-

---

264 *BVerfGE 12, 205*, S.262.

265 *BVerfGE 57, 295*, S.326.

266 *BVerfGE 57, 295*, S.325 u. S.331.

267 *BVerfGE 57, 295*, S.325.

268 *BVerfGE 57, 295*, S.333 f.

torische[n] und Verfahrensregelungen"[269] zur Sicherung der Rundfunkfreiheit sein.[270] Eine derartige Organisation der Rundfunkaufsicht liegt grundsätzlich im Gestaltungsermessen des Gesetzgebers, wenn dadurch die "Wirksamkeit der Kontrolle"[271] gewährleistet ist. Zwar können für das Maß gleichgewichtiger Vielfalt im privaten Rundfunk geringere Anforderungen gelten als im öffentlich-rechtlichen Rundfunk, "solange und soweit" der öffentlich-rechtliche Rundfunk eine "Grundversorgung" gewährleistet, jedoch kann dies nicht rechtfertigen, "auf rechtliche Sicherungen der Rundfunkfreiheit ganz zu verzichten und die Entwicklung im Wege der Deregulierung den Kräften des Marktes anzuvertrauen".[272]

Die hier auszugsweise zitierten Ausführungen des Bundesverfassungsgerichts zur verfassungsrechtlichen Notwendigkeit einer Rundfunkaufsicht bedürfen dank ihrer Unmißverständlichkeit keiner weiteren Textexegese. Eine Rundfunkaufsicht ist, so betont das Bundesverfassungsgericht in allen Entscheidungen, zur Effektuierung der Rundfunkfreiheit verfassungsrechtlich erforderlich. Ihre Normierung bildet eines der Essentialia von Rundfunk- und Mediengesetzen. Zur Sicherung der Rundfunkfreiheit gibt es jedoch nicht nur *eine* verfassungsrechtlich zulässige Aufsichtsform. Möglich sind sowohl staatsunabhängige, veranstalterexterne als auch veranstalterinterne Aufsichtsinstitutionen samt deren Mischformen, soweit ihnen ein effektiver Einfluß zukommt. Schon die Aussagen zur Notwendigkeit einer Rundfunkaufsicht widerlegen damit das Aperçu: "Die beste Medienpolitik ist gar keine".[273]

Abweichend zum öffentlich-rechtlichen Rundfunk ist beim privaten Rundfunk jedoch daneben die Normierung einer staatlichen Rechtsaufsicht verfassungsrechtlich unabdingbar. Nach allen heutigen Rundfunkgesetzen ist sie mit einer staatlichen Rechtsaufsicht über die jeweiligen Landesmedienanstalten verfassungsrechtlich korrekt installiert.

---

269 *BVerfGE 57, 295*, S.320; *BVerfGE 60, 53*, S.64.; *BVerfGE 73, 118*, S.153; *BVerfGE 74, 297*, S.324; *BVerfG Urt. vom 5.2.91*, 1 BvF 1/85, 1/88, NJW 1991, S.900.

270 *BVerfGE 73, 118*, S.164 ff.

271 *BVerfGE 73, 118*, S.167, auch *BVerfG Urt. vom 5.2.91*, 1 BvF 1/85, 1/88, NJW 1991, S.909.

272 *BVerfGE 73, 118*, S.158.

273 *Gross, J.*, Medienpolitik, FAZ v. 8.12.1971, zit. nach *Feuchte, P.*, Presse, Rundfunk, Fernsehen, BWVwPr. 1983, S.160.

c) Meinungsbilder der Literatur

Parallel zu den divergierenden Rundfunkgesetzen gingen - solange die verfassungsgerichtliche Rechtsprechung noch große Interpretationsspielräume offenließ - die Meinungen in der Literatur auseinander. Manche Stimmen lehnten eine staatliche Aufsicht wegen Gefahren für die Staatsfreiheit des Rundfunks generell[274] oder zumindest für den Bereich der Programmgestaltung[275] ab. Andere verteidigten die staatliche Aufsicht als "notwendiges Korrelat des Selbstverwaltungsrechts" der öffentlich-rechtlichen Rundfunkanstalten[276]. Daneben wurde die verfassungsrechtliche Legitimation einer staatlichen Rundfunkaufsicht auch mit der "Aktivfunktion" des Art.5 Abs.1 S.2 GG begründet.[277] Die Rundfunkaufsicht wird als die Widerspiegelung der staatlichen Funktionsverantwortung für den Rundfunk angesehen. Der Staat dürfe seine Gewährleistungsaufgabe nicht auf die Bereitstellung eines rechtlichen Rahmens der Rundfunkbetätigung beschränken, sondern müsse seine fortwährende Verantwortung durch Aufsichtsrechte sichern.[278]

Die allgemeine Notwendigkeit und Zulässigkeit einer Rundfunkaufsicht war indessen nicht streitig und konnte es nach dem ersten Rundfunkurteil 1961 eigentlich auch nicht mehr sein. Gerade den Autoren, welche eine staatliche Rundfunkaufsicht als verfassungswidrig ablehnten, diente die Kontrolle des Rundfunks durch pluralistische Gremien als eine wesentliche Argumentationsstütze.[279]

---

[274] *Wilkens, H.*, Die Aufsicht über den Rundfunk, 1965, S.104 ff.

[275] *Leibholz, G.*, Rechtsgutachten zur verfassungsrechtlichen Problematik der Ausübung der Rechtsaufsicht gegenüber Rundfunk- und Fernsehanstalten im Bereich der Programmgestaltung, 1973, S.36 f.; *Wufka, E.*, Die verfassungsrechtlich-dogmatischen Grundlagen der Rundfunkfreiheit, 1971, S.136 f.

[276] Siehe dazu die Hinweise auf ältere Literatur bei *Berendes, K.*, Die Staatsaufsicht über den Rundfunk, 1973, S.121, Fn. 248 mit ablehnender Stellungnahme; ebenfalls: *VG Mainz* Urteil vom 19.12.1978, JZ 1979, S.303 ff. (m. Anm. Starck).

[277] *Ossenbühl, F.*, Rundfunk zwischen Staat und Gesellschaft, 1975, S.34 f.; *Maunz, T.*, Staatsaufsicht über den Rundfunk, BayVBl 1977, S.527 f.

[278] *Hoffmann-Riem, W.*: Die Zukunft des Rundfunks - ein Verfassungsproblem, RuF 1979, S.160.

[279] *Wilkens, H.*, Die Aufsicht über den Rundfunk, 1965, S.119 ff.; *Leibholz, G.*, Rechtsgutachten zur verfassungsrechtlichen Problematik der Ausübung der Rechtsaufsicht gegenüber Rundfunk- und Fernsehanstalten im Bereich der Programmgestaltung, 1973, S.38 f.

Vorhandene Widerstände gegen eine externe staatliche Rundfunkaufsicht ließen sich nur langsam überwinden. Deren Legitimation wurde aber zunehmend akzeptiert: soweit die verwaltungsgerichtliche Rechtsprechung über die Zulässigkeit (staats-)aufsichtlicher Maßnahmen zu urteilen hatte, wurden selbst im Geltungsbereich von Rundfunkgesetzen, welche zur Frage staatlicher Aufsicht "schweigen", Rechtsgrundlagen dafür gesucht und gefunden.[280]

2. *Maßstäbe der Rundfunkaufsicht*

Wie bereits dargestellt, besteht die Berechtigung und Bedeutung der Rundfunkaufsicht in der Sicherung der nach Art.5 Abs.1 S.2 GG gewährleisteten Rundfunkfreiheit. Kontrollmaßstab der Rundfunkaufsicht ist deshalb die Verwirklichung der Rundfunkfreiheit. Als Quintessenz aller weiteren Umsetzungsbemühungen mag man sich diese Aussage immer wieder vor Augen führen; in der Konkretisierung eröffnen sich damit leider mehr Fragen als Antworten.

a) Rundfunkaufsicht als Rechtsaufsicht

Rundfunkaufsicht ist nach der ständigen Rechtsprechung des Bundesverfassungsgerichts nur als Rechtsaufsicht verfassungsrechtlich zulässig. Eine intensivere Form staatlicher Aufsicht widerspräche dem Grundsatz der Staatsfreiheit[281] oder scheiterte als Aufsicht veranstalterexterner pluralistischer Gremien an der Programmautonomie des jeweiligen Rundfunkveranstalters. Die Rundfunkfreiheit ist "zunächst (...) Programmfreiheit im Sinne eines

---

280 Siehe etwa die Entscheidung des *VGH München vom 11.6.1964 (BayVBl. 1964, S.332 ff.)*, der sich dabei auf Art.55 V 2 der Bayerischen Verfassung stützt. Nach diesem Verfassungsartikel obliegt den Staatsministerien im Rahmen der Gesetze die Aufsicht über die Gemeinden und Gemeindeverbänden, "sowie die sonstigen Körperschaften des öffentlichen Rechts...", wozu nach Ansicht des VGH München auch der Bayerische Rundfunk gehöre; aus neuerer Zeit: *VG München* Beschluß vom 27.3.1986, BayVBl. 1986, S.347 (Eins Plus). Siehe ebenso die Entscheidung des *OVG Berlin vom 23.1.1969 (DVBl. 1969, S.881 ff.)*, das sich zur Begründung der Rechtsaufsicht über den Sender Freies Berlin auf § 28 I des Gesetzes über die Zuständigkeiten in der allgemeinen Berliner Verwaltung (AZG) vom 2.10.1958 stützt.

281 *BVerfGE 12, 205*, S.261 f.; *BVerfGE 57, 295*, S.326 u. 334; *BVerfGE 73, 118*, S.182 f.; *BVerfG Urt. vom 5.2.91*, 1 BvF 1/85, 1/88, NJW 1991, S.906.

Verbotes nicht nur staatlicher, sondern jeder fremden Einflußnahme auf Auswahl, Inhalt und Ausgestaltung der Programme".[282]

Rechtsaufsicht ist gerichtet auf die Einhaltung gesetzlicher Bestimmungen (Vorbehalt des Gesetzes). "Fehlen diese, so geht sie ins Leere"[283] oder wie es an anderer Stelle formuliert wurde: "Wo Maßstäbe des Rechts fehlen, mangelt der Rechtsaufsicht der Kontrollmaßstab".[284] Die verfassungsrechtliche Verpflichtung des Rundfunkgesetzgebers zur Normierung elementarer Programmgrundsätze zur Sicherung eines Mindestmaßes von inhaltlicher Ausgewogenheit, Sachlichkeit und gegenseitiger Achtung[285] ist nicht gleichzeitig auch die Grundlage konkreter Aufsichtstätigkeit. Stützen kann sich die Rundfunkaufsicht nur auf die jeweils bestehenden gesetzlichen Vorschriften.

b) Güterabwägung

Andererseits können vorhandene Rechtsnormen nicht unbesehen zum Maßstab der Rundfunkaufsicht genommen werden:

Soweit die einschlägigen Normen als "allgemeine Gesetze" i.S. von Art.5 Abs.2 GG das Grundrecht aus Art.5 Abs.1 S.2 GG beschränken, "sind die die Rundfunkfreiheit beschränkenden Gesetze ihrerseits im Blick auf die Verfassungsgarantie auszulegen und gegebenenfalls selbst wieder einzuschränken, um der Rundfunkfreiheit angemessene Verwirklichung zu sichern"[286] ("Wechselwirkung"). Notwendig ist also eine Abwägung der sich gegenüberstehenden Rechtsgüter in jedem Einzelfall. Anhand dieser Abwägung modifiziert sich folglich der *konkrete* Aufsichtsmaßstab.

---

282 *BVerfGE 59, 231*, S.258

283 *BVerfGE 57, 295*, S.334.

284 *Schmidt-Aßmann* in Münch, I.v. (Hrsg.), Besonderes Verwaltungsrecht, 1985, S.121.

285 *BVerfGE 12, 205*, S.263; *BVerfGE 57, 295*, S.325; *BVerfGE 59, 231*, S.259; *BVerfGE 73, 118*, S.153.

286 *BVerfGE 35, 202* ("Lebach"), S.223 f.; für den Bereich des Rundfunk auch: *BVerfGE 74, 297*, S.337; grundlegend: *BVerfGE 7,198* ("Lüth"), S.208 f.

c) Zur Auslegungsproblematik von Aufsichtsnormen

Schon aufgrund der für den Rundfunk geltenden Besonderheiten des (Rechts-)Aufsichtsmaßstabes werden die hauptsächlichen Aufsichtsnormen zu Recht in den jeweiligen Rundfunk- und Mediengesetzen gesucht und gefunden. Dabei soll aber nicht vergessen werden, daß diese Gesetze keineswegs Kodifizierungen der Rundfunkveranstalter treffenden Rechtspflichten bilden. Einfachstes Beispiel allgemeiner Aufsichtsmaßstäbe sind die Strafgesetze (Art. 5 Abs.2 GG).[287] Explizit bedrohen hier die §§ 131 Abs.2 und 184 Abs.2 StGB denjenigen mit Strafe, der gewaltverherrlichende, zum Rassenhaß aufstachelnde oder pornographische Darbietungen über Rundfunk veranstaltet. Vor allem der Verstoß gegen solcherart grundlegende Rechtssätze kann eine Rechtsaufsicht, welche ihren Namen verdient, nicht hinnehmen. In konkreten Aufsichtsfällen dürfte sich allerdings eine direkte Bezugnahme auf die Strafgesetze dadurch erübrigen, daß entsprechende spezialgesetzliche Tatbestände in den Rundfunk- und Mediengesetzen enthalten sind.[288]

Die weitaus größeren Auslegungs- und Anwendungsprobleme ergeben sich jedoch nicht bei Rechtsnormen, welche als Schrankengesetze die Rundfunkfreiheit gem. Art.5 Abs.2 GG einschränken, sondern sie im Gegenteil erst ausgestalten. Solche, die Rundfunkfreiheit ausgestaltenden gesetzlichen Regelungen sind die verfassungsrechtlich notwendigen Angelpunkte jeder Rundfunkordnung.[289] In ihnen widerspiegelt sich der politische Gestaltungswille wie auch die normative Präzision des Rundfunkgesetzgebers. Sie sind zugleich Zielvorgaben und Maßstäbe der Rechtsaufsicht und stehen deshalb besonders in der Gefahr, den verfassungsrechtlichen Bestimmtheitserfordernissen nicht zu genügen.

---

287 Zur Leistungsfähigkeit des Strafrechts für die Sicherung der Rundfunkfreiheit: *Lüttger, H. / Junck, D.*, Empfiehlt es sich, neue Instrumente strafrechtlicher Art zur besseren Durchsetzung der Programmgrundsätze für Rundfunk- und Fernsehanstalten einzuführen ("Verbraucherschutz") ?, in: Rundfunkrecht, 1981, S.123 ff.; zur Ineffektivität strafrechtlicher Normen für den Jugendschutz in neuen elektronischen Medien: *Ory, S.*, Jugendschutz in Neuen Medien, ZUM 1986, S.124.

288 Vgl. etwa § 3 des Rundfunkstaatsvertrages. Besondere Auslegungsprobleme bereitet den Landesmedienanstalten dabei das Tatbestandsmerkmal der "offensichtlichen Geeignetheit": *Kleist, T.*, Jugendmedienschutz im privaten Rundfunksystem, DLM Jahrbuch 1988, S.83 f.

289 Siehe nur *BVerfGE 57, 295*, S.322.

Das Bundesverfassungsgericht hat dabei gesehen, daß ein Zielwert wie "gleichgewichtige Meinungsvielfalt" bzw. "Ausgewogenheit" nicht als exakt zu bestimmende Größe verstanden werden kann.[290] Dennoch bedarf es aus verfassungsrechtlichen Gründen bei aller begrifflich immanenten Unbestimmtheit "eines eindeutigeren, auf erhebliche und damit klar erkennbare und belegbare Mängel konzentrierten Maßstabs"; einer Definition des "Grundstandards gleichgewichtiger Vielfalt".[291] Die Forderungen des Bundesverfassungsgerichts für eine möglichst umfassende inhaltliche Präzisierung werden hier eindringlich formuliert; letztlich bleibt der bezeichnete Grundstandard aber ebenfalls ein weitgehend ausfüllungsbedürftiger Begriff.

d) Staatliche Rundfunkaufsicht

Für die staatliche Rechtsaufsicht besteht die besondere Problematik in der Wahrung der nach Art.5 Abs.1 S.2 GG gewährleisteten Staatsfreiheit des Rundfunks. Aufsichtsmaßstäbe, welche (wie meist) den Programmbereich tangieren, sind nach den verfassungsrechtlichen Vorgaben nur bedingt einer staatlichen Rechtsaufsicht zugänglich.[292]

In diesem Zusammenhang darf ein Blick auf die Formulierung des 1. Rundfunkurteils von der "höchstens (...) beschränkten staatlichen Rechtsaufsicht"[293] nicht fehlen. Ausführlich wurde in der rundfunkrechtlichen Literatur über die richtige Interpretation dieser Wendung diskutiert. Während für manche Autoren die "Beschränkung" lediglich in den geringeren Möglichkeiten staatlichen Eingreifens, sprich der Aufsichtsmittel, zu finden war,[294]

---

290 Vgl. *BVerfGE 73, 118*, S.158.

291 *BVerfGE 73, 118*, S.158 f.; im Sinne einer Mindestbedingung: *BVerfG Urt. vom 5.2.91*, 1 BvF 1/85, 1/88, NJW 1991, S.904 f.

292 Zu dieser schwierigen Abgrenzungsproblematik am Beispiel der Jugendschutzbestimmungen: *Hupe-Hibrich, A. / Raasch, F.-W.*, Programmaufsicht im Spannungsfeld zwischen Jugendschutz und Rundfunkfreiheit, DLM-Jahrbuch 89/90, S.57 ff.

293 *BVerfGE 12, 205*, S.261.

294 *Berendes, K.*, Die Staatsaufsicht über den Rundfunk, 1973, S.109 f.; *Bethge, H.*, Rechtsfragen der Rundfunkaufsicht, DV 1974, S.445 f.; *Berendes, K.*, Zulässigkeit und Grenzen einer staatlichen Rechtsaufsicht über die Rundfunkanstalten, DÖV 1975, S.418 ff.; *Rudolf, W.*, Aufsicht bei Funk und Fernsehen, ZRP 1977, S.214 ff.

sahen andere darüberhinaus auch den Aufsichtsmaßstab eingeschränkt.[295] Weitere Stimmen interpretierten sie als die Subsidiarität staatlicher Rundfunkaufsicht im Verhältnis zur anstaltsinternen Kontrolle.[296] Eine differenziertere Lösung versuchte den Unterschied zwischen dem allgemeinen Prinzip verfassungsrechtlich unbedenklicher, umfassender staatlicher Rechtsaufsicht gegenüber solchen einzelnen Aufsichtsnormen herauszuarbeiten, welche der staatlichen Exekutive zu große Wertungsspielräume eröffneten und deswegen als verfassungsrechtlich unzulässig abzulehnen seien.[297]

Eine im wesentlichen kongruente Deutung der genannten verfassungsgerichtlichen Formel konnte die Literatur nicht finden. Bei der Fülle verschiedener Auslegungsmöglichkeiten war es letztlich auch besser, sich den Stimmen anzuschließen, welche eine Klärung vom Bundesverfassungsgericht selbst einforderten.[298]

Mit dem 4. Rundfunkurteil hat das Bundesverfassungsgericht diese Klarstellung vorgenommen und die Auffassung bestätigt, wonach die "Beschränkung" vor allem in einer rundfunkspezifischen Modifizierung des Maßstabes staatlicher Rechtsaufsicht besteht. Das Bundesverfassungsgericht führt dazu aus: "Bei für den Inhalt der Programme bedeutsamen Entscheidungen darf daher der staatlichen Behörde grundsätzlich weder ein ungebundenes noch ein gebundenes Ermessen eingeräumt werden. Verfassungswidrig sind auch solche Regelungen, die der Behörde - etwa durch die Verwendung unbestimmter Rechtsbegriffe - Beurteilungsfreiräume eröffnen, welche eine inhaltliche Bewertung des Programms notwendig machen oder deren Ausfüllung zumindest mittelbare Auswirkungen auf den Programminhalt nach sich zieht."[299]

---

295 *Leibholz, G.*, Rechtsgutachten zur verfassungsrechtlichen Problematik der Ausübung der Rechtsaufsicht gegenüber Rundfunk- und Fernsehanstalten im Bereich der Programmgestaltung, 1973, S.36 f.; *Ossenbühl, F.*, Programmnormen im Rundfunkrecht, 1981, S.65 ff.

296 *VG Mainz* Urteil vom 19.12.1978, JZ 1979, S.305 (mit diesbezüglich zustimmender Anm. Starck); *Fuhr, E.W.*, ZDF-Staatsvertrag, Kommentar, 1985, § 25 Anm. III (S.409 f.).

297 *Mallmann, W.*, Zur Rechtsaufsicht über das Zweite Deutsche Fernsehen, 1975, S.99 f.; *BVerwGE 54, 29* ("Rundfunkrat"), S.36; *Kewenig, W.A.*, Zu Inhalt und Grenzen der Rundfunkfreiheit, 1978, S.130; *Jarass, H.D.*, Die Freiheit des Rundfunks vom Staat, 1981, S.53 f.

298 Etwa *Maunz, T.*, Staatsaufsicht über den Rundfunk, BayVBl 1977, S.530.

299 *BVerfGE 73, 118*, S.183.

Die Begrenzung des Maßstabes staatlicher Rechtsaufsicht auf solche Regelungen, welche der Exekutive keine mit der Rundfunkfreiheit unvereinbare Einflußmöglichkeiten auf den Rundfunk eröffnen, gilt ungeachtet der Rechtsform des Rundfunkveranstalters. Die "höchstens beschränkte staatliche Rechtsaufsicht" bezieht sich also nicht nur auf den Bereich des öffentlich-rechtlichen Rundfunks, wie es die systematische Stellung dieser Formel im 1. Rundfunkurteil leicht suggerieren könnte.

Die neuen Privatrundfunkgesetze haben sich daher bezüglich der staatlichen Rechtsaufsicht über den Rundfunk einer weitgehenden Zurückhaltung befleißigt und die Rechtsaufsicht primär staatsfernen Aufsichtsanstalten übertragen. Die verfassungsrechtlichen Möglichkeiten der Installierung staatlicher Rundfunkaufsicht waren dabei sicherlich größer als sie tatsächlich genutzt wurden.

e) Nichtstaatliche Rundfunkaufsicht

Aufgrund der genannten verfassungsrechtlichen Problematik staatlicher Rundfunkaufsicht stellt die Ausübung der Rundfunkaufsicht durch - meist pluralistisch zusammengesetzte[300] - Aufsichtsgremien, in denen die Vertreter des Staates weder überwiegenden noch beherrschenden Einfluß ausüben dürfen,[301] eine verfassungsgerichtlich anerkannte[302] Möglichkeit dar, in diesem Bereich die Staatsfreiheit des Rundfunks organisatorisch abzusichern.

Zu unterscheiden ist zunächst zwischen veranstalterinternen und veranstalterexternen Aufsichtsgremien, deren Kontrollmaßstab grundsätzlich diffe-

---

300 Gewisse Ausnahmen finden sich hier im Landesmediengesetz Baden-Württemberg (Vorstand der Landesanstalt für Kommunikation), dem Staatsvertrag über die Zusammenarbeit zwischen Berlin und Brandenburg im Bereich des Rundfunks (Kabelrat der Medienanstalt Berlin-Brandenburg) und dem Hamburgischen Mediengesetz (Vorstand der Hamburgischen Anstalt für Neue Medien).

301 Einzelheiten dazu etwa bei *Kewenig, W.A.*, Zu Inhalt und Grenzen der Rundfunkfreiheit, 1978, S.21 ff.; *OVG Lüneburg (II A 196/76)*, DÖV 1979, S.170 ff.; *Börner, B.*, Organisation, 1984, S.24 f.; *BayVGH*, Urteil vom 7.4.1987, BayVBl. 1987, S.657 ff.

302 etwa *BVerfGE 73, 118*, S.164 f. und *BVerfGE 83, 238*, S.332 ff.

rieren kann. Während veranstalterexterne Gremien[303] die Programmautonomie der Rundfunkveranstalter beachten müssen und daher wie die staatliche Rundfunkaufsicht auf eine Rechtsaufsicht beschränkt sind, können veranstalterinterne[304] Aufsichtsgremien durch ihre rechtliche und organisatorische Zugehörigkeit zum Rundfunkunternehmen bzw. zur Rundfunkanstalt einen darüber hinausgehenden Einfluß in Programmfragen nehmen.

Aber auch die Rechtsaufsicht staatsunabhängiger, veranstalterexterner Gremien unterscheidet sich von einer staatlichen Rechtsaufsicht über den Rundfunk. Rechtsnormen, welche durch die von ihnen eröffneten Beurteilungsspielräume als Maßstäbe staatlicher Rundfunkaufsicht ausscheiden,[305] können hier die normativen Grundlagen staatsunabhängiger Rundfunkaufsicht bilden. Ebenso kann das auf der Rechtsfolgenseite eingeräumte Ermessen von staatsunabhängigen Aufsichtsgremien ausgefüllt werden.

In diesem Zusammenhang sollte man sich vergegenwärtigen, daß meistens auch dann Möglichkeiten rundfunkpolitischer Gestaltung gegeben sind, wenn die betreffenden Rechtsgrundlagen dies zunächst nicht explizit klarstellen. Im Zweifel geht daher die Staatsfreiheit des Rundfunks einer staatlichen Rundfunkaufsicht vor und begründet so eine Zuständigkeit staatsunabhängiger Aufsichtsinstitutionen.

f) Stellungnahme

Vorstehende Ausführungen beschäftigen sich zugebenermaßen lediglich damit, welchen verfassungsrechtlichen Maßstäben die Aufsichtsmaßstäbe selbst genügen müssen. Viel mehr kann an dieser Stelle nicht geleistet

---

303 Beispiele dafür sind die Landesmedienanstalten mit Ausnahme der Bayerischen Landesanstalt für Neue Medien (BLM), welche selbst die Programmverantwortung trägt: Art.111a der Bayerischen Verfassung machte diese öffentlich-rechtliche "Dachkonstruktion" notwendig.

304 Beispiele dafür sind die Rundfunkräte der öffentlich-rechtlichen Rundfunkanstalten, aber auch die nach Vorgaben der Landesmediengesetze bei privaten Rundfunkveranstaltern einzurichtenden Programmbeiräte.

305 Siehe *BVerfGE 73, 118*, S.183.; selbst bei nur mittelbaren Programmeinflüssen: *BVerfG Urt. vom 5.2.91*, 1 BvF 1/85, 1/88, NJW 1991, S.906.

werden.[306] Sämtliche, in Rundfunkgesetzen und anderen Rechtsvorschriften enthaltenen Aufsichtsnormen können hier - sofern sie sich überhaupt vollständig zusammenstellen lassen - nicht abstrakt mit der rundfunkverfassungsrechtlichen Elle geprüft werden. Die Aufsicht über den Rundfunk stellt eine besonders kritische Gratwanderung zwischen notwendiger Sicherung der Rundfunkfreiheit und unzulässigem Eingriff in die Rundfunkfreiheit dar. Gerade in wichtigen Zweifelsfragen läßt sich daher die verfassungsrechtliche Tauglichkeit oder Untauglichkeit einzelner Aufsichtsmaßstäbe nur im konkreten Aufsichtsfall feststellen.

Das muß nicht automatisch bedeuten, daß es sich bei den verfassungsrechtlichen Maßstäben um eine "Enklave im Rechtsstaat" handele, bei der zu bilanzieren sei: "Kontrolle ist gut, Vertrauen ist besser".[307] Dennoch ist diesem Bereich eine gewisse Unschärfe - wie auch vom Bundesverfassungsgericht gesehen - immanent. Zur Fixierung und Öffentlichmachungg der verfassungsrechtlichen Grenzen könnten aber solche Diskussionen viel beitragen, welche sich anhand konkreter Aufsichtsfälle entwickeln.

3. Mittel der Rundfunkaufsicht

Verfassungsrechtliche Vorgaben bestehen auch bezüglich der einsetzbaren Mittel der Rundfunkaufsicht. Zu beachten sind hier wiederum die Prinzipien Staatsfreiheit des Rundfunks und Programmautonomie der Rundfunkveranstalter als Elemente der Rundfunkfreiheit. Mittel präventiver Aufsicht scheitern (von informellen Beratungen abgesehen) am Zensurverbot des Art.5 Abs.3 GG.

Allerdings betrifft dies nur den Bereich der veranstalter*externen* Rundfunkaufsicht. Keinen Restriktionen aus Art.5 Abs.1 S.2 GG unterliegt die Wahl und der Einsatz der Mittel veranstalter*interner* Aufsicht, da hierdurch weder

---

306 Mit der verfassungsrechtlichen Prüfung von Programmgrundsätzen befassen sich umfangreiche Abhandlungen: *Bosmann, W.*, Rundfunkfreiheit und Programmgrundsätze, 1985.; auch *Deetjen, G.*: Ausgewogenheit in Rundfunk und Fernsehen und die Frage ihrer Messbarkeit, RuF 1977, S.56 ff., *Ossenbühl, F.*, Programmnormen im Rundfunkrecht, 1981, S.1 ff. und *Stein, E.*, Die Programmgrundsätze von Rundfunk und Fernsehen, 1981, S.74 ff.

307 *Kriele, M.*, Plädoyer für eine Journalistenkammer, ZRP 1990, S.110. Siehe dazu auch die Erwiderung von *Ory, S.*, Plädoyer: keine Journalistenkammer, ZRP 1990, S.289 ff. und die anschließende Replik von Kriele.

Staatsfreiheit noch Programmautonomie gefährdet werden. Von der nachfolgenden Darstellung ausgenommen sind somit die Aufsichtsmittel veranstalterinterner Gremien wie den Rundfunkräten öffentlich-rechtlicher Rundfunkanstalten oder den Programmbeiräten privater Rundfunkveranstalter.[308] Nicht zum Kontext der Aufsichtsmittel gehört die Frage, ob die Zusammensetzung der jeweiligen internen Aufsichtsgremien den verfassungsrechtlichen Erfordernissen entspricht und nicht beispielsweise hierbei das Gebot der Staatsfreiheit verletzt.[309]

a) Staatliche Rundfunkaufsicht

Die Durchführung staatlicher Aufsicht in anderen Rechtsaufsichtsverhältnissen kann einer staatlichen Rundfunkaufsicht nicht uneingeschränkt als Modell dienen. Trotz mancher Parallelen, beispielsweise mit der Kommunalaufsicht,[310] müssen die gesetzlichen Regelungen bezüglich der Mittel staatlicher Rundfunkaufsicht die besondere verfassungsrechtliche Situation eingehend berücksichtigen. Der spezifisch eigenständige Charakter der staatlichen Rundfunkaufsicht offenbart sich auch in den ihr zur Verfügung stehenden Mitteln.[311]

---

308 Wegen der sich aus Art.111a BayVerf ergebenden besonderen Rechtslage ist der Medienrat der Bayerischen Landeszentrale für neue Medien (BLM) rechtlich zu den veranstalterinternen Aufsichtsgremien zu rechnen, vergleichbar dem Rundfunkrat einer öffentlich-rechtlichen Rundfunkanstalt.

309 Siehe dazu *Rudolf, W.*, Aufsicht bei Funk und Fernsehen, ZRP 1977, S.216; *Kewenig, W.A.*, Zu Inhalt und Grenzen der Rundfunkfreiheit, 1978, S.21 ff. (NDR); *Hoffmann-Riem, W.*, Rundfunkfreiheit durch Rundfunkorganisation, 1979, S.44 ff. (Radio Bremen); *OVG Lüneburg (II A 196/76)*, DÖV 1979, S.170 ff. (Zusammensetzung Rundfunkrat NDR - "Kirchenklage") mit Anm. Kewenig; *BVerfGE 60, 53*, S.63 ff. (Rundfunkrat NDR - Parteien); *BayVGH*, Urteil vom 7.4.1987, BayVBl. 1987, S.657 ff. (Verwaltungsrat der BLM); *Siepmann, R.*, Bundesrundfunkgesetz, epd Nr.31 v. 23.4.1988, S.6 f.; *BayVerfGH*, Entsch. v. 16.2.1989; NJW 1990, S.311 ff. (ZDF-Verwaltungsrat); *BVerfG (1.Kammer des ersten Senats)*, Beschl. v. 19.12.1988; NJW 1990, S. 311 und *Goerlich, H. / Radeck, B.*, Rundfunk und Empfänger - zur Mediatisierung subjektiver Rechte, NJW 1990, S.302 ff. (WDR).

310 So verweist etwa § 71 des Landesmediengesetz Baden-Württemberg auf die §§ 120, 121 Abs.1 und § 122 der Gemeindeordnung Baden-Württemberg; § 45 des Landesrundfunkgesetzes Schleswig-Holstein verweist ebenso auf die §§ 122 bis 125 der Schleswig-Holsteinischen Gemeindeordnung.

311 *Oppermann, T.*, Kulturverwaltungsrecht, 1969, S.370 für den Bereich der Hochschulaufsicht.

Eine generelle Verweisung auf gesetzliche Regelungen anderer Sachgebiete ist daher ebenso problematisch wie ein Schweigen des Rundfunkgesetzgebers zu den Mitteln staatlicher Rundfunkaufsicht.[312] Selbst wenn es eine völlig lückenlose Regelung staatlicher Aufsichtsmittel in keinem Rundfunkgesetz geben mag,[313] so gilt der rechtsstaatliche Grundsatz des Vorbehaltes des Gesetzes gerade bezüglich der Aufsichtsmittel uneingeschränkt.[314]

Keinen prinzipiellen verfassungsrechtlichen Bedenken begegnen die Aufsichtsmittel *Informationsrecht* und *Beanstandungsrecht*, da die staatliche Rechtsaufsichtsbehörde mit diesen Instrumentarien nicht unmittelbar in konkrete Sachverhalte eingreift, sondern dies einer Selbstkorrektur des Beaufsichtigten überläßt.

Grundsätzlich unproblematisch ist fernerhin das Mittel der *Aufsichtsklage*.[315] Dennoch muß selbst bei diesen relativ "schwachen" Aufsichtsmitteln sehr sensibel darauf geachtet werden, daß nicht durch Art und Weise des Einsatzes der Aufsichtsmaßnahmen die Staatsunabhängigkeit letztlich ebenso gefährdet wird wie durch den Gebrauch dirigistischer Mittel.

Das teilweise vorgesehene *Anordnungsrecht* bzw. *Recht zur Einzelweisung*[316] verengt die Möglichkeiten der Selbstkorrektur der betroffenen Rundfunkanstalt bzw. Landesmedienanstalt auf die in der Anordnung festgelegten Maßnahmen. Auch soweit es die Rundfunkgesetze nicht explizit formulieren,[317] ist dieses Mittel der staatlichen Rechtsaufsicht nur dann zulässigerweise einzusetzen, wenn die Anordnungen nicht in Programmangelegenheiten

312 Wie beispielsweise das Landesrundfunkgesetz Rheinland-Pfalz, das in § 33 zwar bestimmt: "Die Anstalt unterliegt der Rechtsaufsicht der Landesregierung"; sich zu den Mitteln dieser Rechtsaufsicht jedoch ausschweigt.

313 *Berendes, K.*, Die Staatsaufsicht über den Rundfunk, 1973, S.189 ff.

314 Dazu *Reuter, K.*, Rechtsaufsicht über die Gemeinden und Opportunitätsprinzip, 1967, S.45 ff. und aus neuerer Zeit *Rüggeberg, J.* in: Beiträge zum Medienprozeßrecht, 1988, S.120 m.w.N. in Fußnote 40.

315 Z.B. gem. § 21 Abs.1 S.2 des Staatsvertrages über den Südwestfunk.

316 § 71 S.2 Landesmediengesetz Baden-Württemberg i.V. mit § 122 der Gemeindeordnung Baden-Württemberg; § 62 Abs.3 S.2 Hamburgisches Mediengesetz; § 66 Abs.2 Rundfunkgesetz für das Land Nordrhein-Westfalen; § 59 Abs.3 S.1 Rundfunkgesetz für das Saarland; § 45 S.2 Landesrundfunkgesetz Schleswig-Holstein i.V. mit § 125 Gemeindeordnung Schleswig-Holstein.

317 Keine solcherart explizite Einschränkung enthält etwa das Landesmediengesetz Baden-Württemberg oder das Landesrundfunkgesetz Schleswig-Holstein.

ergehen.[318] Selbst falls dies im konkreten Aufsichtsfall ausscheidet - wobei immer auch mittelbare Einflüsse auf Programmangelegenheiten mitzuberücksichtigen sind[319] -, läßt sich eine Einzelweisung wegen der Schwere des damit verbundenen Eingriffs nur in Ausnahmefällen und mit der hier notwendigen Sensibilität vorstellen.

Grundsätzlich problematisch ist die von manchen Rundfunkgesetzen als Aufsichtsmittel gegenüber der jeweiligen Landesmedienanstalt vorgesehene *Ersatzvornahme in Nicht-Programmangelegenheiten*[320] (eine Ersatzvornahme in Programmfragen wäre ebenso evident verfassungswidrig wie die Einsetzung eines Staatskommissars).

Zwar besteht zwischen den - dem Anspruch nach aus dem staatlichen Bereich ausgegliederten - Landesmedienanstalten und den staatlichen Behörden ein in der Praxis mehr oder minder ausgebautes Beziehungsgeflecht.[321] Als relativ unbedenkliches Beispiel ist hier die Zusammenarbeit im administrativ-technischen Bereich wie etwa dem Beschaffungswesen zu nennen. Dennoch bleibt es mehr als fraglich, ob eine staatliche Ersatzvor-

---

318 Andernfalls würde die Staatsfreiheit des Rundfunks verletzt. Unbestrittene Auffassung: vgl. nur *Rudolf, W.*, Aufsicht bei Funk und Fernsehen, ZRP 1977, S.215; *Berendes, K.*, Die Staatsaufsicht über den Rundfunk, 1973, S.187 f.; *Jarass, H.D.*, Die neuen Privatrundfunkgesetze im Vergleich, ZUM 1986, S.318 f. Ein ausdrücklicher gesetzlicher Ausschluß von Weisungen in Programmangelegenheiten findet sich beispielsweise in § 62 Abs.3 S.3 des Hamburgischen Mediengesetzes und § 49 Abs.3 S.4 des Niedersächsischen Landesrundfunkgesetzes.

319 Vgl. *Rüggeberg, J.* in: Beiträge zum Medienprozeßrecht, 1988, S.121, der zu Recht die Frage aufwirft, ob die Unterscheidung zwischen Programmangelegenheiten und sonstigen Angelegenheiten wirklich sinnvoll ist. Das Bundesverfassungsgericht geht in seinem 6. Rundfunkurteil davon aus, daß regelmäßig Überschneidungen beider Bereiche bestehen. So wurden aufgrund der Gefahr mittelbarer Programmeinflüsse die Regelungen des Landesrundfunkgesetzes Nordrhein-Westfalen über die Zuordnung der Übertragungskapazitäten als Verstoß gegen Art.5 Abs.2 S.1 GG angesehen: *BVerfGE 83, 238*, S.322 ff.

320 Art.18 Abs.2 S.2 des Bayerischen Medienerprobungs- und -entwicklungsgesetzes; § 49 Abs.3 S.3 des Niedersächsischen Landesrunfunkgesetzes; § 59 Abs.3 S.2 des Rundfunkgesetzes für das Saarland.

321 Eine treffende Sentenz (und Ausdruck einer "Freudschen Fehlleistung" ?) ist in diesem Zusammenhang die nachfolgend zitierte Klarstellung der Bayerischen Staatszeitung in ihrer Beilage "Der Staatsbürger" vom April 1988: "Eine kleine Korrektur sei angebracht: Die auf Seite 30 aufgeführte Bayerische Landeszentrale für neue Medien gehört nicht zu den Dienststellen der Bayerischen Staatskanzlei und hat auch nichts mit der Bayerischen Landeszentrale für politische Bildungsarbeit zu tun, wie aus der Placierung im Jahrbuch geschlossen werden könnte." zit. nach *Süddeutsche Zeitung* vom 27.04.1988.

nahme gegenüber den Landesmedienanstalten, auch wenn sie nicht in Programmangelegenheiten stattfinden darf, wirklich so durchgeführt werden kann, daß die Staatsfreiheit des Rundfunks nicht potentiell gefährdet wird.[322] Es mag an der fehlenden Notwendigkeit oder an der besseren Einsicht der staatlichen Rechtsaufsichtsbehörden liegen, daß die gesetzlichen Möglichkeiten einer Ersatzvornahme dort, wo sie vorhanden sind, bisher erfreulicherweise nicht genutzt wurden.

Neben den genannten formellen Aufsichtsmaßnahmen, die - wie in anderen Rechtsaufsichtsverhältnissen auch - sämtlich Verwaltungsaktsqualität besitzen und daher gem. § 42 Abs.1 VwGO Gegenstand einer Anfechtungsklage sein können,[323] gibt es eine Bandbreite informeller Möglichkeiten der Rechtsaufsichtsbehörden, die zwar genaugenommen nicht zu den "Aufsichtsmitteln" zählen, dennoch oft recht effektiv einzusetzen sind und teilweise den Einsatz formeller Aufsichtsmittel überflüssig machen.

Für die Anwendung der formellen Aufsichtsmittel gilt ein Stufenverhältnis in dem Sinn, das nur jeweils mildeste effiziente Mittel einzusetzen.[324] Der Gebrauch von Aufsichtsmitteln mit nicht gebotener Eingriffsintensität wäre mit Art.5 Abs.1 S.2 GG nicht vereinbar, ganz abgesehen vom allgemeinen Verhältnismäßigkeitsgrundsatz.

b) Externe nichtstaatliche Rundfunkaufsicht

Die Mittel veranstalterexterner, nicht-staatlicher Rundfunkaufsicht können insofern weiterreichen wie diejenigen staatlicher Rundfunkaufsicht, als hierbei mögliche Gefährdungen der Staatsfreiheit des Rundfunks ausgeschlossen bleiben. Damit gelten auch die besonderen Beschränkungen staatlicher Rundfunkaufsicht bezüglich programminhaltlicher Wertungen nicht.

---

322 Besonders bedenklich wäre eine Ersatzvornahme gegenüber der BLM, da sie selbst die Programmverantwortung für den privaten Rundfunk in Bayern trägt und somit eine den öffentlich-rechtlichen Rundfunkanstalten vergleichbare Rechtsstellung besitzt (Situation gem. Art.111a BayVerf).

323 Siehe zu den Rechtsschutzmöglichkeiten auch *Rüggeberg, J.*, Rechtsschutz öffentlich-rechtlicher Rundfunkanstalten und privatrechtlicher Rundfunkunternehmen gegen Rechtsaufsichtsmaßnahmen, in: Beiträge zum Medienprozeßrecht, 1988, S.126 ff.

324 Siehe auch *Berendes, K.*, Die Staatsaufsicht über den Rundfunk, 1973, S.177 ff. m.w.N.

Dennoch haben sich die Landesmediengesetze bei der Normierung der Mittel veranstalterexterner, nichtstaatlicher Rundfunkaufsicht zu Recht großenteils am Maßnahmenkatalog staatlicher Rechtsaufsicht orientiert. Die von Art.5 Abs.1 S.2 GG geschützte Programmautonomie der Rundfunkveranstalter verhindert gerade den Gebrauch solcher Aufsichtsmittel, welche diese wiederum in Frage stellte. Andernfalls würden Maßnahmen zum Schutz der Rundfunkfreiheit selbst zu Gefahren für die Rundfunkfreiheit.

So finden sich in den Landesmediengesetzen die Aufsichtsmittel Informationsrecht,[325] Hinweisrecht[326] und Beanstandungsrecht.[327] Nicht alle Gesetze normieren ein Anweisungsrecht.[328] Einzelne Landesmediengesetze enthalten spezielle Aufsichtsmittel wie einer "Anordnung zur Verbreitung von Beanstandungen"[329] und ein "Ruhen der Zulassung".[330] Als jeweils schwerwiegendste Aufsichtsmaßnahme ist in allen Landesmediengesetzen ein Widerruf der Zulassung vorgesehen.[331]

---

325 § 38 Abs.1 Landesmediengesetz Baden-Württemberg; §§ 21 Abs.1 S.5 und 49 Abs.1 Kabelpilotprojektgesetz Berlin; § 18 Abs.3 Bremisches Landesmediengesetz; § 54 Abs.2 Hamburgisches Mediengesetz; § 21 Abs.4 Gesetz über den privaten Rundfunk in Hessen; § 28 Abs.5 Niedersächsisches Landesrundfunkgesetz; § 17 Abs.3 Rundfunkgesetz für das Land Nordrhein-Westfalen; § 11 Abs.5 Landesrundfunkgesetz Rheinland-Pfalz; § 58 Abs.2 Rundfunkgesetz für das Saarland; § 34 Abs.1 Rundfunkgesetz für das Land Schleswig-Holstein.

326 § 38 Abs.2 S.1 Landesmediengesetz Baden-Württemberg; § 9 Abs.1 S.1 Gesetz über den privaten Rundfunk in Hessen; § 34 Abs.2 S.3 Rundfunkgesetz für das Land Schleswig-Holstein.

327 § 38 Abs.2 S.2 Landesmediengesetz Baden-Württemberg; §§ 21 Abs.1 S.2 und 49 Abs.2 S.1 Kabelpilotprojektgesetz Berlin; § 12 Abs.1 Bremisches Landesmediengesetz; § 9 Abs.1 S.2 Gesetz über den privaten Rundfunk in Hessen; § 11 Abs.4 S.7 Landesrundfunkgesetz Rheinland-Pfalz.

328 Enthalten etwa in § 54 Abs.1 S.2 Hamburgisches Mediengesetz; § 28 Abs.2 Niedersächsisches Landesrundfunkgesetz; § 10 Abs.1 Rundfunkgesetz für das Land Nordrhein-Westfalen; § 12 Abs.6 S.2 Landesrundfunkgesetz Rheinland-Pfalz; § 58 Abs.3 Rundfunkgesetz für das Saarland; § 34 Abs.2 Rundfunkgesetz für das Land Schleswig-Holstein.

329 § 12 Abs.3 Bremisches Landesmediengesetz; § 10 Abs.2 Rundfunkgesetz für das Land Nordrhein-Westfalen.

330 § 49 Abs.2 S.2 Kabelpilotprojektgesetz Berlin; § 12 Abs.2 S.1 Bremisches Landesmediengesetz; § 10 Abs.2 S.1 Rundfunkgesetz für das Land Nordrhein-Westfalen.

331 § 30 Landesmediengesetz Baden-Württemberg; § 30 Abs.1 Kabelpilotprojektgesetz Berlin; § 12 Abs.5 u. Abs.6 Bremisches Landesmediengesetz; § 24 Abs.2 Hamburgisches Mediengesetz; § 9 Niedersächsisches Landesrundfunkgesetz; § 9 Abs.3 u. Abs.4 Gesetz über den privaten Rundfunk in Hessen; § 10 Abs.5 Rundfunkgesetz für das Land Nordrhein-West-

Fast bedeutsamer als diese formellen Aufsichtsmittel sind in der Praxis die oft genutzten informellen Kontakte,[332] durch die sich oftmals der Einsatz der "Sanktionskeule"[333] erübrigt. Dieses System hat sich inzwischen so etabliert, daß man mit Recht von der *Beratung* als Aufsichtsmittel sprechen kann.[334] Auch das Bundesverfassungsgericht erblickt in solchen Gesprächen und Schriftwechseln im Vorfeld formeller Aufsichtsmaßnahmen die für die Praxis wohl wichtigste Möglichkeit der Landesmedienanstalten, auf eine gesetzmäßige Programmgestaltung hinzuwirken.[335]

Entsprechend der staatlichen Rundfunkaufsicht sind ebenso bei der veranstalterexternen, nichtstaatlichen Rundfunkaufsicht gem. Art.5 Abs.1 S.2 GG nur Rechts-Aufsichtsinstrumente verfassungsrechtlich möglich. Nach der Entscheidung des Bundesverfassungsgerichtes überschreiten die vorgenannten Aufsichtsmittel diesen Rahmen jedoch nicht.[336] Die Diskussion bewegt sich denn auch kaum um diese Frage als vielmehr darum, ob die in den Landesmediengesetzen enthaltenen Instrumente grundsätzlich zwecktauglich und ausreichend sind.[337]

---

falen; § 9 Landesrundfunkgesetz Rheinland-Pfalz; § 42 Rundfunkgesetz für das Saarland; § 10 Abs.2 Rundfunkgesetz für das Land Schleswig-Holstein.

332 Vgl. *Ricker, R. / Schütz, K.*, Vom Monopol zum Wettbewerb: Private Rundfunkfreiheit und Medienaufsicht, in: Die gerechte Medienordnung ?, Bonn 1990, S. 18 und *Kleist, T.*, Jugendmedienschutz im privaten Rundfunksystem, DLM Jahrbuch 1988, S.90. Ähnliche Entwicklungen (vielleicht noch intensiver) waren schon früher im Rundfunksystem Großbritanniens, dem Vorbild der deutschen dualen Rundfunkordnung, zu verzeichnen: *Dix, A.*: Rundfunk in Grossbritannien, RuF 1980, S.374 und *Schacht, M.*, IBA in Grossbritannien, Media Perspektiven 1981, S.693.

333 *Kleist, T.*, Jugendmedienschutz im privaten Rundfunksystem, DLM Jahrbuch 1988, S.90.

334 Vgl. dazu bereits *Reuter, K.*, Rechtsaufsicht über die Gemeinden und Opportunitätsprinzip, 1967, S.52 ff.; *Berendes, K.*, Die Staatsaufsicht über den Rundfunk, 1973, S.176; *Schmidt-Aßmann* in Münch, I.v. (Hrsg.), Besonderes Verwaltungsrecht, 1985, S.126 f.; *Degenhart, Chr.*, Rundfunkfreiheit, Rundfunkorganisation und Rundfunkaufsicht in Baden-Württemberg, AfP 1988, S.336; *Wagner, C.*, Die Landesmedienanstalten, S.223 ff.

335 *BVerfGE 73, 118*, S.169.

336 *BVerfGE 73, 118*, S.169 f. und S.183 f.

337 Vor allem für den Geltungsbereich des Landesmediengesetzes Baden-Württemberg wird dies bestritten, da hier keine Möglichkeit zur nachträglichen Anordnung vorgesehen ist: vgl. etwa *Rüggeberg, J.*, Rechtsschutz öffentlich-rechtlicher Rundfunkanstalten und privatrechtlicher Rundfunkunternehmen gegen Rechtsaufsichtsmaßnahmen, in: Beiträge zum Medienprozeßrecht, 1988, S.119.

c) Stellungnahme

Zur Erfüllung der Aufgaben der Rundfunkaufsicht werden zweifellos geeignete Aufsichtsmittel benötigt. Jedoch sollte die Prüfung der Zwecktauglichkeit dieser Instrumente nicht den Blick dafür verstellen, daß die erste und vorrangige Problematik in der Definition und Anwendung der Aufsichtsmaßstäbe begründet liegt. Soweit - wie nachfolgend - Fragen der Effizienz gegenwärtiger Rundfunkaufsicht angesprochen werden, ist jeweils auf die Wechselbezüglichkeit von Aufsichtsmaßstäben und Aufsichtsmitteln zu achten.

Eine zu starke Zurückhaltung der Aufsichtsinstitutionen vor dem Einsatz formeller Aufsichtsmittel sollte vermieden werden. Zwar sind informelle Mittel zur Klimapflege sicherlich weit besser geeignet. Jedoch dient die mit dem Gebrauch formeller Aufsichtsmittel oftmals verbundene Öffentlichkeit ebenfalls den Aufgaben der Rundfunkaufsicht.[338] Gerade sich daran möglicherweise anschließende gerichtliche Entscheidungen kommen der Rechtssicherheit zugute. Wie das Beispiel der FCC in den USA zeigt, kann eine "Raised-eyebrow"-Politik[339] der Aufsichtsinstanzen insgesamt nicht ausreichen.

4. Rundfunkfreiheit und Effizienz der gesetzlichen Sicherungen

a) Normeffizienz als Verfassungsgebot

Art.5 Abs.1 S.2 GG fordert den Erlaß von Gesetzen, welche Leitgrundsätze an den Inhalt des Gesamtprogramms allgemein verbindlich machen, die ein Mindestmaß von inhaltlicher Ausgewogenheit, Sachlichkeit und gegenseitiger Achtung gewährleisten.[340] Eine Verwirklichung dieser Inhalte ist nur

---

338 In die gleiche Richtung zielt auch der Vorschlag des 58. Deutschen Juristentages 1990 zur Einrichtung eines formellen Verfahrens zur Behandlung von Programmbeschwerden, die bei Erfolg zu veröffentlichen seien.

339 Siehe *Schmitz, H.-P.*, Rundfunkaufsicht in kommerziellen System, Media Perspektiven 1984, S.511.

340 *BVerfGE 12, 205*, S.263; *BVerfGE 57, 295*, S.325; *BVerfGE 59, 231*, S.259; *BVerfGE 73, 118*, S.153.

möglich, wenn materielle, organisatorische und Verfahrensregeln geschaffen werden, "die an der Aufgabe der Rundfunkfreiheit orientiert und deshalb geeignet sind zu bewirken, was Art.5 Abs.1 GG gewährleisten will."[341] Die strikte Durchsetzung eines Grundstandards gleichgewichtiger Vielfalt bildet die essentielle Aufgabe des Rundfunkgesetzgebers.[342]

In einer *wirksamen* Sicherung der Rundfunkfreiheit liegt somit nachgerade der wesentliche Zweck und Inhalt aller Rundfunk- und Mediengesetze. Auf diese Weise nimmt die Effizienz der gesetzlichen Regelungen teil an der Verfassungsgarantie des Art.5 Abs.1 S.2 GG.

Soweit der Gesetzgeber die Rundfunkfreiheit durch eine binnenpluralistische Struktur der Veranstalter zu gewährleisten sucht, muß er folglich sowohl den Kontrollgremien insgesamt als auch jeder einzelnen gesellschaftlich relevanten Gruppe innerhalb des Gremiums einen "effektiven Einfluß" sichern.[343] Ebenso sind in einem außenpluralistischen Rundfunksystem wirksame gesetzliche Regelungen zur Sicherung der Rundfunkfreiheit unentbehrlich.[344] Vor allem Tendenzen zur Veranstalterkonzentration muß, da Fehlentwicklungen hier nur schwer rückholbar sind, rechtzeitig und "so wirksam wie möglich" entgegengewirkt werden.[345]

Allerdings sollte stets bedacht werden, daß eine - vom Verfassungsrecht geforderte - *System*-Effizienz der rundfunk- und mediengesetzlichen Sicherungen noch keine Aussagen über die *konkrete* Wirksamkeit zuläßt. Nicht in den direkten Zusammenhang der verfassungsrechtlichen Vorgaben gehört daher die Frage nach der Einsatz-Effizienz und dem Gesetzesvollzug. Völlig konsequent bewertet deshalb das Bundesverfassungsgericht alleine die rechtlichen Einflußmöglichkeiten und erachtet die Kontrolle der öffentlich-rechtlichen Rundfunkanstalten durch die Rundfunk- und Fernsehräte als intensiver und effektiver, wie eine externe Kontrolle privaten Rundfunks durch die dazu

---

341 *BVerfGE 57, 295*, S.320.

342 *BVerfGE 73, 118*, S.160.

343 *BVerfGE 57, 295*, S.330 (Zusammensetzung) und S.331 (Stellung des Beirates); ebenso *BVerfG Urt. vom 5.2.91*, 1 BvF 1/85, 1/88, NJW 1991, S.909.

344 *BVerfGE 73, 118*, S.153.

345 *BVerfGE 73, 118*, S.160.

berufenen Gremien.[346] Die von vielen Stimmen beanstandete praktische Ineffizienz der Kontrolle durch die Rundfunk- und Fernsehräte[347] wird an dieser Stelle folgerichtig nicht berücksichtigt.

b) Probleme der Bewertung

Die bereits angesprochenen systemimmanenten Schwierigkeiten bei der Bestimmung des Aufsichtsmaßstabes[348] finden ihre Fortsetzung, wenn es darum geht, die gesetzlichen Vorkehrungen zu ihrer Sicherung verfassungsrechtlich zu bewerten. Eine gewisse Erleichterung dieser Aufgabe ergibt sich allerdings als Folge der verfassungsgerichtlichen Rechtsprechung.

Wirksame gesetzliche Sicherungen der Rundfunkfreiheit existieren nach den Aussagen des Bundesverfassungsgerichtes dann, wenn zwar keine letzte Sicherheit, jedoch eine hinreichende Wahrscheinlichkeit dafür besteht, daß sich in dem gesetzlich geordneten Rundfunksystem eine gleichgewichtige Vielfalt einstellen wird.[349] Die Probleme des Landesgesetzgebers in einem sich immer vergrößernden Rundfunkraum, wo etwa durch Satellitenverbreitung die meisten Programme seiner Verfügung entzogen sind, diese gleichgewichtige Vielfalt herzustellen, berücksichtigt das Bundesverfassungsgericht auch in seinem 4. Rundfunkurteil. Danach genügt es, daß "das Rundfunksystem in seiner Gesamtheit dem verfassungsrechtlich Gebotenen im Rahmen des Möglichen entspricht."[350]

---

346 *BVerfGE 73, 118*, S.170.

347 *Klein, H.H.*, Die Rundfunkfreiheit, 1978, S.21 ff. ("Immobilismus, mangelnde Arbeitsfähigkeit, Zusammensetzung und politischer Meinungskampf"); *Stein, E.*, Die Programmgrundsätze von Rundfunk und Fernsehen, 1981, S.97 ff. ("Stellenbesetzung und Rollenverhalten"); *Tilmann, W.*, Zur Verbesserung des Rechtsschutzes für "Medienverbraucher", 1981, S. 242 ff.; *Laubinger, H.-W*, Die Klagebefugnis gesellschaftlich relevanter Gruppen auf Beteiligung in den Aufsichtsgremien der Rundfunkanstalten, in: Beiträge zum Medienprozeßrecht, 1988, S.172 ff. (mit weiteren markanten Zitaten zur Einvernahme der Rundfunkräte durch die politischen Parteien und deren geringe fachliche Kompetenz) sowie die neuere Analyse von *Kepplinger, H.M.*, Versagen die Aufsichtsgremien ? Kontrolle im öffentlich-rechtlichen Rundfunk, in: Die gerechte Medienordnung ?, Bonn 1990, S.22 ff.; *Gütt, F.*, Die Rundfunkräte sind zahnlose Tiger, Medien Dialog, Nr.5/1991, S.2 ff.

348 Siehe oben S.82 ff.

349 *BVerfGE 57, 295*, S.323 f.

350 *BVerfGE 73, 118*, S.157.

Dieses - gemilderte - verfassungsrechtliche Effizienzgebot erfasst dabei alle zur Sicherung der Rundfunkfreiheit erforderlichen Regelungen. Das sind zum einen die Normen zur Organisation der Rundfunkaufsicht, zum anderen der Grad der Bestimmtheit der Kontrollmaßstäbe und die Mittel der Rundfunkaufsicht. Sehr anschaulich stellt das 4. Rundfunkurteil dieses Zusammenwirken verschiedener Elemente dar.[351]

Die Übertragung der Rundfunkaufsicht auf eine externe, vom Staat unabhängige, unter dem Einfluß der maßgeblichen Kräfte und Richtungen stehende Institution ist prinzipiell mit dem Verfassungsrecht zu vereinbaren.[352] In diesem Zusammenhang wird auch mit Recht darauf verwiesen, daß die Effizienz der Sicherungen in weitem Umfang von den Möglichkeiten der Aufsichtsbehörden in instrumentaler, personeller und struktureller Hinsicht abhängt.[353] Insofern ist die zureichende Ausstattung der Landesmedienanstalten verfassungsrechtlich geboten.

Nach Maßgabe des 4., 5. und 6. Rundfunkurteils können die gegenwärtigen Rundfunk- und Mediengesetze für sich beanspruchen, auch im Bereich des privaten Rundfunks "wirksame" gesetzliche Sicherungen der Rundfunkfreiheit zu enthalten. Dies schließt einzelne Nachbesserungen zur Verhinderung von Anbieterkonzentrationen nicht aus.[354]

Die Effizienz der Sicherungselemente wird allerdings nicht statisch festgestellt, sondern ist abhängig von derWeiterentwicklung des Rundfunksystems. So nimmt das Bundesverfassungsgericht die "schwächere Sicherung gleichgewichtiger Vielfalt" im privaten Rundfunk nur deshalb hin, "weil und *solange* eine zureichende Sicherung im öffentlich-rechtlichen Rundfunk vorhanden ist."[355] Ergeben sich hier größere Veränderungen, folgert daraus wiederum ein gesetzgeberischer Handlungsbedarf.

---

351 *BVerfGE 73, 118*, S.167 ff.

352 *BVerfGE 73, 118*, S.161.

353 *Jarass, H.D.*, Die neuen Privatrundfunkgesetze im Vergleich, ZUM 1986, S.310.

354 Vgl. etwa § 5 Abs.2 des Niedersächsischen Landesrundfunkgesetzes vom 23.5.1984 mit den Änderungen durch das Gesetz zum Staatsvertrag zur Neuordnung des Rundfunkwesens vom 28.10.1987.

355 *BVerfGE 73, 118*, S.171 (Hervorhebung vom Verfasser).

Das Bundesverfassungsgericht sieht hier offenbar eine Schnittstelle zwischen Systemeffizienz der Sicherungsregelungen und der Gesetzeswirklichkeit, den es so im Bereich des öffentlich-rechtlichen Rundfunks nicht erkennt. Nach den Aussagen des Bundesverfassungsgerichts ist die "binnenpluralistische Organisation, wie sie die öffentlich-rechtlichen Rundfunkanstalten kennzeichnet", (...) ungeachtet der Schwächen, die auch ihr anhaften, in höherem Maße geeignet, gleichgewichtige Meinungsvielfalt zu gewährleisten" als durch eine alleinige Rundfunkaufsicht externer Einrichtungen.[356] Möglicherweise fehlt hier ein Vergleich zwischen den vorhandenen rechtlichen Einflußmöglichkeiten und der tatsächlichen Wirksamkeit binnenpluraler Kontrolle deshalb, weil "bessere" Kontrollstrukturen bisher nicht gefunden wurden.[357]

III. Innerstaatliche Koordinationsprobleme gegenwärtiger deutscher Rundfunkaufsicht

Bevor die speziellen Probleme nationaler Rundfunkaufsicht in einem europäischen Rundfunkraum ermittelt werden können, ist zunächst der Blick auf die Organisationsstrukturen der gegenwärtigen Rundfunkaufsicht zu richten. Innerstaatliche Koordinationsprobleme können gerade auch im übernationalen Zusammenhang Bedeutung erlangen.

Solche Sachverhalte lassen sich vor allem in der Trennung der deutschen Rundfunkaufsicht in eine Aufsicht über den öffentlich-rechtlichen Rundfunk und eine Aufsicht über den privaten Rundfunk sowie in der Zuständigkeit der deutschen Bundesländer zur Mediengesetzgebung erkennen.

---

356 *BVerfGE 73, 118*, S.171.

357 *Hoffmann-Riem, W.*, Rundfunkfreiheit durch Rundfunkorganisation, 1979, S.58.

1. Rundfunkaufsicht im dualen Rundfunksystem

a) Zum Begriff des dualen Rundfunksystems

Das Nebeneinander von öffentlich-rechtlichen Rundfunkanstalten mit dem Auftrag zur Grundversorgung einerseits und privatrechtlichen Rundfunkveranstaltern andererseits wird überwiegend mit dem Begriff "duales Rundfunksystem" bezeichnet.[358] Soweit der Begriff intendieren mag, das Rundfunksystem basiere auf zwei funktionell gleichgewichtigen Säulen, ist dieser Interpretation zu widersprechen.[359] Mit den Vertretern der öffentlich-rechtlichen Rundfunkanstalten ist hier der besondere, von der verfassungsgerichtlichen Rechtsprechung ausgearbeitete, Grundversorgungsauftrag der öffentlich-rechtlichen Rundfunkanstalten zu betonen, welcher eine Differenzierung zwischen öffentlich-rechtlichem und privatem Rundfunk gebietet.[360] Der insofern etwas passendere Begriff "gemischtes Rundfunksystem"[361] hat sich nicht etabliert.

---

[358] Nicht nur im Rundfunk, sondern auch in anderen Bereichen existieren "duale Systeme". Ein Beispiel dafür ist das Schulwesen mit dem Bestand von öffentlichen und privaten Schulen (Art.7 Abs.1, 4 GG), siehe hierzu *Oppermann, T.*, Kulturverwaltungsrecht, 1969, S.219 ff.

[359] Vgl. dazu auch *Seemann, K.*, Zur Konkurrenzproblematik im dualen Rundfunksystem, ZUM 1988, S.67 ff.

[360] Zur "Grundversorgung" finden sich eine Fülle von Stellungnahmen der öffentlich-rechtlichen Rundfunkanstalten nahestehenden Autoren, welche dieses Konzept (wohl aus Sorge um das öffentlich-rechtliche Rundfunkmonopol) in der Vergangenheit zumeist ablehnend behandelten, spätestens aber nach dem 4. Rundfunkurteil (*BVerfGE 73, 118*, S.157 ff.) entschieden befürworteten: s. etwa *Badura, P.*, Verfassungsrechtliche Bindungen der Rundfunkgesetzgebung, 1980, S.58 f.; *Schmidt, W.*, Die Rundfunkgewährleistung, 1980, S.29 f.; *Hoffmann-Riem, W.*, Medienfreiheit und der außenplurale Rundfunk, AöR 109 (1984), S.328 ff.; *Stock, M.*, Landesmedienrecht im Wandel, 1986, S.153 f.; *Fuhr, E.W.*, Der öffentlich-rechtliche Rundfunk im dualen Rundfunksystem, ZUM 1987, S.154; *Hecker, W.*, Gesetzliche Beschränkungen, ZUM 1987, S.280 f.; *Berg, K.*, Grundversorgung, AfP 1987, S.457 ff.; *Wagner, M.A.*, Fusion oder Kooperation öffentlich-rechtlicher Rundfunkanstalten ?, ZRP 1990, S.156.

[361] Vgl. etwa *Scholz, R.*, Das dritte Fernsehurteil des Bundesverfassungsgerichts, JZ 1981, S.563; *Oppermann, T.*, Auf dem Weg zur gemischten Rundfunkverfassung in der Bundesrepublik Deutschland ?, JZ 1981, S.728; *Bethge, H.*, Die rechtliche Ordnung des Rundfunks und sein Verhältnis zu anderen Medien, DVBl. 1986, S.859.

b) Trennung der Aufsichtsbereiche

Die duale Rundfunkordnung in der Bundesrepublik Deutschland hat bekanntermaßen die nicht annähernd gleiche Tradition wie etwa diejenige Großbritanniens.[362] Ein gewachsenes Miteinander zwischen öffentlich-rechtlichem und privatem Rundfunk fehlt in der Bundesrepublik Deutschland noch völlig.

Schon aus politischen Gründen konnten die Landesgesetzgeber bei der Formung der jüngeren Privatrundfunkgesetze die älteren und gefestigten Grundlagen der öffentlich-rechtlichen Rundfunkarbeit kaum modifizieren. Wo dies in geringem Umfang, wie etwa mit dem § 13 Abs.2 S.1 und S.2 Landesmediengesetz Baden-Württemberg Fassung 1985 dennoch geschehen ist, hat die Rechtsprechung des Bundesverfassungsgerichtes diesen Vorhaben deutliche Grenzen gesetzt.[363] Die Bestands- und Entwicklungsgarantie des öffentlich-rechtlichen Rundfunks, soweit diesem die Aufgabe zukommt die Rundfunk-Grundversorgung zu gewährleisten und den Rundfunkauftrag des Art.5 Abs.1 S.2 GG im vollem Umfang zu erfüllen, wurde auch in neuerer Zeit mit dem 6. Rundfunkurteil zum Landesrundfunkgesetz Nordrhein-Westfalen und mit dem Beschluß zu Hessen 3 wiederholt bestätigt.[364]

Eine weitergehende rechtliche Harmonisierung der Bereiche öffentlich-rechtlicher Rundfunk und privater Rundfunk ist bisher nicht erfolgt. Sehr deutlich machen dies die in immer kürzeren Abständen folgenden Grundsatzurteile des Bundesverfassungsgerichtes zum deutschen Medienrecht, die insoweit das Verhältnis zwischen öffentlich-rechtlichen Rundfunkanstalten und privaten Rundfunkveranstaltern prägen. Ersetzen läßt sich ein konstruktiver "Dualismus" damit nicht.

---

362 Siehe dazu auch oben S.21. Nach *Scheuch, E.K.*, in: Die gerechte Medienordnung ?, Bonn 1990, S.31 existiere (im Gegensatz zur Bundesrepublik Deutschland) in Großbritannien ein "wirkliches" duales Rundfunksystem. Gegenstimmen etwa bei: *Dix, A.*: Rundfunk in Grossbritannien, RuF 1980, S.361 ff.; *Schacht, M.*, IBA in Grossbritannien, Media Perspektiven 1981, S.689 ff.

363 *BVerfGE 74, 297*, S.322 ff.

364 *BVerfGE 83, 238*, S.299 ff. und *BVerfG Beschluß vom 06.10.92*, DÖV 1993, S.113 f.

Entsprechend auffällig sind die Bereiche der Aufsicht über öffentlich-rechtliche Rundfunkanstalten und der Aufsicht über private Rundfunkveranstalter voneinander abgegrenzt:

(1) Organisation der Rundfunkaufsicht über öffentlich-rechtliche Rundfunkanstalten

Die Aufsicht über die öffentlich-rechtlichen Rundfunkanstalten liegt wesentlich in der Hand der dazu berufenen, pluralistisch zusammengesetzten internen Kontrollorgane. Wie vom Bundesverfassungsgericht mehrfach ausgeführt, kann die binnenpluralistische Kontrolle gar als Spezifikum des öffentlich-rechtlichen Rundfunkmodells gelten.[365] Nicht in den Zusammenhang der verfassungsrechtlich relevanten Rundfunkaufsicht, sondern eher zur innerbetrieblichen Beaufsichtigung gehört die teilweise aufgezeigte Kontrolle durch Intendanten und Journalistenkollegen u.a.[366]

Nach den Gesetzen über die Errichtung der jeweiligen Landesrundfunkanstalt üben die Rundfunkräte der öffentlich-rechtlichen Rundfunkanstalten ihre Kontrollaufgaben (zusammen mit den von ihnen bestellten Verwaltungsräten) mittels programminhaltlicher, personeller und haushaltsrechtlicher Kompetenzen aus. So wählen sie den Intendanten, genehmigen den Haushaltsplan und sind befugt, die Ausstrahlung einer Sendung zu mißbilligen bzw. zu verhindern. Als anstaltsinterne Kontrollgremien werden sie dabei vom Verbot der Vorzensur des Art. 5 Abs.1 S.3 GG nicht betroffen.[367]

Unabhängig von der binnenpluralistischen Kontrolle durch Rundfunk- und Fernsehräte sind die öffentlich-rechtlichen Rundfunkanstalten einer - begrenzten - staatlichen Rechtsaufsicht unterstellt. Soweit die Rundfunkgesetze diese staatliche Rechtsaufsicht nicht explizit normieren, ergibt sich, wie bereits aufgezeigt,[368] aus Art.5 Abs.1 S.2 GG die verfassungsrechtliche

---

365 *BVerfGE 12, 205*, S.261 f.; *BVerfGE 73, 118*, S.171.

366 Vgl. etwa das Wort von der "kollegialischen Kontrolle": *Hoffmann-Riem, W.*, Rundfunkfreiheit durch Rundfunkorganisation, 1979, S.60 f.

367 Zusammenfassend dazu: *Rudolf, W.*, Aufsicht bei Funk und Fernsehen, ZRP 1977, S.217.

368 Siehe oben S.76.

Notwendigkeit einer Regelung. Nach Landesrecht zuständig zur Ausübung der Rechtsaufsicht sind im allgemeinen die jeweiligen Landesregierungen.[369]

Die staatliche Rechtsaufsicht bildet gegenüber der binnenpluralen Gremienaufsicht keine generell sekundäre bzw. subsidiäre Kontrollstufe.[370] Entsprechende, sich auf das Wort des Bundesverfassungsgerichtes von der "beschränkten staatlichen Rechtsaufsicht" stützende Stimmen[371] verkennen die eigenständige Funktion der staatlichen Aufsicht sowie die grundsätzlichen Unterschiede zur binnenpluralen Kontrolle. Damit nicht zu vereinbaren ist, die staatliche Rechtsaufsicht gleichsam als Kontroll-Reserve bei einem Versagen binnenpluraler Rundfunkaufsicht anzusehen.[372] Auf einem ganz anderen Blatt steht die Notwendigkeit, staatliche Rechtsaufsicht über den Rundfunk mit einer besonderen Sensibilität auszuüben.

Während das Bundesverfassungsgericht dieses Konzept der binnenpluralistischen Rundfunkaufsicht stets als beste aller vorhandenen Möglichkeiten ansah, die Rundfunkfreiheit zu sichern,[373] kritisierten andere Stimmen die Kontrollgremien gar als "Krebsübel der öffentlich-rechtlichen Anstalt".[374] Vor allem der Einfluß von Staats- und Parteivertretern in den pluralistischen Kontrollorganen wurde unter dem Aspekt der Staatsfreiheit des Rundfunks

---

369 Zu den Sonderregelungen beim SFB (Ressort) und den Mehrländeranstalten NDR, SWF und ZDF siehe *Berendes, K.*, Die Staatsaufsicht über den Rundfunk, 1973, S.148 ff.

370 Nach rundfunkrechtlichen Einzelregelungen kann allerdings die Ausübung der staatlichen Rechtsaufsicht vom Eintritt bestimmter, zusätzlicher Umstände abhängig gemacht werden: vgl. Art.36 Abs.4 NDR-Staatsvertrag vom 20.08.1980.

371 *Bethge, H.*: Probleme der Staatsaufsicht über Gemeinschaftseinrichtungen der Länder, RuF 1977, S.44; *VG Mainz* Urteil vom 19.12.1978, JZ 1979, S.305 (m. ablehnender Anm. Starck); *Schmidt, W.*, Die Rundfunkgewährleistung, 1980, S.35; *Fuhr, E.W.*, ZDF-Staatsvertrag, Kommentar, 1985, § 25 I, S.409; *Rüggeberg, J.* in: Beiträge zum Medienprozeßrecht, 1988, S.112 ff.

372 *Berendes, K.*, Zulässigkeit und Grenzen einer staatlichen Rechtsaufsicht über die Rundfunkanstalten, DÖV 1975, S.420; *Mallmann, W.*, Zur Rechtsaufsicht über das Zweite Deutsche Fernsehen, 1975, S.40 ff. und S.114 ff.; *Rudolf, W.*, Aufsicht bei Funk und Fernsehen, ZRP 1977, S.217; *Kewenig, W.A.*, Zu Inhalt und Grenzen der Rundfunkfreiheit, 1978, S.132.

373 Siehe nur *BVerfGE 73, 118*, S.171.

374 *Franz Barsig*, zit. nach *Börner, B.*, Organisation, Programm und Finanzierung der Rundfunkanstalten im Lichte der Verfassung, 1984, S.27.

Gegenstand mancher Darstellungen[375] und Gerichtsentscheidungen.[376] Fernerhin versuchte die Kritik die personelle und sachliche Unfähigkeit der Rundfunkräte zur wirksamen Kontrolle aufzuzeigen, denen fehlende Professionalität[377] sowie Immobilismus und fehlende Arbeitsfähigkeit[378] vorgeworfen wird. Darüberhinaus werden mehr Rechte für die Aufsichtsgremien im öffentlich-rechtlichen Rundfunk eingefordert.[379]

(2) Organisation der Rundfunkaufsicht über private Rundfunkveranstalter

Die Aufgaben der Aufsicht über private Rundfunkveranstalter sind nach allen neueren Privatrundfunkgesetzen im wesentlichen bei den jeweils neu eingerichteten Landesmedienanstalten konzentriert. Diese rechtsfähigen Anstalten des öffentlichen Rechts sind staatsfern konstituiert,[380] wenn auch, wie bereits ausgeführt, in der Praxis mehr oder weniger ausgebaute Bezie-

---

375 Bereits im Jahr 1947 durch *Bredow* mit seinem Entwurf eines Rundfunkgesetzes, vgl. dazu *Wilkens, H.*, Die Aufsicht über den Rundfunk, 1965, S.69 ff.; *Kewenig, W.A.*, Zu Inhalt und Grenzen der Rundfunkfreiheit, 1978, S.34 ff.; *Stein, E.*, Die Programmgrundsätze von Rundfunk und Fernsehen, 1981, S.97 ff.; *Schmidt, W.*, Rundfunkvielfalt - Möglichkeiten und Grenzen einer "pluralistischen" Rundfunkorganisation, 1984, S.55 ff.; *Börner, B.*, Organisation, Programm und Finanzierung der Rundfunkanstalten im Lichte der Verfassung, 1984, S.23 ff.; siehe auch zur Zusammensetzung des DLF *Siepmann, R.*, Verbrämter Anachronismus - Der Novellierungsentwurf zum Bundesrundfunkgesetz, epd Nr.31 vom 23.4.1988; *Goerlich, H. / Radeck, B.*, Rundfunk und Empfänger - zur Mediatisierung subjektiver Rechte, NJW 1990, S.302 ff.; sehr harsch auch das Wort *Ossenbühls* von der "Kumpanei zwischen Rundfunkjournalisten und politischen Repräsentanten in den Rundfunkräten", DÖV 1977, S.385 - siehe dagegen das vom gleichen Autor gezeichnete idealtypische Bild vom Rundfunkrat als "Inkarnation der Rundfunkfreiheit" - DÖV 1972, S.297.

376 *OVG Lüneburg (II A 196/76)*, DÖV 1979, S.170 ff.; *VG Hamburg*, DVBl. 1980, S.491 ff.; *BVerfGE 60, 53* ("Rundfunkrat"), S.63 ff.; *BVerfG*, Beschl. vom 19.12.1988 1 BvR 315/86, NJW 1990, S.311.

377 *Hoffmann-Riem, W.*, Rundfunkfreiheit durch Rundfunkorganisation, 1979, S.60.

378 *Klein, H.H.*, Die Rundfunkfreiheit, 1978, S.21; vgl. dazu auch die neuere Analyse einer Befragung von Rundfunkräten: *Kepplinger, H.M.*, Versagen die Aufsichtsgremien ? Kontrolle im öffentlich-rechtlichen Rundfunk, in: Die gerechte Medienordnung ?, Bonn 1990, S.22 ff.

379 *Gütt, F.*, Die Rundfunkräte sind zahnlose Tiger, Medien Dialog, Nr.5/1991, S.2 ff.

380 Anderer Ansicht sind *Schmidt, W.*, Der "Aufsichtsgroschen", Media Perspektiven 1986, S.169 ("Stellung einer weisungsfreien Oberbehörde") und - differenzierter - *Ladeur, K.-H.*, Probleme der Koordination der Aufsicht über private Rundfunkveranstalter, AfP 1989, S.720 ("Zwitterstatus der Anstaltskonstruktion").

hungen zur staatlichen Verwaltung bestehen.[381] Zu geringe Staatsferne bildet hier eine permanente Ursache der Kritik.[382]

Die interne Organisation dieser Landesmedienanstalten zeigt kein einheitliches Bild, sondern variiert teilweise erheblich.[383] Je nach Zusammensetzung ihres Hauptorganes werden sie üblicherweise in die Kategorien Versammlungsmodell[384] und Ratsmodell[385] eingeteilt. Manche Landesmediengesetze haben sich für Mischformen beider Modelle entschieden.[386]

Als veranstalterexterne Aufsichtsinstitutionen sind die Landesmedienanstalten auf die Ausübung nachträglicher Rechtsaufsicht beschränkt.[387] Soweit bereits das Lizenzierungsverfahren Elemente präventiver Aufsicht enthält, können sich die Landesmedienanstalten bei ihren Entscheidungen jedoch auf Prognose- und Wertungsspielräume berufen.[388]

Eine rechtliche Sonderstellung ergibt sich für die Bayerische Landeszentrale für Neue Medien (BLM). Da aufgrund des Art. 111 a der Bayerischen

---

381 Siehe oben S.90 f.

382 *Ricker, R.*: Privatrundfunk-Gesetze im Bundesstaat, 1985, S.66 ff. (Niedersachsen und Rheinland-Pfalz); *Rüggeberg, J.*, Privater Rundfunk in Baden-Württemberg, BWVwPr. 1986, S.73 ff.; *Hege, H.*, Praxis der Lizenzvergabe - eine Zwischenbilanz, DLM Jahrbuch 1988, S.35 (Niedersachsen); *BayVerfGH*, Entscheidung vom 21.11.86, BayVBl. 1987, S.113 f.; siehe auch *epd* Nr.5 vom 23.1.1988 über den Antrag der bayerischen SPD-Landtagsfraktion zum Ausstieg Bayerns aus der Münchner Gesellschaft für Kabelkommunikation.

383 Siehe dazu: *Wagner, C.*, Die Landesmedienanstalten, 1990, S.113 ff.; *Astheimer, S.*, Institutionelle Politiksteuerung: Gremienstrukturen bei den Landesmedienanstalten, RuF 1991, S.185 ff.

384 Pluralistisch zusammengesetzte Hauptorgane mit Namen wie Landesrundfunkausschuß (Niedersachsen und Saarland), Medienrat (Bayern), Rundfunkkommission (Nordrhein-Westfalen), Versammlung (Rheinland-Pfalz), Anstaltsversammlung (Schleswig-Holstein).

385 Hauptorgan aus wenigen unabhängigen Persönlichkeiten mit Bezeichnungen wie Vorstand (Baden-Württemberg) und Kabelrat (Berlin).

386 Zum Beispiel das Hamburgische Mediengesetz mit der Zusammensetzung des Vorstandes aus 11 Personen, für deren Wahl bestimmte gesellschaftlich relevante Gruppen vorschlagsberechtigt sind. Mit einigem Recht könnte man hier auch das baden-württembergische Landesmediengesetz nennen, da hier bei wichtigen Entscheidungen neben dem Vorstand auch der pluralistisch zusammengesetzte Medienbeirat beteiligt wird.

387 Siehe dazu auch oben S.85 f.

388 Vgl. etwa *VGH Mannheim*, Beschl. vom 14.12.1988 - 10 S 2426/88, NJW 1990, S.340 ff. und *VGH Mannheim*, Urteil vom 04.02.1992 - 10 S 278/91, ZUM 1992, S.567 ff.

Verfassung Rundfunk nur in öffentlich-rechtlicher Verantwortung und Trägerschaft betrieben werden darf, wurde die BLM als zweite "Landesrundfunkanstalt" neben dem Bayerischen Rundfunk konstituiert.[389] Nur unter dem "öffentlich-rechtlichen Dach" der BLM können Private (über die organisatorische Zwischenstufe von Kabelgesellschaften) Rundfunksendungen anbieten.[390]

Vergleichbar den Aufgaben der internen Kontrollorgane öffentlich-rechtlicher Rundfunkanstalten gehen damit auch die Kompetenzen der entsprechenden BLM-Gremien über den Umfang veranstalterexterner, nachträglicher Rechtsaufsicht hinaus. Art.15 Abs.1 S.2 des Bayerischen Medienerprobungs- und -entwicklungsgesetzes gibt etwa der BLM das Recht, von Anbietern und Kabelgesellschaften die Vorlage von Beiträgen *vor* der Sendung zu verlangen. Schon aufgrund der zu geringen personellen Ausstattung für eine gründliche Programmbeobachtung lassen sich jedoch (insoweit landes-verfassungswidrig ?) zwischen der Aufsichtspraxis der BLM und den anderen Landesmedienanstalten kaum spürbare Unterschiede feststellen.[391]

Gemäß Art.29 des Rundfunkstaatsvertrages 1991 erhalten die Landesmedienanstalten zur Finanzierung ihrer Arbeit einen Anteil von maximal zwei

---

389 Art.2 Abs.1 des Bayerischen Medienerprobungs- und -entwicklungsgesetzes. Siehe zusammenfassend auch: *Privater Rundfunk in Bayern. Rechtsgrundlagen*, hrsg. von der Bayerischen Landeszentrale für neue Medien, 1990.

390 *Degenhart, Chr.*, Öffentlich-rechtlicher und privater Rundfunk im dualen Rundfunksystem, ZUM 1988, S.53 bezeichnet diesen "Umweg" zur privaten Anbieterschaft (nicht Veranstalterschaft !) als "artistische Dachkonstruktion"; auch im Kabelpilotprojekt Mannheim-Ludwigshafen war die AKK Ludwigshafen "öffentlich-rechtliches Dach" privater Anbieter. Siehe dazu *Lange, B.-P.*, Quo vadis Koordinationsrundfunk ?, Media Perspektiven 10/1985, S.745 ff. und *Breede, W.E.*, KPP Ludwigshafen, Media Perspektiven 1986, S.28 ff.

391 Vgl. die Aussagen des BLM-Geschäftsführers Ring: "Da müßten wir ja den ganzen Tag jedes Programm ununterbrochen hören und sehen. Das geht nicht, und das halte ich auch nicht für geboten" und eines anderen BLM-Mitarbeiters: "Wir haben hier keine große Programmbeobachtungsabteilung aufgebaut", zit. nach *Ramelsberger, A.*, In Bayern Unmögliches möglich gemacht, Druck und Papier, 6/88; die landesverfassungsrechtliche Problematik zu geringer Aufsichtsintensität der BLM wurde auch vom BayVerfGH angesprochen: *BayVerfGH*, Entscheidung vom 21.11.86, BayVBl. 1987, S.111; Insgesamt sind bei der BLM 42 Stellen ausgewiesen. Sie ist damit die größte aller deutschen Landesmedienanstalten, dennoch klein auch unter Berücksichtigung des Zuständigkeitsgebietes, wenn man bedenkt, daß die IBA in Großbritannien, welche ebenfalls Programmverantwortung trug, im Jahr 1988 1500 Mitarbeiter hatte. Natürlich fehlt es trotzdem nicht an Stimmen aus Kreisen der Anbieter, welche ein Zuviel an Kontrolle durch die BLM monieren: vgl. den Bericht über die Münchner Medientage, *Funk-Korrespondenz* Nr.15 vom 6.11.1987, S.4 ff.

Prozent aus der Rundfunkgebühr ("Aufsichtsgroschen").[392] Daneben erheben sie für ihre Tätigkeit Gebühren und Abgaben entsprechend den jeweiligen Satzungen.

Alle Landesmedienanstalten sind einer staatlichen Rechtsaufsicht unterstellt, zu welcher die betreffende Landesregierung bzw. das zuständige Ressortministerium berufen ist.[393] Analog der staatlichen Rechtsaufsicht über die öffentlich-rechtlichen Rundfunkanstalten wird - wie dargestellt - der Maßstab der staatlichen Aufsicht über die Landesmedienanstalten insoweit beschränkt, als eine Einflußnahme in Programmangelegenheiten nicht erfolgen darf. Ebenfalls zur Wahrung der Staatsfreiheit des Rundfunks hat sich die staatliche Rechtsaufsicht solcher Aufsichtsmittel zu enthalten, welche die Staatsferne der Landesmedienanstalten gefährden.

Unterschiede zur staatlichen Rechtsaufsicht über die öffentlich-rechtlichen Rundfunkanstalten ergeben sich insofern, als hier die Objekte staatlicher Rechtsaufsicht nicht selbst Rundfunk veranstalten (außer -in formalrechtlicher Hinsicht- der Bayerischen Landeszentrale für Neue Medien). Unter dem Aspekt der Staatsfreiheit des Rundfunks ist diese Sachlage zu begrüßen, da hiermit (zumindest grundsätzlich) mehr Staatsferne gewährleistet wird.

Staatliche Rechtsaufsichtsmaßnahmen tangieren das Selbstverwaltungsrecht[394] der Landesmedienanstalten und können daher von ihnen als

---

392 dessen Einführung auch aus verfassungsrechtlichen Gründen abgelehnt wurde: *Schmidt, W.*, Der "Aufsichtsgroschen" - verfassungsrechtliche Einwände gegen politische Anstöße zur teilweisen Umwidumg der öffentlich-rechtlichen Rundfunkgebühr, Media Perspektiven 1986, S.162 ff.; *Hasper, D.*, Gebühren und Gebühr: Ein Plädoyer für die Rundfunkfreiheit, ZUM 1991, S.272 ff.

393 § 78 Landesmediengesetz Baden-Württemberg; § 18 MEG Bayern; § 12 Abs.3 Kabelpilotprojektgesetz Berlin; § 45 Bremisches Landesmediengesetz; § 62 Hamburgisches Mediengesetz; § 49 Gesetz über den privaten Rundfunk in Hessen; § 49 Niedersächsisches Landesrundfunkgesetz; § 66 Rundfunkgesetz für das Land Nordrhein-Westfalen; § 33 Landesrundfunkgesetz Rheinland-Pfalz; § 34 Rundfunkgesetz für das Saarland; § 45 Rundfunkgesetz für das Land Schleswig-Holstein.

394 § 63 Abs.1 S.2 Landesmediengesetz Baden-Württemberg; Art.9 Abs.1 S.2 MEG Bayern; § 12 Abs.1 S.1 Kabelpilotprojektgesetz Berlin; § 38 Abs.2 Bremisches Landesmediengesetz; § 52 Abs.2 S.1 Hamburgisches Mediengesetz; § 38 Abs.2 Gesetz über den privaten Rundfunk in Hessen; § 27 Abs.1 S.2 Niedersächsisches Landesrundfunkgesetz; § 51 Abs.2 S.1 Rundfunkgesetz für das Land Nordrhein-Westfalen; § 24 Abs.1 S.1 Landesrundfunkgesetz Rheinland-Pfalz; § 53 Abs.3 Rundfunkgesetz für das Saarland; § 32 Abs.2 S.1 Rundfunkgesetz für das Land Schleswig-Holstein.

Verwaltungsakte mit der Anfechtungsklage gem. § 42 Abs.1 VwGO angegriffen werden.[395]

Wenig thematisiert wurde demgegenüber die Frage, ob die Landesmedienanstalten selbst grundrechtsfähig sind und sich ihrerseits mittels Verfassungsbeschwerde auf den Schutz des Art.5 Abs.1 S.2 GG (etwa gegen staatliche Rechtsaufsichtsmaßnahmen nach Erschöpfung des Verwaltungsrechtsweges) berufen können. Während die Grundrechtsfähigkeit der BLM gem. Artt. 19 Abs.3, 5 Abs.1 S.2 GG fraglos anzuerkennen ist,[396] für die sich insoweit als (rechtlicher) Rundfunkveranstalter keine Unterschiede zur öffentlich-rechtlichen Rundfunkanstalt ergeben,[397] wird die Grundrechtsfähigkeit der anderen Landesmedienanstalten nicht einheitlich beurteilt.[398]

Diese Landesmedienanstalten veranstalten zwar nicht selbst Rundfunk, sind aber wie die öffentlich-rechtlichen Rundfunkanstalten "Einrichtungen des Staates, die Grundrechte in einem Bereich verteidigen, in dem sie vom Staat unabhängig sind."[399] Da ein wesentliches Element der Rundfunkfreiheit nach Art.5 Abs.1 S.2 GG in der Freiheit des Rundfunks von staatlicher Beherrschung oder Einflußnahme besteht, kann letztlich nur ein Grundrechtsschutz der Landesmedienanstalten verhindern, daß mit der Rundfunkfreiheit unvereinbare staatliche Eingriffe erfolgen, welche sich mittelbar auf die privaten Rundfunkveranstalter auswirken können. Wie die öffentlich-rechtlichen Rundfunkanstalten sind auch die Landesmedienanstalten durch Gesetz als sich selbstverwaltende Anstalten des öffentlichen Rechts geschaffen worden,

---

395 Siehe dazu *Rüggeberg, J.*, Rechtsschutz öffentlich-rechtlicher Rundfunkanstalten und privatrechtlicher Rundfunkunternehmen gegen Rechtsaufsichtsmaßnahmen, in: Beiträge zum Medienprozeßrecht, 1988, S.127 f.; und allgemein: *Eyermann/Fröhler*, VwGO, 9. Aufl. 1988, § 42 Rdnr.91 ff.

396 Vgl. die *Entscheidung des Bayerischen Verfassungsgerichtshofes vom 23.11.1990, Vf. 116-VI-89*, ZUM 1991, S.238 ff.

397 *BVerfGE 31, 314*, S.322; *BVerfGE 59, 231*, S.254.

398 Von den wenigen Äußerungen in der Literatur zu dieser Problematik: für Grundrechtsfähigkeit der Landesmedienanstalten *Hesse, A.*, Die Organisation privaten Rundfunks in der Bundesrepublik, DÖV 1986, S.184 und *Hesse, A.*, Rundfunkrecht, 1990, S.167; dagegen *Schmidt, W.*, Der "Aufsichtsgroschen", Media Perspektiven 1986, S.169 und tendenziell *Wagner, C.*, Die Landesmedienanstalten, S.111 f.

399 *BVerfGE 31, 314*, S.322 zur Grundrechtsfähigkeit der öffentlich-rechtlichen Rundfunkanstalten.

"gerade um die Verwirklichung des Grundrechts der Rundfunkfreiheit zu ermöglichen".[400] Sie erfahren damit den gleichen grundrechtlichen Schutz.

Soweit die privaten Rundfunkveranstalter ihrerseits binnenpluralistisch organisiert sind,[401] gehören diese veranstalterinternen Gremien ebenfalls zum System der Aufsicht über den privaten Rundfunk. Da auch im Geltungsbereich von Landesmediengesetzen mit außenpluralem Rundfunkmodell nur selten eine Situation ausreichender Veranstalterkonkurrenz bestand,[402] erfolgte eine Lizenzierung privater Rundfunkveranstalter meist unter der Auflage, einem pluralistisch zusammengesetzten Programmbeirat Einflußmöglichkeiten auf das Programm zu sichern.[403]

Über die Effizienz der Arbeit von Programmbeiräten zur Sicherung der Meinungsvielfalt lassen sich bislang kaum verläßliche Aussagen machen. Allerdings existieren Anzeichen dafür, daß die privaten Rundfunkveranstalter (schon aus wirtschaftlichen Aspekten) bestrebt sind, den Einfluß von Programmbeiräten zu begrenzen.[404] Freilich beschränkt sich die Funktion der

---

400 *BVerfGE 31, 314*, S.322.

401 So ist etwa in Nordrhein-Westfalen gem. § 6 Landesrundfunkgesetz eine binnenpluralistische Organisation obligatorisch.

402 Diese Landesmediengesetze sehen die Außenpluralität überwiegend (mit einzelnen Abweichungen) dann als gegeben an, wenn in dem Verbreitungsgebiet mindestens drei weitere tägliche gleichartige private Rundfunkprogramme außer den Programmen der öffentlich-rechtlichen Rundfunkanstalten empfangbar sind: § 23 Abs.1 Landesmediengesetz Baden-Württemberg; § 13 Abs.1 Gesetz über den privaten Rundfunk in Hessen; § 15 Abs.2 Niedersächsisches Landesrundfunkgesetz; § 12 Abs.2 Landesrundfunkgesetz Rheinland-Pfalz; § 15 Abs.2 Rundfunkgesetz für das Land Schleswig-Holstein (für bundesweit verbreitete Rundfunkvollprogramme).

403 Beispielsweise wurden 74 % aller zugelassenen Sender in Baden-Württemberg die Bildung eines Programmbeirates auferlegt - *Landesanstalt für Kommunikation Baden-Württemberg*, Bericht an die Landesregierung gemäß § 88 Landesmediengesetz Baden-Württemberg 1989, S.21 f.

404 Siehe etwa das vom Verband Südwestdeutscher Zeitungsverleger in Auftrag gegebene Rechtsgutachten, das eine Befugnis der baden-württembergischen Landesmedienanstalt verneint, von sich aus Programmbeiräte der privaten Rundfunkveranstalter über deren Einflußmöglichkeiten zu informieren: *Degenhart, Chr.*, Rundfunkfreiheit, Rundfunkorganisation und Rundfunkaufsicht in Baden-Württemberg - Kompetenzen der Landesanstalt für Kommunikation gegenüber Programmbeiräten privater Rundfunkveranstalter, AfP 1988, S.327 ff. Siehe auch *Hippler, H.*, Programmbeiräte im Spannungsfeld: Eine empirische Untersuchung zu Aufgaben, Funktion und Problemen der Programmbeiräte in Baden-Württemberg, LfK-Dialog Bd.5, 1992.

Programmbeiräte nicht nur auf die Kontrolle des Programms, sondern umfaßt auch die Mitarbeit bei Planung und Gestaltung.

c) Fazit

Eine grundsätzliche Gefahr der Rundfunkaufsicht in einem dualen Rundfunksystem liegt darin begründet, daß sich die Bereiche der Aufsicht über öffentlich-rechtliche Rundfunkanstalten und der Aufsicht über private Rundfunkveranstalter zu sehr voneinander abschließen und getrennt entwickeln. Auf der anderen Seite läßt sich Funktion und Notwendigkeit einer Rundfunkaufsicht nicht aufteilen in einen Schutz öffentlich-rechtlicher Rundfunkfreiheit einerseits und privater Rundfunkfreiheit andererseits. Sowohl die Aufsicht über öffentlich-rechtliche Rundfunkanstalten als auch die Aufsicht über private Rundfunkveranstalter (in Form staatlicher und nichtstaatlicher Rundfunkaufsicht) sind Art.5 Abs.1 S.2 GG als einer allen dienenden Freiheit[405] verpflichtet.

Mittelpunkt der genannten Problematik ist dabei nicht die Existenz einer dualen Rundfunkordnung als solche, sondern die fehlenden bzw. zu geringen[406] Schnittstellen zwischen beiden Bereichen, wie es die organisatorische Disjunktion der Rundfunkaufsicht belegt. Vor allem in einem sich ausbildenden europäischen Rundfunksystem, das insoweit die Schwierigkeiten einer dualen Rundfunkordnung nicht beachtet, werden inhaltliche und methodische Abstimmungen zwischen beiden Bereichen der Rundfunkaufsicht notwendig.

Dies muß weder durch eine direkte Verknüpfung der Landesmediengesetze mit dem öffentlich-rechtlichen System[407] noch durch eine Zuständigkeitserweiterung der Landesmedienanstalten zur Rundfunkaufsicht über öffentlich-

---

405 *BVerfGE 31, 314*, S.327 f.; *BVerfGE 57, 295*, S.320; *BVerfGE 74, 297*, S.323 f.

406 Eine gewisse, wenn auch nicht besonders entwickelte und organisierte Schnittstelle bildet hier die Staatsaufsicht über die öffentlich-rechtlichen Rundfunkanstalten einerseits und den Landesmedienanstalten andererseits.

407 Zu den Koordinationsproblemen einer dualen Rundfunkstruktur auch: *Hendriks, B.*, Zum Wettbewerb im dualen Rundfunk, ZUM 1988, S.209.

rechtliche Rundfunkanstalten[408] erfolgen. Eine Ausgleichung könnte etwa darin gefunden werden, eine Form der Zusammenarbeit zwischen den Rundfunkräten der öffentlich-rechtlichen Rundfunkanstalten und den pluralistischen Gremien der Landesmedienanstalten zu organisieren.[409] Einen Beitrag zur Annäherung beider Bereiche würden die Landesgesetzgeber auch durch eine Kodifikation der jeweiligen Rundfunkgesetze nach dem Beispiel des saarländischen Rundfunkgesetzes leisten.

2. Regionalismus oder kooperativer Föderalismus ?

Neben den Koordinationsproblemen einer dualen Rundfunkordnung, welche sich in Großbritannien in prinzipiell ähnlicher Weise stellen, ergeben sich speziell für die Situation der deutschen Rundfunkaufsicht Probleme der Länder-Koordination. Nach Artt. 30, 70 ff. und Artt. 83 ff. GG steht den Bundesländern die Gesetzgebungs- und Verwaltungskompetenz für die Veranstaltung von Rundfunksendungen zu.[410] Zwar sind alle Bundesländer zur Wahrung des Art.5 Abs.1 S.2 GG als eines allgemein geltenden (Bundes-) Grundrechtes verpflichtet. Dennoch schreibt das Grundgesetz keine bestimmte

---

408 *Thoma, H.*, Neue Kontrollitis für ARD und ZDF ? Die Landesmedienanstalten sollen auch die öffentlich-rechtlichen Sender beaufsichtigen, Interview mit M. Lohmann, Neue Medien 9/1987, S.40 ff.

409 Diese Idee stellte auch der Arbeitskreis Medien der bayerischen SPD Anfang Februar 1991 zur Diskussion, siehe Meldung der *epd Nr.14 vom 23.02.91*. Nach dieser Vorstellung sollen wichtige medienpolitische Fragen, die weder in die Zuständigkeit der Aufsichtsgremien für den privaten noch für den öffentlich-rechtlichen Rundfunk fallen, eine *gemeinsame* Institution aus Mitgliedern beider Gremien geschaffen werden. Eine Zusammenarbeit der Aufsichtgremien exisitiert bisher nur getrennt nach den Bereichen öffentlich-rechtlicher Rundfunk (Versammlungen der ARD-Gremienvorsitzenden) und privater Rundfunk (Gremienvorsitzende der pluralistischen Aufsichtsorgane).

410 Siehe auch *BVerfGE 12, 205*, S.248 f. Einen in diesem Zusammenhang nicht relevanten Sonderfall bildet die Kompetenz des Bundes zum Auslandsrundfunk (Deutsche Welle) gemäß Art.73 Nr.1 GG. Der besondere Programmauftrag des Deutschlandfunks ist nach Wiederherstellung der Einheit Deutschlands entfallen (Kompetenztitel: "gesamtdeutsche Angelegenheiten"). Genauso entfallen mit der Einheit die rechtlichen Grundlagen für RIAS Berlin, der nur deshalb aus Bundes- und US-Mitteln finanziert werden konnte, weil für Berlin Besatzungsrecht galt. Für Deutschlandfunk, RIAS Berlin und Deutschlandsender Kultur wurde daher mit dem Staatsvertrag über den nationalen Hörfunk ("Hörfunk Deutscher Länder") eine neue rechtliche Grundlage entwickelt.

Form der Rundfunkorganisation vor, sondern überläßt dies dem - verfassungsrechtlich limitiertem - Gestaltungsermessen der Landesgesetzgeber.[411]

Die Bundesrepublik Deutschland ist damit der einzige westeuropäische Staat, in dem nicht der Gesamtstaat die rechtlichen Grundlagen *eines* Rundfunksystems definiert, sondern mehrere und unterschiedliche Rundfunkordnungen bestehen. Für die deutschen Bundesländer folgt daraus die Notwendigkeit, genuin länderübergreifende Sachverhalte gemeinsam zu regeln. Umstände und Erfolg solcher Koordination berühren unmittelbar auch die Aufgabenerfüllung der Rundfunkaufsicht.

a) Die Koordinationspflicht der Bundesländer

Nicht nur tatsächliche Notwendigkeiten, sondern auch grundgesetzliche Pflichten erfordern die bundesstaatliche Koordination länderübergreifender Sachverhalte. Dies ergibt sich aus dem bundesstaatlichen Prinzip nach Art.20 Abs.1 GG, dem Grundsatz bundesfreundlichen Verhaltens, von dem das Bundesverfassungsgericht eine Reihe konkreter Rechtspflichten ableitet.[412] Schwerpunkt dieser Rechtsprechung bildet die kompetenzbeschränkende Funktion des Grundsatzes bundesfreundlichen Verhaltens.[413] Kompetenzrechtlich zulässige Regelungen lassen sich dort nicht einseitig durchsetzen, wo es an einer materiellrechtlich notwendigen Abstimmung fehlt. Ohne eine Pflicht der Länder zu solcher Kooperation und Koordination ließe sich aber eine effektive Verwirklichung der Grundrechte *in allen* Bundesländern nicht gewährleisten.[414]

---

411 *BVerfGE 12, 205*, S.238 u. 262.; *BVerfGE 57, 295*, S.321 ff.; *BVerfGE 73, 118*, S.153 ff.; *BVerfGE 74, 297*, S.324; *BVerfG Urt. vom 5.2.91*, 1 BvF 1/85, 1/88, NJW 1991, S.902.

412 Vgl. etwa *BVerfGE 12, 205*, S.254 ff.; *BVerfGE 33, 303*, S.352 ff. ("Numerus-Clausus-Entscheidung"); *BVerfGE 73, 118*, S.196 f.

413 Eine gute Einteilung der verschiedenen Ausprägungen des Grundsatzes bundesfreundlichen Verhaltens findet sich bei *Scherer, J.*: Frequenzverwaltung zwischen Bund und Ländern, 1987, S.58 ff. Scherer erkennt die drei Funktionen: Kompetenzergänzungsregel, Kompetenzausübungsschranke und Verfahrensregel.

414 *Schmitt Glaeser, W. / Degenhart, Chr.*, Koordinationspflicht der Länder im Rundfunkwesen - Zur Einspeisung herangeführter privater Programme in Kabelanlagen, AfP 1986, S.185; a.A. *Schneider, H.*, Einheitliche Grundsätze für die Verbreitung und Verteilung von Rundfunkprogrammen - verfassungsrechtliche Grundfragen eines Staatsvertrages, 1986, S.23, der eine Rechtspflicht der Länder zum Abschluß von Staatsverträgen nicht erkennt.

Mit einem anderen gebräuchlichen Begriff wird diese - verfassungsrechtlich grundsätzlich gebotene - Zusammenarbeit zwischen den Bundesländern bzw. zwischen Bund und Ländern auch als "kooperativer Föderalismus" bezeichnet.[415] Sehr genau hält dieser Begriff fest, daß es nicht darum geht, föderative Strukturen zu überwinden, sondern im Gegenteil darauf basierend einen gemeinsamen Weg dort zu finden, wo Kompetenzen bezüglich eines Lebenssachverhaltes auseinanderfallen.[416]

Eine derartige "Kompetenzzergliederung"[417] kann auch zwischen den Bundesländern existieren ("horizontale Kompetenzzergliederung"), wenn nach der Kompetenzordnung des Grundgesetzes zwar allein die Bundesländer zur Regelung eines Lebenssachverhaltes berufen sind, dieser jedoch von einer Ländergrenzen überschreitenden Relevanz ist. Bei der Wahrnehmung ihrer Kompetenzen sind auch die Länder untereinander zu gegenseitiger Abstimmung, Rücksichtnahme und Zusammenarbeit verpflichtet.[418]

Geradezu typischerweise zeigen sich im Rundfunkwesen Sachverhalte, welche a priori länderübergreifend wirken und sich nur durch Koordination der Bundesländer regeln lassen.[419] So ist ein bundesweit veranstalteter Rundfunk nur dann möglich, wenn bei dessen rechtlicher Ordnung (auch über die Fragen der Rundfunkaufsicht) alle Bundesländer beteiligt sind. Gleiches gilt für die Nutzung neuer Satellitenkapazitäten nach Maßgabe der jeweils vorgesehenen Versorgungsgebiete (Ausleuchtzonen), welche sich bereits technisch nicht auf ein Bundesland begrenzen lassen (ganz abgesehen von der Unsin-

---

415 Siehe dazu *Reiter, K. J.*, Der Begriff des kooperativen Föderalismus, 1984 und *Kreile, J.*, Kompetenz und kooperativer Föderalismus im Bereich des Kabel- und Satellitenrundfunks, 1986, S.220 ff.

416 Zur Bedeutung des kooperativen Föderalismus für das bundesstaatliche Gewaltenteilungssystem: *Schodder, T.F.W.*, Föderative Gewaltenteilung in der Bundesrepublik Deutschland, 1989, S.226 ff.

417 Begriff bei *Papier, H.-J.*, Aufgaben der Deutschen Bundespost bei der terrestrischen Rundfunkversorgung, Rechtsgutachten im Auftrag der Landesanstalt für Kommunikation, LfK-Dialog Bd.3 1989, S.9 (für das Verhältnis zwischen Bundes- und Länderkompetenzen).

418 *BVerfGE 73, 118*, S.197.

419 Dies ist auch der Ansatzpunkt des numerus-clausus-Urteils, *BVerfGE 33, 303*, S.352 ff.: eine Verpflichtung zu föderalistischer Kooperation mit dem Ziel der Harmonisierung der Regelungen ergibt sich, wenn es sich um einen Sachverhalt handelt, bei dem seiner Natur nach die Rechtsausübung nur oder typischerweise über die Ländergrenzen hinweg stattfindet; siehe speziell auch *Wagner, C.*, Die Landesmedienanstalten, S.145 ff.

nigkeit einer solchen Begrenzung in wirtschaftlicher Hinsicht).[420] Ebenfalls zu koordinieren ist die Frage der Berechtigung eines Bundeslandes, in seinen Kabelnetzen die Weiterverbreitung von Rundfunkprogrammen aus anderen Bundesländern zu erschweren bzw. zu verhindern.[421] Insbesondere betrifft dies die herangeführten, also nicht mit ortsüblichen Antennenaufwand empfangbaren privaten Rundfunkprogramme.

Kein Bundesland kann diese Fragen gleichsam "isoliert" für sich lösen, zumindest nicht ohne Einfluß auf die Rundfunkordnungen der anderen Bundesländer zu nehmen. Die verfassungsrechtlich gebotene bundesstaatliche Homogenität erfordert deshalb Einigkeit unter den Ländern, wobei diese Übereinstimmung nur autonom von den Bundesländern selbst gefunden werden kann, aber auch gefunden werden muß.

Zu Recht ist darauf hingewiesen worden, daß die Selbstkoordinierung der Länder mit dem Ziel der Vereinheitlichung auch latente Gefahren für den Föderalismus beinhaltet.[422] Verfassungsrechtlich gebotene Koordination impliziert daher keine Pflicht zur umfassenden Harmonie. Solcherart föderalismusgefährdende Entwicklungen zur Unitarisierung lassen sich allerdings im Rundfunkwesen der Bundesrepublik Deutschland derzeit nicht erkennen. Es wurde im Gegenteil - angesichts der unflexiblen Haltung Hessens vor Erlaß des 4. Rundfunkurteils - darüber diskutiert, welche Möglichkeiten zur Regelung der Rundfunksatellitennutzung bestünden, falls eine Einigung aller Bundesländer nicht möglich sei.[423]

---

420 Eingehend dazu *Kreile, J.*, Kompetenz und kooperativer Föderalismus im Bereich des Kabel- und Satellitenrundfunks, 1986, S.227 ff und *Bullinger, M.*: Satellitenrundfunk im Bundesstaat, AfP 1985, S.4 ff.

421 Im einzelnen: *Schmitt Glaeser, W. / Degenhart, Chr.*, Koordinationspflicht der Länder im Rundfunkwesen - Zur Einspeisung herangeführter privater Programme in Kabelanlagen, AfP 1986, S.173 ff. und *Hesse, A.*, Rechtsfragen der Weiterverbreitung von Rundfunkprogrammen, ZUM 1987, S.29 ff.

422 *Hufen, F.*, Gegenwartsfragen des Kulturföderalismus - Begründungs- und Gefährdungsmuster eines Kernbereichs bundesstaatlicher Ordnung, BayVBl 1985, S.1 ff. u. 37 ff. und *Kreile, J.*, Kompetenz und kooperativer Föderalismus im Bereich des Kabel- und Satellitenrundfunks, 1986, S.265 ff.

423 *Bullinger, M.*: Satellitenrundfunk im Bundesstaat, AfP 1985, S.1 ff. (Teilstaatsverträge oder Versuchsregelung "unter Verschonung des Gebietes der nichtbeteiligten Länder"); dagegen *Schneider, H.*, Einheitliche Grundsätze für die Verbreitung und Verteilung von Rundfunkprogrammen - verfassungsrechtliche Grundfragen eines Staatsvertrages, 1986, S.23 ff. und

b) Entwicklungsstand rundfunkrechtlicher Länderkoordination

(1) Staatsverträge

Föderale Zusammenarbeit im Rundfunkwesen erhält ihre rechtliche Fasson vor allem durch Staatsverträge zwischen den Bundesländern. Sie schufen im Bereich des öffentlich-rechtlichen Rundfunks die Voraussetzungen für die Errichtung und den Betrieb von Mehrländeranstalten.[424] Alle Bundesländer zusammen haben sich mit dem Staatsvertrag über das ZDF zur Gründung einer gemeinschaftlichen (Fernseh-)Rundfunkanstalt verständigt.[425] Das sog. ARD-Abkommen[426] bildete bis zum Inkrafttreten des Staatsvertrages über den Rundfunk im vereinten Deutschland die ländereinheitliche Basis zur Ausstrahlung eines gemeinsamen Fernsehprogramms durch die Landesrundfunkanstalten.

Koordinierungsbedarf ergibt sich speziell auch hinsichtlich der Festlegung von Höhe, Einzug und Verteilung der Rundfunkgebühr. Dazu wurden ein Rundfunkgebührenstaatsvertrag[427] und ein Staatsvertrag über einen Finanzausgleich zwischen den Rundfunkanstalten abgeschlossen.[428]

Fuhr, E.W., Der öffentlich-rechtliche Rundfunk im dualen Rundfunksystem, ZUM 1987, S.148 f.; siehe dazu auch Fn. 430.

424 Staatsvertrag über den Norddeutschen Rundfunk (NDR) vom 17./18.12.1991 durch die Länder Hamburg, Niedersachsen und Schleswig-Holstein und Mecklenburg-Vorpommern; Staatsvertrag über den Südwestfunk (SWF) vom 27.08.1951 durch die Länder Baden-Württemberg und Rheinland-Pfalz; Staatsvertrag über den Mitteldeutschen Rundfunk (MDR) vom 30.05.1991 durch die Länder Sachsen, Sachsen-Anhalt uns Thüringen; Staatsvertrag über die Zusammenarbeit zwischen Berlin und Brandenburg im Bereich des Rundfunks vom 29.02.1992.

425 Staatsvertrag über die Errichtung der Anstalt des öffentlichen Rechts "Zweites Deutsches Fernsehen" vom 06.06.1961, novelliert durch Staatsvertrag vom 31.08.1991 (ZDF-Staatsvertrag).

426 Abkommen über die Koordinierung des ersten Fernsehprogramms vom 17.04.1959, novelliert durch Staatsvertrag vom 31.08.1991 (ARD-Staatsvertrag).

427 Staatsvertrag über die Regelung des Rundfunkgebührenwesens vom 05.12.1974, novelliert durch Staatsvertrag vom 31.08.1991 (Rundfunkgebührenstaatsvertrag).

428 Staatsvertrag über einen Finanzausgleich zwischen den Rundfunkanstalten vom 20.09.1973, novelliert durch Staatsvertrag vom 31.08.1991 (Rundfunkfinanzierungsstaatsvertrag).

Mit dem am 31.08.1991 unterzeichneten und seit dem 01.01.1992 in Kraft getretenen Staatsvertrag über den Rundfunk im vereinten Deutschland steht ein grundlegender und umfassender Ordnungsrahmen für den Rundfunk in einem dualen Rundfunksystem zur Verfügung.[429] Bestandteile dieses Staatsvertrages wurden der ARD-Staatsvertrag, der ZDF-Staatsvertrag, der Rundfunkgebührenstaatsvertrag, der Rundfunkfinanzierungsstaatsvertrag, der Bildschirmtext-Staatsvertrag und der eigentliche Rundfunkstaatsvertrag. Durch den Staatsvertrag wurden die bestehenden Regelungen an die veränderte innerstaatliche Situation nach der Wiedervereinigung Deutschlands angepaßt. Aber auch die europäische Entwicklung spiegelt sich in den geänderten Bestimmungen des Staatsvertrages wider. So wurden etwa die Vorschriften über die Weiterverbreitung von Programmen an die europäischen rundfunkrechtlichen Regelungen angepaßt. Neben den genannten Abkommen baut der Staatsvertrag vor allem auf dem 1987 abgeschlossenen Staatsvertrag zur Neuordnung des Rundfunkwesens auf, der nach langwierigen Auseinandersetzungen, welche bisweilen Anlaß zu Zweifeln über die Konsensfähigkeit der Bundesländer gaben, abgeschlossen werden konnte.[430] Wesentlichen "Anteil" am Zustandekommen der Staatsverträge hatte dabei das Bundesverfassungsgericht mit seinen Aussagen zur Länderkooperation im 4. Rundfunkurteil.[431] Insbesondere über die Frage der Nutzung von Rundfunksatellitenkapazitäten war ein Konsens der Bundesländer unerläßlich. Hier enthält § 34 des Rundfunkstaatsvertrages die allgemeinen Zuordnungsregeln. Besonderen Staatsver-

429 *Kreile, J.*, Rundfunk im vereinten Deutschland, ZUM 1991, S.568 ff.; *v. Wallenberg, G.*, Die Regelungen im Rundfunkstaatsvertrag zur Sicherung der Meinungsvielfalt im privaten Rundfunk, ZUM 1992, S.387 ff.; *Herkströter, D.*, Werbebestimmungen für den privaten Rundfunk nach dem Rundfunkstaatsvertrag vom 31.08.1991, ZUM 1992, S.395 ff.

430 *Hesse, A.*, Rundfunkorganisation durch die Gerichte, ZUM 1986, S.131 ff.; *Herrmann, G.*, Statement zur rundfunkrechtlichen Entwicklung aus der Sicht der öffentlich-rechtlichen Rundfunkanstalten, in: Rundfunk und Fernsehen im Lichte der Entwicklung des nationalen und des internationalen Rechts, 1985, S. 162 f. ("medienrechtliches Hase-Igel-Rennen"); *Stock, M.*, Nationaler Privatrundfunk im Bundesstaat, ZUM 1986, S.414 f. u. 429 ("der gesamtstaatlich kooperative Föderalismus hat seit 1983/84 weitgehend versagt"); *Tettinger, P.J.*, Aktuelle Fragen der Rundfunkordnung, JZ 1986, S.806 ff. ("Rundfunkgesetzgebung im Postkutschenföderalismus"); *Schneider, H.*, Einheitliche Grundsätze für die Verbreitung und Verteilung von Rundfunkprogrammen - verfassungsrechtliche Grundfragen eines Staatsvertrages, 1986, S.26 f.

431 *BVerfGE 73, 118*, S.156 ff. und 196 f.

trägen vorbehalten blieb allerdings die konkrete Regelung von Vergabe und Nutzung der Kanäle auf dem Satelliten TV-SAT.[432]

Die Kooperationspflicht der Länder findet somit ihren sichtbarsten und wichtigsten Ausdruck im Abschluß von Staatsverträgen, ohne sich wiederum nur darauf zu beschränken. Nicht ein Vertragsschluß verbaliter, sondern Kooperation und Koordination in der Verwirklichung sind erforderlich. Wichtiges Element ist insoweit auch die Art und Weise des gegenseitigen Umgangs.[433] Vor allem sollte bereits der Anschein vermieden werden, den Abschluß neuer oder die Kündigung bestehender Staatsverträge aus (partei-) politischer Opportunität statt aus sachlichen Gründen zu betreiben.[434]

(2) Koordination der Rundfunkaufsicht

Eine Länderkoordination im Rundfunkwesen wäre fragmentarisch, würden die genannten Staatsverträge nicht auch eine rechtliche Koordination der Rundfunkaufsicht herbeiführen. Soweit ländergemeinsames Rundfunkrecht formuliert wird, dürfen Essentialia[435] wie die Regelung der Rundfunkaufsicht nicht fehlen.

Im Bereich des *öffentlich-rechtlichen Rundfunks* ergibt sich zunächst ein Koordinierungsbedarf hinsichtlich der Organisation staatlicher Rechtsaufsicht gegenüber Mehrländeranstalten. Zuständigkeits- und Verfahrensbestim-

---

432 *Staatsvertrag* über die Veranstaltung von Fernsehen über Rundfunksatellit vom 20.03.1986 zwischen den Ländern Berlin, Niedersachsen und Schleswig-Holstein (Beitritt Hamburgs gem. Art.19 mit Wirkung zum 05.07.1986); *Staatsvertrag* über die gemeinsame Nutzung eines Fernseh- und eines Hörfunkkanals auf Rundfunksatelliten vom 12.05.1986 zwischen den Ländern Baden-Württemberg, Bayern und Rheinland-Pfalz; *Staatsvertrag* über die Veranstaltung von Fernsehen über Satellit vom 29.06./20.07.1989 zwischen den Ländern Bremen, Hessen, Nordrhein-Westfalen und Saarland.

433 Grundlegend dazu *BVerfGE 12, 205*, S.255 ff. für den Stil der Verhandlungen zwischen Bund und Ländern.

434 Besonders naheliegend ist dies nach einem Wechsel regierungstragender Parteien. Immer wieder war beispielsweise der NDR Objekt des Streites politischer Parteien, kulminiert bis hin zu einer Entscheidung durch das Bundesverwaltungsgericht (*BVerwGE 54, 29* ff.). Nach den Regierungswechseln in Schleswig-Holstein und Niedersachsen stehen die politischen Vorzeichen wiederum anders: *Sattler, H.-P.*, Der Rundfunkrat soll den NDR wieder auf SPD-Kurs trimmen, Stuttgarter Zeitung vom 27.07.1990, S.3.

435 Siehe oben S.76 ff.

mungen sind hier erforderlich, um die Zusammenarbeit der einzelnen Länder vorzubereiten, absehbaren Meinungsverschiedenheiten vorzubeugen und eine weitgehend problemlose Abwicklung zu gewährleisten. So sieht § 36 NDR-Staatsvertrag sowie § 31 Abs.1 S.2 ZDF-Staatsvertrag einen zweijährigen Wechsel der jeweils aufsichtsführenden Regierung, § 19 i.V. mit § 10 Abs.1 SWF-Staatsvertrag einen Wechsel im Turnus von drei Jahren vor.[436] Vor der Einleitung von Rechtsaufsichtsverfahren sind im Falle von NDR und SWF die aufsichtsführenden Länder verpflichtet, die anderen Landesregierungen zu informieren und sich um ein Einvernehmen zu bemühen.[437] Sollte eine Kooperation über die Voraussetzungen staatlicher Rechtsaufsicht scheitern, erkannte das Bundesverwaltungsgericht einen gerichtlich durchsetzbaren Anspruch auf Mitwirkung eines anderen Landes zumindest dann an, wenn die Ablehnung der Mitwirkung ermessensfehlerhaft und jede andere Entscheidung als die Zustimmung zu der beabsichtigten Aufsichtsmaßnahme ermessenswidrig wäre.[438] Die Durchführung staatlicher Rundfunkaufsicht über Mehrländeranstalten ist insgesamt nicht frei von Schwierigkeiten.[439] Ihre Realisierbarkeit hängt direkt von der Kooperationsfähigkeit der beteiligten Länder ab.

Ferner war bei der Errichtung von Mehrländerrundfunkanstalten staatsvertraglich zu koordinieren, wie sich die pluralistischen Aufsichtsgremien im einzelnen zusammensetzen, insbesondere in welcher Weise die gesellschaftlich relevanten Gruppen der beteiligten Länder berücksichtigt werden. Im Regelfall erfolgt die Verteilung der aus den einzelnen Bundesländern zu entsendenden Mitglieder nach definierten Quoten. Eine Ausnahme stellt insoweit die

---

[436] Gem. § 21 Abs.1 SWF-Staatsvertrag sind allerdings sowohl die Landesregierungen von Rheinland-Pfalz als auch Baden-Württembergs unabhängig von der Frage der Aufsichtsführung berechtigt, "Aufsichtsklage" vor dem VG Karlsruhe zu erheben, soweit es um die Verletzung des SWF-Staatsvertrages geht.

[437] § 36 Abs.1 S.3 NDR-Staatsvertrag; § 19 SWF-Staatsvertrag. Im Falle des ZDF wird das aufsichtsführende Land ebenfalls unter Beteiligung anderer Länder tätig werden: so leitete beispielsweise die zuständige Hessische Landesregierung im Jahr 1972 erst nach einer Rechtsaufsichtsbeschwerde des Niedersächsischen Ministerpräsidenten ein Rechtsaufsichtsverfahren gegen das ZDF ein ("Löwenthal: Fall Brückner"), siehe *Funk-Korrespondenz* Nr.24 vom 11.06.1975, Rechtsaufsichtsprozeß ZDF ./. Hessische Landesregierung.

[438] *BVerwGE 54, 29* ff. NDR-Staatsvertrag.

[439] *Bethge, H.*: Probleme der Staatsaufsicht über Gemeinschaftseinrichtungen der Länder - Zur Rechtsaufsicht über den Norddeutschen Rundfunk, RuF 1977, S.41 ff. und *Stock, M.*: "Ausgewogenheit, Sachlichkeit" durch Rechtsaufsicht ?, RuF 1977, S.3 ff.

Zusammensetzung des NDR-Rundfunkrates dar, der sich in Teilen nach dem "Länder-Rotationsprinzip" formiert.[440]

Außer den genannten Fällen exisitiert keine länderübergreifend koordinierte Staatsaufsicht bzw. länderübergreifend koordinierte pluralistische Aufsicht über die der ARD zugehörigen Landesrundfunkanstalten.[441] Jeweils zur Rundfunkaufsicht zuständige Gremien bzw. Landesregierungen können daher nur auf informellem Wege zu einem Tätigwerden angeregt werden, ohne daß für sie eine Rechtspflicht zur Prüfung bestünde. Die Möglichkeit von Landesrundfunkanstalten, Sendungen anderer Rundfunkanstalten im Rahmen der ARD nicht in ihrem Sendebereich auszustrahlen und durch eigene Beiträge zu ersetzen, läßt sich nicht eben als eine Form koordinierter Rundfunkaufsicht ansehen.

Im Bereich des bundesweit verbreiteten *privaten Rundfunks*[442] regeln die §§ 30 und 31 Rundfunkstaatsvertrag die Zusammenarbeit der externen Länder-Aufsichtsbehörden.[443] Trotz mancher befürwortenden Stellungnahme ist die Einrichtung einer ländergemeinsamen Aufsichtsinstitution ("Ländersatellitenanstalt" oder "Bundeskommission") bekanntlich unterblieben.[444]

---

440 Vgl. § 17 Abs.2 NDR-Staatsvertrag. Zu den besonderen Problemen dieser Regelung vgl. *OVG Lüneburg (II A 196/76)*, DÖV 1979, S.173 f. und *BVerfGE 60, 53* ("Rundfunkrat"), S.64 ff.

441 Bei sehr weitgehender Auslegung könnte man die Verpflichtungen nach § 3 Abs.4 und § 14 Rundfunkstaatsvertrag zum Erlaß von Jugendschutz- und Werberichtlinien als Ansatz koordinierter Rundfunkaufsicht betrachten.

442 Bundesweit verbreiteter privater Rundfunk ist möglich, wenn das Programm in mindestens einem Bundesland aufgrund einer Lizenzierung "veranstaltet" und in den anderen Bundesländern durch Einspeisung in Kabelnetze "weiterverbreitet" wird. Ein Zulassungsantrag als Rundfunkveranstalter ist im betreffenden Bundesland allerdings immer dann notwendig, wenn das Programm über terrestrische Sender verbreitet werden soll. Für die Verbreitung über Satellitendirektrundfunk genügt demgegenüber die Zulassung im Bundesland des Veranstaltersitzes. !

443 Siehe dazu die am 29.11.1989 beschlossene *Vorläufige Regelung gemeinsamer Verfahrensgrundsätze der Landesmedienanstalten gemäß Art.12 Rundfunkstaatsvertrag vom 1./3. April 1987*, DLM-Jahrbuch 89/90, S.345 f.

444 *Kreile, J.*, Kompetenz und kooperativer Föderalismus im Bereich des Kabel- und Satellitenrundfunks, 1986, S.289 ff.; *Stock, M.*: Nationaler Privatrundfunk im Bundesstaat, ZUM 1986, S.414 f.; favorisiert auch von der *Hessischen Landesregierung* (siehe *epd Nr.92* vom 22.11.1986 S.5 ff.) und von der *ev. und kath. Kirche* (siehe *epd Nr.92* vom 22.11.1986 S.11 ff. und *Media Perspektiven* 1985, S.772 f.).

Die Zusammenarbeit der Landesmedienanstalten findet mit der 1985 gegründeten Direktorenkonferenz der Landesmedienanstalten (DLM) eine organisatorische Basis.[445] Derzeit insgesamt fünf ständige Arbeitskreise widmen sich im Rahmen der DLM Fragen der Werbung, Offener Kanäle, Rechts-, Konzentrations- und Zulassungsangelegenheiten, Jugendschutz und rundfunktechnischer Zusammenarbeit (Technische Kommission). Vor allem gilt es auch, für die mit dem Rundfunkstaatsvertrag harmonisierten materiellen Standards konkrete Zulassungs- und Aufsichtsmaßstäbe zu entwickeln.[446] Vom Grundsatz ausgehend, daß zur Lizenzierung und Aufsicht alleine die jeweiligen Landesmedienanstalten zuständig sind, verpflichten die Art.30 Abs.2 und Art.31 zur gegenseitigen Abstimmung. Auf Vorlage einer anderen Landesmedienanstalt besteht für die aufsichtsführende Landesmedienanstalt gem. Art.30 Abs.3 eine Prüfungs- und Mitteilungspflicht. Eine verfahrenstechnische Vereinfachung vereinbarten die Landesmedienanstalten im Jahr 1990 mit der Einrichtung "Gemeinsamer Stellen" für Jugendschutz und Werbung, welche im Auftrag aller Landesmedienanstalten Ausnahmeanträge im Bereich der Werbe- und Jugendschutzregelungen entgegennehmen und Entscheidungsvorschläge erarbeiten.[447] Ebenso werden Beanstandungen gem. Art.30 Abs.3 Rundfunkstaatsvertrag von den Gemeinsamen Stellen geprüft und Entscheidungen vorbereitet.

Trotz der eingeleiteten rechtlichen Harmonisierung durch den Rundfunkstaatsvertrag und der Zusammenarbeit der Landesmedienanstalten ergeben sich bei bundesweit verbreitetem Rundfunk manche praktischen Probleme, die sich folgerichtig in der Kompetenz der Länder zur Mediengesetzgebung be-

---

445 Siehe dazu auch die Geschäftsordnung für die Direktorenkonferenz der Landesmedienanstalten vom 22.05.1987 (DLM-Jahrbuch 89/90, S.331 ff.); zusammenfassend *Wagner, C.*, Die Landesmedienanstalten, S.150 ff. Daneben existiert seit dem 10.02.1989 auch eine "Konferenz der Gremienvorsitzenden", welche sich eine verstärkte Zusammenarbeit der pluralistischen Gremien über die Ländergrenzen hinweg zum Ziel gesetzt hat.

446 Siehe dazu die Richtlinien der Landesmedienanstalten zur Gewährleistung des Jugendschutzes vom 14.09.1992, abgedr. in AJSForum 3/1992, S.7 f. und die Gemeinsamen Richtlinien der Landesmedienanstalten für die Werbung, zur Durchführung der Trennung von Werbung und Programm und für das Sponsoring im Fernsehen vom 26.01.1993 sowie die entsprechende Richtlinie für den Hörfunkbereich, abgedr. in epd 8/1993, S.3 ff.

447 Bisher: Ziff. II 3-6 der *Vorläufigen Regelung gemeinsamer Verfahrensgrundsätze der Landesmedienanstalten gemäß Art.12 Rundfunkstaatsvertrag vom 1./3. April 1987*, DLM-Jahrbuch 89/90, S.345 f. Eine Neufassung der DLM-Geschäftsordnung wird für das Jahresende 1993 erwartet.

gründen.[448] Auch nach Einrichtung Gemeinsamer Stellen bleibt die Abstimmung unter den 15 bundesdeutschen Landesmedienanstalten mit einem großen Aufwand verbunden. Daraus in Einzelfällen entstehende Irritationen der Veranstalter sind vorgezeichnet. So forderte selbst der Direktor der Anstalt für Kabelkommunikation Berlin die Prüfung, ob bei der Organisation und Neugründung der Landesmedienanstalten in der bisherigen DDR zur Vermeidung von Abstimmungsproblemen Mehr-Länder-Lösungen erreicht werden können.[449] Mit der durch Staatsvertrag zwischen den Ländern Berlin und Brandenburg geschaffenen MABB (Medienanstalt Berlin-Brandenburg) konnte dies in einem Fall auch realisiert werden. Sogar Stimmen aus den Landesmedienanstalten fordern, die vorhandenen Strukturen zu überdenken. Ein überlegenswerter Vorschlag zielt dahin, durch Zusammenlegungen analog den Zuständigkeitsbereichen der Landeszentralbanken insgesamt lediglich neun Landesmedienanstalten zu installieren.[450]

Zum anderen ist bei einer unzureichenden Länderkoordination davon auszugehen, daß private Rundfunkveranstalter bei der Wahl ihres Firmensitzes (und damit der für sie zuständigen Landesmedienanstalt) solche Bundesländer bevorzugen werden, welche eine "liberale" Mediengesetzgebung bzw. veranstalterfreundliche Verwaltungspraxis garantieren. Die Befürchtung besteht, daß manche Bundesländer bewußt solche "Standortvorteile" bilden werden.[451] Demgegenüber wird leicht übersehen, daß es in einem föderalen System für die Veranstalter bundesweit verbreiteter Programme bedeutet, sich nicht an den mildesten sondern an den strengsten Regeln zu orientieren.[452] Selbst die Aufklärung der Rundfunkveranstalter über diesen Umstand wird die Landes-

---

[448] Siehe zusammenfassend auch *Ladeur, K.-H.*, Probleme der Koordination der Aufsicht über private Rundfunkveranstalter, AfP 1989, S.717 ff.; *Ricker, R.*, Rechtliche Grundlagen und Harmonisierung der Landesmediengesetze, ZRP 1986, S.224 ff.; *Ricker, R. / Schütz, K.*, Vom Monopol zum Wettbewerb: Private Rundfunkfreiheit und Medienaufsicht, in: Die gerechte Medienordnung ?, Bonn 1990, S.12.

[449] *Hege, H.*, Duales Rundfunksystem in einem vereinigten Deutschland, DLM-Jahrbuch 89/90, S.23.

[450] *Brautmeier, J.*, in: Kabel und Satellit Nr.15/1992 S.11 f.

[451] Vgl. *Stock, M.*: Nationaler Privatrundfunk im Bundesstaat, ZUM 1986, S.414 f.

[452] *Kleist, T.*, Jugendmedienschutz im privaten Rundfunksystem, DLM Jahrbuch 1988, S.88.

medienanstalten nicht von den besonderen Problemen der Durchsetzung[453] befreien, welche sich aus der divergierenden Rechtslage ergeben.

IV. Fazit

Medienpolitische und medienrechtliche "Kleinstaaterei"[454] gefährdet in einem System überregional tätiger, privatwirtschaftlicher Rundfunkveranstalter die Sicherung der Rundfunkfreiheit. Ein rundfunkrechtlicher Regionalismus[455] ließe wichtige Ordnungsprobleme der real größeren Verbreitungsräume unbeantwortet und könnte daher die Verwirklichung des Art.5 Abs.1 S.2 GG nicht gewährleisten.

Bei aller sich aus der Kompetenzentscheidung des Grundgesetzes ergebenden, zulässigen bundesstaatlichen Heterogenität des Rundfunkwesens sind daher die Länder insoweit zur Koordination ihrer Mediengesetzgebung verpflichtet. Ebenso verpflichtet Art.5 Abs.1 S.2 GG zur föderalen Zusammenarbeit im Bereich der Rundfunkaufsicht, um zu verhindern, daß sich zwei oder mehr Aufsichtsbehörden zur Freude einzelner Rundfunkveranstalter gegenseitig in ihrer Arbeit behindern. Genausowenig könnten die Banken- oder Versicherungsaufsicht[456] ohne bundesweite Koordination ihre jeweiligen Aufgaben in einem überregionalen Banken- und Versicherungsmarkt erfüllen.[457]

Mit den Rundfunkstaatsverträgen von 1987 und 1992 wurden zwar wichtige Marksteine der Länder-Zusammenarbeit gesetzt, dennoch bleibt

---

453 *Jarass, H.D.*, Die neuen Privatrundfunkgesetze im Vergleich, ZUM 1986, S.311 mit Hinweis auf *Bullinger, M.*: Satellitenrundfunk im Bundesstaat, AfP 1985, S.4 ff. und 9.

454 *Ring, W.-D. / Wallenberg, G.v.*, Die Veranstaltung von Rundfunkprogrammen durch Private nach den Regelungen der Landesmediengesetze, 1986, S.40.

455 *Stock, M.*: Nationaler Privatrundfunk im Bundesstaat, ZUM 1986, S.426.

456 Vom Bundesverfassungsgericht im 1. Rundfunkurteil als Modelle staatlicher Aufsicht über private Rundfunkveranstalter benannt: *BVerfGE 12, 205*, S.262.

457 Natürlich ergeben sich im Recht der Banken- und Versicherungsaufsicht nach Art.74 Nr.11 GG nicht die gleichen kompetenzrechtlichen Probleme. Informativ zu einem Abgleich der Prämissen von Versicherungsaufsicht gegenüber Rundfunkaufsicht: *Ipsen, H.P.*, Rechtsstaatliche Grenzen der Versicherungsaufsicht, DÖV 1975, S.805 ff.

fraglich, ob diese rechtliche Koordination ausreichen wird und nicht ausschließlich den jeweils kleinsten gemeinsamen Nenner unter den Bundesländern repräsentiert. Nur unzureichend rechtlich koordiniert wurde mit dem § 30 Rundfunkstaatsvertrag die Aufsicht über den privaten Rundfunk. Statt im wesentlichen auf die Abstimmung der Landesmedienanstalten untereinander zu verweisen (§ 30 Abs.2 Rundfunkstaatsvertrag), hätten über das Beanstandungsverfahren nach § 30 Abs.3 Rundfunkstaatsvertrag hinaus Anwendungs- und Verfahrensgrundsätze der Zusammenarbeit zum Gegenstand des Staatsvertrages gemacht werden müssen.[458]

Möglicherweise stellt sich aber hier das praktische Zusammenwirken der Landesmedienanstalten (auch im Rahmen der DLM) besser dar als dessen rechtliche Fundierung.[459] Ohne ein System funktionierender, auch organisatorisch belastbarer föderaler Kooperation gehen die deutschen Bundesländer ansonsten mit schweren Hypotheken belastet einer europäischen Rundfunkordnung entgegen.

---

458 Ähnlich auch die Problematik der Regelung der Werbung und des Jugendschutzes durch "Richtlinien" der Landesmedienanstalten anstatt staatsvertraglicher Definition: *Ladeur, K.-H.*, Probleme der Koordination der Aufsicht über private Rundfunkveranstalter, AfP 1989, S.720 f.

459 Kritisch dazu auch *Wagner, C.*, Die Landesmedienanstalten, S.152 f.

C. Deutsche Rundfunkaufsicht zwischen Entwicklung und Neuorientierung

Angesichts des beschriebenen Ausbaus übernationaler Rundfunkräume und -märkte sowie den Anfängen europäischer Rundfunkrechtsordnung genügt es nicht mehr, sich lediglich über das Rundfunksystem des eigenen Landes Gedanken zu machen.[460] Die Kenntnis der rechtlichen Grundlagen und Erkenntnis der spezifischen Probleme einer nationalen Rundfunkordnung muß unter diesen Prämissen in den übernationalen Kontext eingebunden sein.

Für das System der nationalen Rundfunkaufsicht stellt sich insbesondere die Frage, welche wichtigen Funktionen sich mit dem vorhandenen rechtlichen Instrumentarium und durch die derzeitige Organisation nicht oder nicht effizient erfüllen lassen. Für daraus folgernde Regulierungs- und/oder Vollzugsdefizite sind geeignete Lösungsmodelle zu entwickeln.[461] Ergeben sich hieraus Anforderungen nach einer Änderung nationaler Strukturen, ist aus deutscher Sicht gleichzeitig zu fragen, unter welchen verfassungsrechtlichen Bedingungen und Grenzen solche Umgestaltung gestellt ist.

Trotz einer in Teilbereichen bereits weit fortgeschrittenen Entwicklung europäischer Rundfunkmärkte wird die angesprochene Prüfung *auch* auf prognostischen Elementen beruhen müssen.[462] Es gilt, mögliche Beeinträch-

---

460 wie es genauso eine Blickverengung wäre, technische und wirtschaftliche Medienstrukturen in einzelstaatlichen Dimensionen erfassen zu wollen: *Scharf, A.*, Die Eingliederung der neuen Kommunikationssysteme (Satellitenfunk, Kabelfunk) in die Medienstruktur, in: Hörfunk und Fernsehen im Gemeinsamen Markt, 1983, S.19.

461 Vgl. dazu *BVerfGE 73, 118*, S.158: "...kommt es darauf an, zu gewährleisten, daß der klassische Auftrag des Rundfunks erfüllt wird (...). Das gilt namentlich unter Gesichtspunkten eines sich entwickelnden und an Bedeutung gewinnenden europäischen Rundfunkmarktes."

462 Zur Prognoseproblematik siehe etwa *Lieb, W.*, Die Medienstruktur für neue Kommunikationssysteme (Satellitenfunk, Kabelfunk) in: Hörfunk und Fernsehen im Gemeinsamen Markt, 1983, S.173; *Starck, Chr.*, Die Konstruktionsprinzipien und verfassungsrechtlichen Grundlagen der gegenwärtigen mediengesetzlichen Aktivitäten in den deutschen Bundesländern, JZ 1983, S.407; *Hoffmann-Riem, W.*, Medienfreiheit und der außenplurale Rundfunk, AöR 109 (1984), S.316 f.

tigungen einer funktionierenden -europäischen- Medienordnung durch gemeinsame Bemühungen vorausschauend zu verhindern und sie nicht erst abzuwarten. Damit besteht die Gefahr, manche Probleme überzubewerten, andere wiederum nicht zu erkennen. Selbst unter diesem Vorbehalt ist eine Tendenz allerdings eindeutig: der eigenständige Gestaltungsraum der nationalen Rundfunkgesetzgeber[463] wird im Zuge dieser Entwicklung kleiner werden.[464] Die einseitige Umsetzung rundfunkpolitischer Ordnungsvorstellungen wird an tatsächlichen Gegebenheiten scheitern; erforderlich ist deswegen ein gemeinsamer übernationaler Konsens. Dazu gehört vor allem auch die Bereitschaft, Kompromisse einzugehen.[465]

I. Probleme nationaler Rundfunkaufsicht in einem europaweiten Rundfunkmarkt

Nur zu einem Teil können die Ordnungsprobleme eines europaweiten Rundfunkmarktes durch die Anwendung innerstaatlichen Rundfunkrechts, durch national organisierte *und* orientierte Rundfunkaufsicht gelöst werden. Es fehlt die Kongruenz zwischen den Geltungsbereichen der Ordnungs-

463 Die "Dimension" des Gestaltungsspielraums der deutschen Rundfunkgesetzgeber wird in der Literatur recht unterschiedlich beurteilt. Als eher groß sehen ihn an: *Ricker, R.*: Privatrundfunk-Gesetze im Bundesstaat, 1985, S.22 f.; *Schardt, A.*: "Privatrechtliche Rundfunkordnung und Harmonisierung", ZUM 1986, S.432. Eher klein sehen ihn *Bethge, H.*, Rundfunkfreiheit und privater Rundfunk, 1985, S.14 f.; *Rüggeberg, J.*, Privater Rundfunk in Baden-Württemberg, BWVwPr. 1986, S.73; *Seemann, K.*, Das "Fünfte Rundfunkurteil" des Bundesverfassungsgerichts, DÖV 1987, S.850. Ebenso sehen auch andere Stimmen eine Tendenz zur Verringerung des verbleibenden Gestaltungsspielraumes: *Bullinger, M.*, Elektronische Medien als Marktplatz der Meinungen, AÖR 108(1983), S.208 f.; *Tettinger, P.J.*, Aktuelle Fragen der Rundfunkordnung, JZ 1986, S.809; *Kübler, F.*, Die neue Rundfunkordnung: Marktstruktur und Wettbewerbsbedingungen, NJW 1987, S.2963; *Haeckel, H.*, Der Übergang zum dualen Rundfunksystem, DLM-Jahrbuch 1988, S.22; *Wagner, M.A.*, Fusion oder Kooperation öffentlich-rechtlicher Rundfunkanstalten ?, ZRP 1990, S.157.

464 Dazu auch *Bullinger, M.*, Rundfunkordnung im Bundesstaat und in der Europäischen Gemeinschaft, AfP 1985, S.258 ff.

465 a.A. noch *Stock, M.*, Das Hörfunk- und Fernsehsystem in der Bundesrepublik Deutschland, in: Hörfunk und Fernsehen im Gemeinsamen Markt, 1983, S.81, welcher einerseits sieht, daß sich die Bundesrepublik Deutschland nicht gegen die tatsächliche Einstrahlung von unter fremden Rundfunkmodellen (Marktmodellen) veranstalteten Programmen abschotten kann, der andererseits jedoch davon ausgeht, die inländischen Rundfunkstrukturen könnten unversehrt erhalten werden in einer "Art Inselcharakter".

kompetenz und den Wirkungsräumen des Ordnungsgegenstandes. Die sich daraus ergebenden Hauptschwierigkeiten sollen am Beispiel und aus der Perspektive der deutschen Rundfunkaufsicht im folgenden aufgezeigt werden.

1. Unterlaufen nationaler Standards

Um die Rundfunkfreiheit nach Art.5 Abs.1 S.2 GG zu gewährleisten, ist - wie ausgeführt- die Veranstaltung von Rundfunk in der Bundesrepublik Deutschland nur unter Erfüllung dezidierter Programmanforderungen rechtlich möglich.[466] Dazu zählen Jugendschutzbestimmungen, Werbevorschriften und sonstige Leitgrundsätze, welche das vom Bundesverfassungsgericht geforderte "Mindestmaß von inhaltlicher Ausgewogenheit, Sachlichkeit und gegenseitiger Achtung"[467] garantieren sollen. Zu den "essentials" des deutschen Rundfunkrechts gehört die Freiheit des Rundfunks von staatlicher Beherrschung oder Einflußnahme ebenso wie die Verhinderung einer Auslieferung an Einzel- oder Gruppeninteressen.[468] Ausschließlich zur Sicherung dieser inhaltlichen Anforderungen wurde nach verfassungsrechtlichen Vorgaben eine Rundfunkaufsicht eingerichtet.

Dieses Rundfunksystem wird dann untergraben, wenn im gleichen technischen Verbreitungsgebiet Programme zu empfangen sind, die diesen Standards nicht entsprechen. Solche, unter dem Regime andersnationaler Rundfunkordnungen veranstaltete und "exportierte" Programme, bilden nicht bloß eine Ergänzung des inländischen Programmangebotes, sondern sind potentiell geeignet, die Fundamente der eigenen Rundfunkordnung zu erschüttern.[469] In prinzipiell gleicher Weise nützte es wenig, nur im Inland die Produktion be-

---

466 Die starke Verrechtlichung beklagt etwa *Immenga, U.*, Rundfunk und Markt, AfP 1989, S.621 ff. ("Regelungskorsett").

467 *BVerfGE 12, 205*, S.263; *BVerfGE 57, 295*, S.325; *BVerfGE 59, 231*, S.259; *BVerfGE 73, 118*, S.153.

468 Ausgezeichnete dogmatische Untersuchung dieser Problematik bei *Stender-Vorwachs, J.*, "Staatsferne" und "Gruppenferne" in einem außenpluralistisch organisierten privaten Rundfunksystem, 1988.

469 Vgl. *Schiedermair, H.*, Wenn die Grenzen fallen:, in: Die gerechte Medienordnung ?, Bonn 1990, S.47, der die kunstvolle Konstruktion der deutschen Rundfunkordnung zusammenstürzen sieht. Ebenso bereits *Lieb, W.*, Die Medienstruktur für neue Kommunikationssysteme (Satellitenfunk, Kabelfunk) in: Hörfunk und Fernsehen im Gemeinsamen Markt, 1983, S.186 ff.

stimmter Waren zu verbieten, sofern der Markt über ausländische Anbieter versorgt wird und keine Möglichkeit besteht, Importsperren anzuordnen oder durchzusetzen.

Diese Problematik spricht ebenfalls das Bundesverfassungsgericht in seinem 4. Rundfunkurteil an.[470] Es zeigt, daß eine Vorgabe wie das Erfordernis "gleichgewichtiger Vielfalt" nur dann seine Funktion uneingeschränkt erfüllen kann, wenn eine solche Vielfalt auch durch landesgesetzliche Regelungen bewirkt werden kann. Direkt über Satellit empfangbare (bzw. kraft rechtlicher Verpflichtung über Kabelnetze weiterverbreitete) Programme sind jedoch gerade im Zuge der Entstehung eines übernationalen Rundfunkmarktes in den meisten Fällen dem Zugriff des Landesgesetzgebers entzogen. Solche Programme können eine im Geltungsbereich eines Landesrundfunkgesetzes bestehende Balance unterlaufen oder doch jedenfalls so stören, daß eine volle Gleichgewichtigkeit im Gesamtprogramm nicht mehr gegeben ist.[471]

Vor allem aber in der Gewinnung von Marktvorteilen gegenüber den (um den Werbemarkt) konkurrierenden Rundfunkveranstaltern dürften die maßgebenden Triebkräfte dafür liegen, gezielt ein Unterlaufen nationaler Programmanforderungen zu versuchen.[472] Massenattraktive Sendungen mit hohen Einschaltquoten oder die Erreichung zielgruppengenauer Empfängerkreise sind die Voraussetzungen für die Akquisition wirtschaftlich profitabler Markenartikelwerbung. Die Möglichkeit, den Programmbedarf unter weitgehendem Verzicht auf Eigenproduktionen durch verhältnismäßig preisgünstige, aber reichweitenstarke Unterhaltungssendungen zu decken, leistet einen wesentlichen Beitrag zur Kostenoptimierung und damit zur Gewinnmaximierung der Rundfunkveranstalter. Insgesamt werden hier solche Veranstalter begünstigt, welche die geringsten inhaltlichen Programmbindungen oder Quotenvorschriften beachten müssen.[473] Gleiches gilt auch hinsichtlich Zeiten, Gestal-

---

470 *BVerfGE 73, 118*, S.156 f.

471 a.A. *Brühann, U.*, Der Vorschlag einer Gemeinschaftsrichtlinie zum Rundfunkrecht: Notwendigkeit und werberechtlicher Inhalt, in: Europafernsehen und Werbung, 1987, S.15 ff., der davon ausgeht, daß zusätzliche Angebote aus dem Ausland die in den inländischen Rundfunkprogrammen austarierte Meinungsvielfalt nicht untergraben können. Siehe dagegen *Delbrück, J.*, Direkter Satellitenrundfunk und nationaler Regelungsvorbehalt, 1982, S.27 f.

472 *Hesse, A.*, Rundfunkrecht, 1990, S.231 f.

473 Vgl. zur potentiellen Gefährdung von Programmanforderungen bei einer Ausrichtung an Einschaltquoten auch *BVerfG Urt. vom 5.2.91*, 1 BvF 1/85, 1/88, NJW 1991, S.903.

tung, Inhalt und Methoden der Werbesendungen als solche. Nach manchen Äußerungen behindert(e) die deutsche Wirtschaftsordnung inländische Privatrundfunkveranstalter;[474] befürchtet wurde ebenso ein Abzug von Werbegeldern aus der Bundesrepublik Deutschland.[475]

Solange die Rundfunkordnungen in wichtigen Punkten unterschiedliche Anforderungen an die Programminhalte setzen, ist -bei einer gleichen Reichweitenprognose- damit zu rechnen, daß Rechtsordnungen mit den geringsten materiellen Anforderungen von den Veranstaltern präferiert werden. Bei immer größer werdenden technischen Verbreitungsgebieten müssen sich die Rundfunkgesetzgeber auf die Abkehr von der traditionellen Rundfunkphilosophie des "cuius regio, eius est radio"[476] einrichten. Versuche, die eigene Rundfunkordnung gegenüber andersnationalen Programmen abzuschotten, scheitern sowohl an den technischen Möglichkeiten[477] als auch an den rechtlichen Voraussetzungen.[478] So müssen in der Bundesrepublik Deutschland (ganz abgesehen vom übernational verpflichtenden Prinzip eines "free flow of informations") ortsüblich empfangbare Programme[479] schon nach innerstaat-

---

474 *Lahnstein, M.*, Europäisches Privatfernsehen und nationale Kulturräume, in: Europafernsehen und Werbung, 1987, S.123. Auch *Ricker, R.*, Vom Monopol zum Wettbewerb: Private Rundfunkfreiheit und Medienaufsicht, in: Die gerechte Medienordnung ?, Bonn 1990, S.13 ff.

475 *Lieb, W.*, Die Medienstruktur für neue Kommunikationssysteme (Satellitenfunk, Kabelfunk) in: Hörfunk und Fernsehen im Gemeinsamen Markt, 1983, S.186.; *Hesse, A.*, Rechtsfragen der Weiterverbreitung von Rundfunkprogrammen, ZUM 1987, S.21.

476 *Seidel, M.* Europäische Rundfunkzone für die nationalen Hörfunk- und Fernsehsysteme oder gemeinschaftseinheitliches Rundfunksystem ?, in: Nationale und europäische Perspektiven der Telekommunikation, 1987, S.139.

477 Praktisch kaum durchführbar vor allem beim Satellitendirektrundfunk.

478 Mit Art.4 der Europaratskonvention über das grenzüberschreitende Fernsehen unvereinbar, unterstellte beispielsweise das österreichische Mediengesetz auch die vom Ausland einfallenden Rundfunkprogramme und Medienerzeugnisse in bestimmten Fragen seiner Rechtsordnung: dazu *Scharf, A.*, in: Hörfunk und Fernsehen im Gemeinsamen Markt, 1983, S.20.

479 Dazu können nicht nur terrestrisch verbreitete, sondern auch Satellitenprogramme zählen: *Degenhart, Chr.*, Grenzüberschreitender Informationsfluß und grundgesetzliche Rundfunkordnung, EuGRZ 1983, S.209, *Hesse, A.*, Rechtsfragen der Weiterverbreitung von Rundfunkprogrammen, ZUM 1987, S.20 f. Siehe dazu auch das Urteil des EuGH vom 26.04.1988 zur niederländischen "Kabelregeling" (Rs. 352/85) und die Urteilskritik von *Bueckling, A.*, Nationale Abwehrfront gegen Weiterverbreitung ausländischer TV-Programme stürzt in Raten, ZUM 1988, S.288 ff.

lichem Recht gem. Art.5 Abs.1 GG in vorhandene Kabelnetze eingespeist werden.[480]

Bei dieser Ausgangslage läßt sich ein gezieltes Unterlaufen nationaler Programmstandards nur durch eine Harmonisierung der einzelnen Rundfunksysteme verhindern. Zu dieser Lösung findet sich keine Alternative von annähernd gleicher Effizienz. Gerade deswegen wurden auch die EG-Fernsehrichtlinie und die Konvention des Europarates über das grenzüberschreitende Fernsehen relativ zügig abgeschlossen. Allerdings verhindern sie alleine noch nicht das Unterlaufen nationaler Programmanforderungen, da es den einzelnen Staaten sowohl nach EG-Richtlinie (Art.3 Abs.1) als auch nach Europaratskonvention (Art.28) unbenommen bleibt, von vorhandenen gemeinsamen Standards abzuweichen und strengere Regelungen zu definieren. Inländische Programme müssen dann höheren Anforderungen genügen als ausländische und können dadurch Wettbewerbsnachteile erleiden (Fall der sog. umgekehrten Diskriminierung).[481] Natürlich riskieren die Rundfunkgesetzgeber insofern eine Umgehung der eigenen Normen und betreiben in gewisser Weise eine "negative Standortpolitik".

2. Kontrolle supranationaler Rundfunkunternehmen

Verstärkt wird die oben angesprochene Problematik durch die Tätigkeit von Medienunternehmen, welche in mehreren Staaten direkt oder über Tochterfirmen (oder durch andere Beteiligungen) als Veranstalter zugelassen sind. Solche Unternehmen verfügen über eine erheblich größere Bandbreite von Möglichkeiten, rechtliche Anforderungen durch Verlagerung auf andere Unternehmensbereiche zu umgehen. Im Regelfall lassen sich deren interne Organisationsstrukturen sowie deren gesellschaftsrechtliche Verflechtungen um einiges schwieriger erfassen, als diejenigen von Unternehmen mit nur einem Sitzland.

---

480 Vgl. dazu auch die Regelungen der Rundfunk- und Mediengesetze wie beispielsweise § 10 Landesmediengesetz Baden-Württemberg, § 36 Abs.1 i.V. mit § 2 Abs.2 Nr.1 Kabelpilotprojektgesetz Berlin.

481 Vgl. *Kreile, J. / Straßer, R.*: Werbung ohne Grenzen ? Die Regelungen über die Fernsehwerbung in der EG-Rundfunkrichtlinie, ZUM 1990, S.177.

Während wie gezeigt,[482] sich die Medienunternehmen immer weiter internationalisieren, liegen die Kontrollbefugnisse in den Händen nationaler Aufsichtsinstanzen. Diese Divergenz beider Wirkungsbereiche erschwert die Arbeit der Kontrollbehörden unter vielerlei Gesichtspunkten. So bereitet es beispielsweise besondere Mühe, Verflechtungen zwischen inländischen und ausländischen Veranstaltern zu erkennen, welche bei einer Verbreitung der Programme auf gleichem Raum als grundsätzlich vielfaltsgefährdend anzusehen sind.[483] Bereits die Erfahrungen mit den in der Bundesrepublik Deutschland zugelassenen Fernsehveranstaltern zeigen, wie schwer es fällt, Einblick in die gesellschaftsrechtlichen/wirtschaftlichen Verflechtungen zwischen Medienunternehmen zu gewinnen. Dies gilt verstärkt für die Aktivitäten der Unternehmen auf multinationaler und multimedialer Ebene. Insider-Kenntnisse von Fachleuten und Behörden verschiedener Staaten müßten zusammengetragen werden, um ein annähernd realistisches Bild der Situation zu erhalten. Aufgrund der oft schnellen Veränderungen könnte auch dann nur ein kontinuierlicher, staatenübergreifender Informationsaustausch mit einer gebündelten Informationsaufbereitung gewährleisten, den Stand der internationalen Medienkonzentration aufzuzeigen.

Selbst bei Kenntnis der Zusammenhänge beschränken sich die Zugriffsmöglichkeiten der Kontrollbehörden immer nur auf die inländischen Veranstalter. Hier stellt sich insbesondere die Frage der Effizienz einer Kontrolle, wenn es supranationalen Medienunternehmen ein leichtes sein kann, basierend auf ihrer weiträumigen Firmen-Infrastruktur Umgehungsstrategien zu entwickeln.[484] Zudem darf nicht vergessen werden, daß diese Unternehmen bedingt durch ihre Größe meist erhebliche Marktmacht besitzen. Sie könnten insofern versucht sein, die verschiedenen Medienordnungen durch eine ent-

---

482 Siehe oben S. 44 ff.

483 Ein Ausschluß wegen vielfaltsgefährdender mehrfacher Programmveranstaltung kommt auch dann in Betracht, wenn Programme des gleichen Veranstalters oder mit ihm verbundener Unternehmen aufgrund einer Zulassung im Ausland auch im inländischen Verbreitungsgebiet bereits empfangen werden können (entweder per Weiterverbreitung oder Direktempfang): vgl. nur § 21 Abs.1 Satz 2 Rundfunkstaatsvertrag 1991.

484 Derartige Umgehungsstrategien lassen sich auch in vielen anderen Bereichen finden. Ein Beispiel sei hier die Praxis von Kreditinstituten, Geschäfte ins Ausland zu verlagern, um nationale Bestimmungen für Eigenkapital und Liquidität zu umgehen. Eine Reaktion darauf ist Einführung einer Konsolidierungspflicht für Beteiligungen durch die *EG-Richtlinie über die Beaufsichtigung der Kreditinstitute auf konsolidierter Basis* (83/350/EWG; ABL.EG Nr.L 193/18 vom 18.07.1983), das den Aufsichtsmaßstab insoweit harmonisiert.

sprechende Standortpolititk gegeneinander "auszuspielen". Eine nationale Rundfunkaufsicht steht dabei in der Gefahr unter starken politischen Druck zu geraten.

Nach dem Wegfall der Binnengrenzen lassen sich weitere Fortschritte zu einem engeren wirtschaftlichen und nicht zuletzt auch sozialen und kulturellen Zusammenhalt der Mitgliedsstaaten erwarten.[485] Damit wird auch der Auf- bzw. Ausbau übernationaler Medienunternehmen weiter erleichtert. Im Europa der EG genießen Unternehmen bereits heute gemäß Artt. 52 ff. EG-Vertrag weitgehende Niederlassungs- und Dienstleistungsfreiheit. Interessant in diesem Zusammenhang ist etwa die seit 1989 existente Möglichkeit zur Gründung einer neuen supranationalen Unternehmensform (Europäische Wirtschaftliche Interessenvereinigung = EWIV / Groupement Européen d'Intérêt Economique = G.E.I.E), in der mehrere europäische Unternehmen zusammenarbeiten können.[486] So wurde beispielsweise die Trägergesellschaft ARTE des Europäischen Kulturkanals in dieser Rechtsform gegründet.

Es bestehen Ansätze, die nationalen Kontrollinstanzen auf die zunehmende Bedeutung supranationaler Medienunternehmen besser vorzubereiten. So formuliert Art.19 der Fernsehkonvention des Europarates Grundsätze der Zusammenarbeit zwischen den jeweils zuständigen staatlichen Medienaufsichtsbehörden.[487] Im Bereich der EG wurde 1989 eine (gleichfalls medienpolitisch bedeutsame) Fusionskontrolle[488] für Unternehmenszusammenschlüsse europaweiter Dimension geschaffen.[489] Auch hier hat man gesehen, daß angesichts der fortschreitenden Globalisierung der Märkte und der Tätig-

---

485 s. *Oppermann, T.*, Europarecht, 1991, Rdnr.39 ff.

486 *Verordnung vom 25.07.1985 (Nr.2137/85)* über die Schaffung einer Europäischen Wirtschaftlichen Interessenvereinigung (EWIV), ABl.EG Nr.L 199 vom 31.07.1985, S.1 ff.; die Verordnung ist gültig seit dem 01.07.1989 (siehe dazu auch das deutsche EWIV-Ausführungsgesetz, BGBl.1988 I, S.14 ff.).

487 Die EG-Fernsehrichtlinie enthält keine expliziten Regelungen der medienbehördlichen Zusammenarbeit, da hier die allgemeinen Grundsätze nach EG-Vertrag angewandt werden.

488 Rechtsgrundlagen in Artt.85 ff. EG-Vertrag.

489 *Verordnung vom 21.12.1989 (Nr.4064/89) des Binnenmarktrates* über die Kontrolle von Unternehmenszusammenschlüssen, ABl.EG Nr.L 395 vom 31.12.1989; in Kraft seit 21.09.1990. Weiterführende Darstellung bei *Wagner, C.*, Konzentrationskontrolle im Medien-Binnenmarkt der EG, AfP 1992, S.1 ff.

keit übernationaler Unternehmen eine nationale Fusionskontrolle alleine nicht effizient sein kann.

Einen weiterführenden Weg weist das von der EG-Kommission angenommene Grünbuch über Pluralismus und Medienkonzentration. Eine der dort genannten Handlungsalternativen schlägt vor, im Wege einer Richtlinie oder einer Verordnung die Rechtsvorschriften zu harmonisieren, welche das Eigentum an den Medien beschränken. Vorgesehen wird ferner die Einrichtung eines unabhängigen Rates, in dem die zuständigen nationalen Behörden vertreten wären.[490] Begründet werden die Überlegungen zur Durchführung einer Gemeinschaftsintervention damit, daß die unterschiedlichen Rechtsvorschriften der Mitgliedsstaaten zumindest potentiell Störungen im Binnenmarkt verursachen und die Medien daran hindern, die Möglichkeiten des Binnenmarktes in vollem Umfang zu nutzen und ihren Beitrag zur Meinungsvielfalt zu leisten. Interessant dabei ist, daß nun auch kulturpolitische Ziele zur Begründung herangezogen werden. Damit wird offensichtlich Bezug genommen auf den Art.128 des novellierten EG-Vertrages. Sollte die Handlungsoption des EG-Grünbuches umgesetzt werden, würde auch gleichzeitig der Weg zu einer europäischen Medienaufsichtsbehörde vorbereitet.

3. Rundfunkmodelle und Eigendynamik der Märkte

Die Probleme nationaler Rundfunkaufsicht in einem übernationalen Rundfunkraum beschränken sich allerdings nicht nur darauf, punktuell Reaktionsmöglichkeiten zu finden, um die Zielvorgaben der eigenen Rundfunkordnung auch bei geänderter Ausgangslage zu erfüllen. Darüberhinaus stellt sich nämlich die Frage, ob grundlegende Konzeptionen der nationalen Rundfunkordnungen überhaupt (noch) realisiert werden können.

Zusammengefasst unter dem Stichwort "Eigendynamik der Märkte" werden berechtigte Zweifel geäußert, ob sich eigenständige nationale Rundfunkkonzepte angesichts multinationaler Medienmärkte behaupten können. In Rede steht hier nicht lediglich ein partielles Unterlaufen nationaler Programmanforderungen, sondern der weitgehende Verfall des Gestaltungsraums nationaler Rundfunkgesetzgebung. Die aufgezeigte, fortschreitende Inter-

---

490 *Grünbuch der Kommission der Europäischen Gemeinschaften* über Pluralismus und Medienkonzentration im Binnenmarkt, KOM(92) 480 endg, S.116 ff.

nationalisierung impliziert einen faktischen Zwang zur Anpassung und Harmonisierung der Rundfunkordnungen.[491] Diese Entwicklung wird sich vor allem im Fernsehbereich aufgrund des zunehmenden Drucks der Medienwirtschaft,[492] befördert durch eine entsprechende internationale Standortpolitik,[493] noch verstärken. So erfolgte mit der EG-Fernsehrichtlinie und Fernsehkonvention des Europarates bereits eine relativ weitreichende Vereinheitlichung des Rechts der Wirtschaftswerbung im Fernsehen.[494] Uneinheitlich sind hingegen die Standpunkte der nationalen Rundfunkordnungen zu den Fragen bezüglich Programmpluralität und Veranstalterkonzentrationen.

Um nicht in einer defätistischen und fatalistischen Weise[495] die für nationale Rundfunkgesetzgeber verbleibenden Möglichkeiten eigener positiver Gestaltung zu verkennen, bedarf es sowohl auf nationaler als auch auf internationaler Ebene einer verstärkten Zusammenarbeit der Ordnungsgeber und der zuständigen Behörden. Ebenso wie als Folge von Marktgesetzlichkeiten nivelliert allerdings auch die Kooperation der Gesetzgeber viele Spezifika der

---

491 *Hoffmann-Riem, W.*: Internationale Medienmärkte - nationale Rundfunkordnungen, RuF 1986, S.6 f.; a.A. teilweise noch *Stock, M.*: Nationaler Privatrundfunk im Bundesstaat, ZUM 1986, S.426 m.Fn. 101, der den von internationalen Märkten ausgehende Liberalisierungstrend und Anpassungsdruck für häufig überbewertet hält.

492 Siehe zu deren Ausgangsbedingungen: *Berekoven, L.*, Europa-Fernsehen - ein Kommunikationsinstrument des internationalen Marketing, in: Europafernsehen und Werbung, 1987, S.53 ff.; *Paefgen, T.Chr.*, Globales und Euro-Marketing, 1989, S.39 ff.

493 Siehe dazu das von *Hoffmann-Riem, W.*: Internationale Medienmärkte - nationale Rundfunkordnungen, RuF 1986, S.22 zitierte Beispiel des Medienunternehmers Berlusconi mit seinem Engagement in Frankreich.

494 Allerdings sollte man wiederum auch nicht davon ausgehen, das gesamte Werberecht im Fernsehen sei harmonisiert. So bestehen etwa weiterhin unterschiedliche Regelungen für die Frage der Zulässigkeit vergleichender Werbung. Im Bereich der EG ist vergleichende Werbung in fünf Staaten erlaubt, in fünf Staaten mit Modifizierungen erlaubt und in zwei Staaten verboten. Eine Harmonierung (und Liberalisierung) wird über eine EG-Richtlinie vorbereitet. Danach sollen *Preis*vergleiche allgemein -und damit auch im Fernsehen- erlaubt sein: Vorschlag für eine Richtlinie des Rates über vergleichende Werbung und zur Änderung der Richtlinie 84/450/EWG über irreführende Werbung, ABl. Nr. C 180/17 v. 11.07.1991. Eingehende Darstellung des EG-Werberechts: *Schricker, G.*, Zur Werberechtspolitik der EG - Liberalisierung und Restriktion im Widerstreit, GRUR Int. 1992, S.347.

495 Anlaß zu einer solchen Sichtweise könnten nach Meinung von *Faul, E.*, Ordnungsprobleme des Fernsehwesens in nationaler und europäischer Perspektive, in: Nationale und europäische Perspektiven der Telekommunikation, 1987, S.131 gerade auch die Aussagen des Bundesverfassungsgerichtes im 4. Rundfunkurteil zur Entwicklung übernationaler Medienmärkte geben.

einzelnen Rundfunkmodelle und dezimiert damit wiederum den Bereich eigenständiger Gestaltungsmöglichkeiten. Verständlich, daß bereits am Anfang der Entwicklung von verschiedener Seite auf Gefährdungen der staatlichen Souveränität[496] und der nationalen kulturellen Identität[497] durch den grenzüberschreitenden Rundfunk hingewiesen wurde. Sicherlich läßt sich eine übernationale Abstimmung nur erreichen, wenn auch eine allseitige Bereitschaft besteht, Kompromisse einzugehen und somit auf manche eigenen Konzeptionen zu verzichten. Ohne solche Kooperationen verringern sich aber die Chancen der nationalen Rundfunkgesetzgeber noch (zunehmend) mehr, inhaltliche Vorgaben durchzusetzen. Dann definieren nicht sie, sondern die Medienmärkte, was etwa unter Ausgewogenheit des Gesamtprogramms und Veranstalterkonzentration zu verstehen ist.

Von den nationalen Rundfunkordnungen nicht gelöste oder alleine nicht lösbare Fragen sind dabei gleichzeitig die Probleme der Rundfunkaufsicht. Es wäre deshalb zu kurz gegriffen, nur der aufsichtlichen Praxis mangelnde Wirksamkeit vorzuwerfen, ohne zugleich die schwierigen Ausgangsbedingungen in einer andauernden Zeit des "Umbruchs"[498] zu berücksichtigen. Speziell in der Bundesrepublik Deutschland ergibt sich die zusätzliche Schwierigkeit einer föderalistischen Zergliederung der Rundfunkkompetenzen, welche bereits gesamtstaatlich eine Einigung erschweren. Die Vorgeschichte des Rundfunkstaatsvertrages 1987 lieferte hierfür ein augenfälliges Beispiel.

---

496 Mit weiteren Nachweisen *Delbrück, J.*, Direkter Satellitenrundfunk und nationaler Regelungsvorbehalt, 1982, S.27 ff.; *Bueckling, A.*, Grenzüberschreitendes Direktfernsehen durch Satelliten - rechtlich gesehen, NJW 1981, S.1118 hält den Souveränitätsgedanken als oft benutzten Vorwand für kommerzielle Interessen.

497 Mit weiteren Nachweisen *Hoffmann-Riem, W.*, Kulturelle Identität und Vielfalt im Fernsehen ohne Grenzen, Media Perspektiven 1985, S.187 ff.; *Haagen, B.U.*, Satellitenfernsehen, 1986, S.52 ff.; *Bueckling, A.*, Transnationales Satelliten-TV und nationale Kulturreservate in der EG, EuGRZ 1987, S.97 ff, nach dessen Diagnose der Begriff als Kampfbegriff und Schlagwort eingesetzt wird.

498 *Hoffmann-Riem, W.*: Internationale Medienmärkte - nationale Rundfunkordnungen, RuF 1986, S.6 f. und *Faul, E.*, Ordnungsprobleme des Fernsehwesens in nationaler und europäischer Perspektive, in: Nationale und europäische Perspektiven der Telekommunikation, 1987, S.103 ff.

II. Handlungsbedarf und Handlungsmöglichkeiten

Trotz einer teilweise dichten und komplizierten Infrastruktur rundfunkrechtlicher bzw. rundfunkaufsichtlicher Bestimmungen in der Bundesrepublik Deutschland[499] reichen diese Vorkehrungen angesichts der oben beschriebenen Probleme nationaler Rundfunkaufsicht in einem europaweiten Rundfunkraum zur materiellen Effektuierung der Rundfunkfreiheit nicht aus. Ohne entsprechende Antworten auf die neuen Sachverhalte stellen externe Faktoren zumindest partiell den Bestand einer grundrechtlichen Gewährleistung in Frage. Möglichkeiten und Grenzen geeigneter Reaktion zu finden, ist mithin auch ein verfassungsrechtliches Postulat.

1. Entwicklung einer europäischen Medienordnung

Wenn hier zum Abschnitt "Handlungsbedarf" die Entwicklung einer europäischen Medienordnung genannt wird, soll dadurch nicht die Bedeutung der mit EG-Fernsehrichtlinie und Europarats-Fernsehübereinkommen bereits eingeleiteten Harmonisierungsbemühungen bagatellisiert werden.[500] Deren Regelungen können als Kernelemente einer europäischen Rahmenordnung für den Medienbereich gelten.[501] Indessen muß diese erstmalige Definition gemeinsamer, europäischer Mindeststandards für grenzüberschreitende Fernsehprogramme zu einem weiterreichenden Abstimmungsprozeß führen, um noch bestehende Regelungsdefizite zu schließen. Die Förderung übernationaler Zusammenarbeit ist somit eine wesentliche Bedingung dafür, auch die Grundlagen der nationalen Rundfunkverfassungen zu erhalten.

---

499 Siehe dazu den zweiten Hauptteil dieser Arbeit, S.71 ff.

500 Siehe dazu oben S.57 ff.

501 Ebenso *Möwes, B. / Schmitt-Vockenhausen, M.*: Europäische Medienordnung im Lichte des Fernsehübereinkommens des Europarates und der EG-Fernsehrichtlinie 1989, EuGRZ 1990, S.128.

a) Rechtlicher Ausbau - weitere Harmonisierung der Standards

In materiell-rechtlicher Hinsicht erscheinen Vereinbarungen zur Verhinderung multinationaler Meinungsmonopole besonders vordringlich. Den Forderungen des EG-Grünbuchs nach Medientransparenz und Angleichung von Rechtsvorschriften zur Verhinderung von Medienkonzentrationen kann man sich kaum verschließen, selbst wenn die Auffassungen über die einzuschlagenden Handlungsoptionen auseinandergehen mögen. Gerade im Bereich der Medienkonzentration sind Fehlentwicklungen erkanntermaßen schwer rückholbar.[502] Wettbewerbsrechtliche Vorschriften wie etwa nach den Art.85 und Art.86 EG-Vertrag[503] lassen eine spezielle medienrechtliche Problematik unberücksichtigt und eignen sich somit nicht, vor allem auch den Doppelbesitz in den Medien ("Doppelmonopole") zu regulieren.[504] Einzelne Anwendungsfälle[505] dürfen nicht darüber hinwegtäuschen, daß vielfaltsgefährdende Meinungsmacht grundsätzlich entstehen kann, ohne überhaupt wettbewerbsrechtliche Tatbestände zu berühren.[506] Die Ausgangslage ist hier nicht anders zu beurteilen als nach innerstaatlichem Recht der Bundesrepublik Deutschland, bei der die Zusammenschlußkontrolle gemäß § 23 Abs.2 Nr.2 GWB erst für den Erwerb von Anteilen in Höhe von 25 bis 50 % des stimmberechtigten

---

502 Vgl. *BVerfGE 57, 295*, S.323; *BVerfGE 73, 118*, S.173.

503 Darstellung zum EG-Wettbewerbsrecht bei: *Oppermann, T.*, Europarecht, 1991, Rdnr.890 ff.

504 Zum Verhältnis Kartellrecht / Medienrecht: *Hesse, A.*, Rundfunkrecht, 1990, S.185 ff.; *Holznagel, B.*, Konzentrationsbekämpfung im privaten Rundfunk, ZUM 1991, S.263 ff.; in der Rechtsprechung: *BVerfGE 73, 118*, S.175; *BayVerfGH*, Entscheidung vom 21.11.86, BayVBl. 1987, S.77 ff.

505 So hat die EG-Kommission am 19.02.1991 entscheiden (siehe ABl.EG Nr.L 63/32 vom 09.03.91), daß die Beteiligungsverhältnisse bei EUROSPORT (ein Zusammenschluß von 17 öffentlich-rechtlichen Rundfunkanstalten, allesamt Mitglieder der EBU und der SKY Television Gruppe von Rupert Murdoch) gegen Art.85 des EG-Vertrages verstoßen und in einer monopolistischen Weise den freien Wettbewerb behindern. Nach dem von EG-Kommission auf den 05.05.1991 gesetzten Stichtag, war es der SKY Television Gruppe untersagt, weiterhin in irgendeiner Form an EUROSPORT beteiligt zu sein. Da bis zu diesem Datum keine neuen Partner gefunden wurden, mußte der Sendebetrieb am 05.05.1991 vorübergehend eingestellt werden.

506 *Holznagel, B.*, Konzentrationsbekämpfung im privaten Rundfunk, ZUM 1991, S.267 f.

Kapitals gilt und Beteiligungen unterhalb dieser Schwelle nicht berücksichtigt.[507]

Noch in weiter Ferne liegen Vereinbarungen über die Harmonisierung programmlicher Grundstandards, welche über die Einhaltung bestimmter Mindestanforderungen wie Werbevorschriften und Jugendschutzbestimmungen hinausreichen. Da hier essentiell die Funktion des Rundfunks als (auch nationaler) Kulturträger betroffen ist, lassen sich bereits Denkmodelle nur mit einer ganz besonderen Sensibilität formulieren. Sicherlich kann jeder übernationalen Rechtsharmonisierung in einem kulturellen Kernbereich viel berechtigte Skepsis entgegengebracht werden. Die nationalen Gesetzgeber befürchten insoweit einen einschneidenden Verlust ihrer Kulturkompetenz und machen auf Gefahren für die nationale kulturelle Vielfalt aufmerksam. Andererseits ist ohne die Verständigung auf gemeinsame Grundstandards die Sorge ebenso berechtigt, daß in einem europaweiten Rundfunkraum infolge der aufgezeigten Mechanismen auf Dauer die minimalsten Programmanforderungen zum bestimmenden Maßstab werden. Das führte langfristig ebenso zu einem -faktischen- Verlust der Kulturhoheit der nationalen Mediengesetzgeber und hätte gleichermaßen einer möglichen Ausdünnung der in den Medien repräsentierten nationalen kulturellen Vielfalt nichts entgegenzusetzen.

Hier ist nicht zwangsläufig der Schluß zu ziehen, es ließen sich deshalb keine europaeinheitlichen Programmstandards setzen, weil die dafür notwendige gemeinsame kulturelle Identität unter einer Gemeinschaft vieler Völker und Kulturen nicht bestehe.[508] Soweit man dieser Prämisse überhaupt folgen kann und die Existenz einer "Europäischen Kultur" verneint,[509] müßte mit solcher Vorgabe auch die binnennationale Konstituierung von kulturellen Standards scheitern. In kleinerem Maßstab, aber in prinzipiell gleicher Weise bestehen in den Gesellschaften der heutigen europäischen Staaten eine Vielzahl unterschiedlicher Wertvorstellungen und Wertordnungen, gleichgültig ob sie nun etwa regional, ethnisch, sozial oder religiös gegründet sein mögen.

---

507 Zur medienrechtlichen Konzentrationskontrolle zusammenfassend: *Thaenert, W.*, Programm- und Konzentrationskontrolle privater Rundfunkveranstalter, DLM Jahrbuch 89/90, S.42 ff.

508 So aber *Kreile, J.*, Die Anforderungen an den Jugendschutz im grenzüberschreitenden Rundfunk, ZUM 1989, S.410 f.

509 Viele Belege sprechen für eine solche Existenz: vgl. *Oppermann, T.*, Europarecht, 1991, Rdnr.1978 f.

Einheitliche Anschauungen in kulturellen Fragen lassen sich auf nationaler Ebene ebensowenig feststellen wie auf europäischer. Sicherlich kann die Festlegung gemeinsamer Anwendungsgrundsätze, etwa im Bereich des Jugendmedienschutzes, nicht losgelöst von den nationalen Kulturen und deren Einflüssen erfolgen, vielmehr kann sie sich gerade nur darauf begründen.[510] Dies schließt jedoch die Vereinbarung von übernationalen Programmstandards nicht prinzipiell aus.

Soweit übernationale Programmanforderungen geschaffen wurden oder werden, ist es notwendig, darüberhinaus auch die Auslegung und Umsetzung dieser Bestimmungen zu harmonisieren. Sowohl in der EG-Richtlinie als auch in der Konvention des Europarates fehlt eine Präzisierung oder nähere Erläuterung von Begriffen wie Beeinträchtigung des Wohls bzw. der Entwicklung von Kindern oder unsittlich; die konkrete Ausfüllung dieser Begriffe erfolgt durch und in der Praxis.[511] Könnte jeder Mitglieds- bzw. Signatarstaat eine andere Definition dessen zugrundelegen, was etwa als gewaltverherrlichend oder pornographisch einzustufen ist, liefen die Bestimmungen materiell ins Leere. Daß diese Gefahr nicht nur theoretisch besteht, zeigen die Möglichkeiten von Anbietern etwa über up-link-Stationen in den Niederlanden und Schweden harte pornographische Programme europaweit über Satellit anzubieten.[512] Erst mit einer gemeinsamen Auslegung und Anwendung erhalten die harmonisierten Bestimmungen ihre materielle Geltung. Ohne einen Konsens auf eine im wesentlichen gleichartige Auslegung und Anwendung von Programmanforderungen werden diese auch keinen "Standard" begründen können.

---

510 *Solchermaßen* definiert, wird beispielsweise kein einheitliches Jugendschutzrecht entstehen: *Kreile, J.*, Die Anforderungen an den Jugendschutz im grenzüberschreitenden Rundfunk, ZUM 1989, S.410 f. Allerdings darf diese Definition nicht den Eindruck erwecken, ein einheitliches europäisches System des Jugendmedienschutzes könne deshalb nicht geschaffen werden, weil dies die Ignorierung nationaler kultureller Einflüsse voraussetzte.

511 Insoweit kaum anders als im Geltungsbereich nationaler rundfunkrechtlicher Regelungen. Zur besonderen Anwendungsproblematik von Aufsichtsnormen siehe oben S.82 ff. Der einheitlichen Auslegung und Anwendung von Programmanforderungen dienen im Bereich der deutschen Rundfunkordnungen etwa die nach Art.3 Abs.4; Art.14 und Art.31 Runkstaatsvertrag zu beschließenden gemeinsamen Richtlinien.

512 etwa das Programm "Red hot dutch" des englischen Betreibers Continental Television, das einer Station aus den Niederlanden verbreitet wurde, s. *Der Spiegel* Ausg. 51/1992.

b) Koordination und Kooperation der europäischen Rundfunkaufsicht

Im organisationsrechtlichen Bereich werden detailliertere und nachhaltigere Formen der Zusammenarbeit zwischen den nationalen Rundfunkaufsichtsinstanzen entwickelt werden müssen. Zwar existieren hier ebenfalls erste Ansätze. So verpflichteten sich nach Art.19 der Europarats-Fernsehkonvention die Vertragsparteien gegenseitig zur Unterstützung bei der Durchführung des Abkommens namentlich durch eine Zusammenarbeit ihrer zuständigen Behörden. Auf Anforderung stellen sich diese Behörden gegenseitig Informationen über Rundfunkveranstalter (Art.6 Abs.2) und einschlägiges, innerstaatliches Recht zur Verfügung. Eine allgemeine Verpflichtung zur Zusammenarbeit der Behörden enthält Art.19 Abs.2 lit.c der Europarats-Fernsehkonvention. Um die Anwendung und Einhaltung der Konvention zu überwachen, wurde mit den Artt.20, 25, 26 ein "Ständiger Ausschuß" der Mitgliedsstaaten eingerichtet, welcher auch Schlichtungskompetenz besitzt. Im Bereich der EG sind die betroffenen Aufsichtsbehörden angesichts der EG-Fernsehrichtlinie gemäß Art.213 EG-Vertrag grundsätzlich verpflichtet, der EG-Kommission alle erforderlichen Auskünfte zu erteilen.

Insgesamt läßt sich aber bezweifeln, ob diese relativ wenigen Vereinbarungen ausreichen werden, die notwendige und effiziente organisatorische Basis für die neuen Anforderungen der Rundfunkaufsicht in einem europaweiten Rundfunkraum zu bilden.[513] Sollten beispielsweise die erforderlichen Rechtsgrundlagen zur Verhinderung multinationaler Medienmonopole geschaffen werden, könnten diese nur dann wirksam begrenzt werden, wenn ein intensiver internationaler Informationstransfer zwischen den zuständigen Instanzen gepflegt wird. Zur Koordinierung dieser Arbeit müßte nicht notwendig eine neue europäische Medienbehörde konstituiert werden.[514] Dennoch wäre die Arbeit der nationalen Instanzen sinnvollerweise durch ein gemeinsames Büro zu unterstützen. Neben der Vermittlung der für eine wirksame Aufgabenerfüllung erforderlichen Informationen, könnte diese Stelle auch dazu beitragen, eine aufeinander bezogene Entwicklung der Rundfunk-

---

513 Ebenso *European Television Task Force* Europe 2000: What kind of television ?, in: Beilage zu Journalist 9/1988, S.54; auch: *Benda, E.*, "Nichts muß so bleiben wie es ist", Bericht über eine Vortragsveranstaltung am 26./27.04.91 in Köln, FI 1991, S.257 f.

514 Auch die EG wolle nach Aussage des Direktors der EG-Kommission für Rechtsangleichung, Niederlassungsfreiheit und Dienstleistungsfreiheit Ivo Schwartz keine neue europäische Behörde: *Europafernsehen und Werbung*, 1987, Abschlußdiskussion, S.133.

ordnungen in Europa zu fördern.[515] Daß darüberhinaus selbst eine übernational getragene Rundfunkaufsicht grundsätzlich möglich ist, zeigt das Beispiel des Europäischen Kulturkanals. Die Rechtsaufsicht über den Kulturkanal wird hier paritätisch von Vertretern beider Staaten wahrgenommen.[516]

Auch die Erfahrungen aus anderen Bereichen zeigen, wie wichtig sich im Verhältnis zur materiell-rechtlichen Harmonisierung die Entwicklung behördlicher Zusammenarbeit ausnimmt, um den gemeinsam erarbeiteten Standards überhaupt Geltung zu verschaffen. Ein Beispiel dafür ist neben der bereits genannten Koordinierung der Fusionskontrolle durch die EG-Kommission[517] die enge Zusammenarbeit der nationalen Versicherungsaufsichtsbehörden, welche gerade in Folge der Liberalisierung des grenzüberschreitenden Versicherungs-Dienstleistungsverkehrs erforderlich wurde.[518] Eine noch weitergehende Form EG-weit harmonisierter Aufsicht sehen die Artt.77 ff. des Euratom-Vertrages vor. Sowohl die nationalen Aufsichtsbehörden als auch die EG-Kommission sind hier zur Atomaufsicht zuständig.[519] Ein weiteres Beispiel findet sich im dem Europäischen System der Zentralbanken (ESZB), das die organisatorische Grundlage dafür bildet, bis zur Verwirklichung der Wirtschafts- und Währungsunion die Geldpolitik der Gemeinschaft zu koordinieren. Nach Art. 105 Abs.5 EG-Vertrag trägt das ESZB auch zur reibungslosen Durchführung der von den zuständigen Behörden auf dem Gebiet der Aufsicht über die Kreditinstitute ergriffenen Maßnahmen bei.

Für den Bereich des grenzüberschreitenden Rundfunks ergibt sich ebenso die grundsätzliche Notwendigkeit zur weiteren Intensivierung der übernatio-

---

515 Vgl. dazu auch die Empfehlungen der *European Television Task Force* Europe 2000: What kind of television ?, in: Beilage zu Journalist 9/1988, S.54 zum Aufbau eines europäischen Fernsehforums.

516 Siehe dazu die *Gemeinsame Erklärung der Republik Frankreich und der Bundesrepublik Deutschland* zum europäischen Kulturkanal, abgedruckt in Media Perspektiven 1989, S.94 f.

517 Siehe oben S.130 f.

518 Aufgrund der Urteile des EuGH aus dem Jahr 1986: EuGHE 1986, 273 ff. und 3663 ff.; bemerkenswert in diesem Zusammenhang auch das bereits 1964 (!) erschienene und in seinem Titel antizipierende Werk von *Schmidt, R.*, Europäisches Versicherungsaufsichtsrecht.

519 So kann die EG-Kommission auch selbst gem. Art.83 Euratom-Vertrag Aufsichtsmittel verhängen. Im Jahr 1990 wurde auf diese Weise erstmals ein niedersächsisches Unternehmen wegen Verletzung von Sicherheitsbestimmungen unter EG-Verwaltungsaufsicht gestellt: siehe Bericht der *FAZ vom 02.08.1990*.

nalen Zusammenarbeit. Ohne den Ausbau von Schnittstellen zwischen nationalem und übernationalem Rundfunkrecht können die Rundfunkordnungen manche ihrer eigenen Zielvorgaben nicht mehr erfüllen. Wesentliche Anstöße zur verstärkten Kooperation lassen sich aber nur dann erwarten, wenn sich auf breiter Basis die Einsicht in die enger werdenden Gestaltungsräume nationaler Rundfunkgesetzgebung durchsetzt.

2. *Ausbau interföderaler Koordination*

Die oben beschriebenen innerstaatlichen Koordinationsprobleme gegenwärtiger deutscher Rundfunkaufsicht[520] erschweren den Aufsichtsinstanzen eine effiziente Aufgabenerfüllung nicht nur auf nationaler Ebene, sondern gerade auch in Anbetracht eines sich festigenden europaweiten Rundfunkraumes. Die Aufgliederung der deutschen Rundfunkaufsicht in organisatorisch kaum verknüpfte Bereiche des öffentlich-rechtlichen und des privaten Rundfunks sowie die föderalistische Differenzierung des Rundfunkrechts hat eine nicht unerhebliche Schwächung des Gewichtes und der Durchsetzungskraft deutscher Positionen im übernationalen Kontext zur Folge. Vertreter solcher Staaten, deren Rundfunkwesen insoweit weniger gespalten ist und die deshalb nach außen "eine Sprache sprechen", können bestimmte Ordnungsvorstellungen prinzipiell leichter zum Gegenstand internationaler Vereinbarungen machen. Demgegenüber hatten die deutschen Rundfunkgesetzgeber trotz vehementer Ablehnung beispielsweise relativ wenig Einfluß auf Abstimmungsprozeß und Inhalt der EG-Fernsehrichtlinie.[521]

Dieser Fall ist symptomatisch für die Schwierigkeiten der deutschen Bundesländer, in die Formung übernationalen Rechts einzugreifen und einer Aushöhlung ihrer Gesetzgebungskompetenzen entgegenzusteuern. Auf innerstaatlichen und EG-weiten, formell-rechtlichen und materiell-rechtlichen Wegen versuchen die Bundesländer zusammen mit anderen autonomen europäischen Regionen, mehr Mitsprache- und Mitgestaltungsmöglichkeiten in der

---

520 S. 98 ff.

521 Bis hin zur Klage der Bayerischen Staatsregierung gegen die Bundesregierung mit dem Ziel, die EG-Fernsehrichtlinie abzulehnen (NJW 1990, S.974 f. = Ablehnung des Antrag auf Erlaß einer einstweiligen Anordnung); siehe auch *Memminger, G.*, Bedeutung des Verfassungsrechtsstreits zur EG-Rundfunkrichtlinie, DÖV 1989, S.846 ff.

EG zu gewinnen. Wie bereits aufgezeigt,[522] sollen Länderbeobachter bei den Europäischen Gemeinschaften und insbesondere die neu eingerichteten Länderbüros in Brüssel helfen, (Insider-)Informationen bereitzustellen und mittels informeller Kontakte Einfluß auf den Entscheidungsprozeß der EG-Organe zu nehmen. Innerstaatlich werden die Bundesländer nach dem Gesetz über die Zusammenarbeit von Bund und Ländern in Angelegenheiten der Europäischen Union bei der Vorbereitung der deutschen Stimmabgabe im Rat der EG beteiligt (Länderbeteiligungsverfahren),[523] wobei dies wiederholte Forderungen nach einer Änderung des Art.24 Abs.1 GG[524] sowie Initiativen zur "Reaktivierung" des Art.32 Abs.3 GG durch die Bundesländer[525] nicht ausschließt. Zur rechtlichen Absicherung verlangen die Bundesländer ein eigenständiges Klagerecht vor dem EuGH und die Verankerung des Subsidiaritätsprinzips in einer noch zu schaffenden europäischen Verfassung.[526]

All diese Bestrebungen werden aber nur dann die gewünschten substantiellen Effekte erbringen, wenn die Bundesländer in den jeweiligen Sachfragen auf der Basis effizienter Regelungen gleichartige Standpunkte vertreten. Der Förderalismus wird durch diese Art der Länderzusammenarbeit nicht geschwächt, sondern gestärkt, da sie beiträgt, eine weitere Zentralisierung zu verhindern.[527] Im Bereich des Rundfunkwesens bildet eine notwendige Voraussetzung dafür -soweit nicht lediglich der lokale und regionale Rundfunk betroffen ist- die weitere innerstaatliche Rechtsharmonisierung in Fortschreibung des Rundfunkstaatsvertrages 1991. Eingehender als bisher müßte etwa die Problematik der konkurrierenden Landesaufsicht über bundesweit

---

522 Siehe oben S. 67 ff.

523 *Meier, G.*, Die Beteiligung der Bundesländer an der Gesetzgebung der Europäischen Gemeinschaften - ein Ende der Diskussion ?, ZRP 1987, S.228 ff. mit ablehnender Bewertung der Regelung.

524 Siehe dazu die Nachweise in Fn. 231.

525 Siehe *Schiedermair, H.*, Elektronische Medien im Spannungsfeld zwischen europaweiter Sendemöglichkeit und landesbezogener Gesetzgebungskompetenz, in: Die gerechte Medienordnung ?, Bonn 1990, S.48 ff; insoweit gegen eine Vertragsabschlußkompetenz der Länder: *Stammler, D.*, Europäischer Rundfunkmarkt und innerstaatliche Rundfunkkompetenz, ZUM 1988, S.279.

526 Siehe dazu die Nachweise in Fn. 232 und Fn. 237; speziell zur Medienpolitik: *Pechstein, M.*, Subsidiarität der EG-Medienpolitik ?, DÖV 1991, S.535 ff.

527 *Benz, A.*, Neue Formen der Zusammenarbeit zwischen den Ländern, DÖV 1993, S.85 ff.

verbreitete Programme aufgearbeitet werden,[528] die über das formelle Abstimmungsverfahren hinausgehend auch eine materielle Abstimmungspflicht mit der Möglichkeit von Mehrheitsentscheidungen vorsehen sollte. Nach dem Rundfunkstaatsvertrag 1991 bleibt auch bei bundesweiten Veranstaltern alleine die lizenzierende Landesmedienanstalt zur Rundfunkaufsicht zuständig. Diese Landesmedienanstalt ist jedoch rechtlich nicht verpflichtet, einem im Abstimmungsverfahren erzielten Mehrheitsvotum Folge zu leisten. Länderspezifische Differenzen ergeben sich etwa bei den Sanktionen nach Rechtsverstößen (§ 30 Abs.1 S.2 Rundfunkstaatsvertrag).[529] Letztlich wird hier nur eine materielle Abstimmungspflicht zwischen den Landesmedienanstalten den Gefahren aus einer innerstaatlichen Standortpolitik begegnen können. Bundesweit verbreitete private Rundfunkprogramme sollten deshalb - über den Art.30 Rundfunkstaatsvertrag hinausgehend- nur dann zugelassen werden können, wenn sich eine qualifizierte Mehrheit der Landesmedienanstalten dafür ausspricht.

Neben der materiell-rechtlichen Harmonisierung spielt die Organisation der Länderzusammenarbeit eine wichtige Rolle. Wie bereits dargestellt,[530] besteht im Bereich der Aufsicht über den privaten Rundfunk seit 1985 die Direktorenkonferenz der Landesmedienanstalten (DLM) samt deren Arbeitskreisen, wobei allerdings die Basis dieser Zusammenarbeit teilweise ungesichert ist und Beschlüsse der DLM die einzelnen Landesmedienanstalten derzeit rechtlich nicht binden (können).[531] Von einer stärkeren Koordinierung bis hin zu einer -teilweisen- Zentralisierung der Arbeit der Landesmedienanstalten ließe sich eine bessere Interessenbündelung und eine wirksamere Durchsetzung der Länderpositionen auf europäischer Ebene erwarten.[532] Einer effektiv

---

528 Vgl. *Ladeur, K.-H.*, Probleme der Koordination der Aufsicht über private Rundfunkveranstalter, AfP 1989, S.717 ff.

529 Vgl. *Ory, S.*, Gesetzliche Regelungen des Jugendschutzes beim Rundfunk, NJW 1987, S.2971 f.

530 Siehe oben S.118 ff.

531 Vgl. dazu auch den § 8 der Geschäftsordnung für die DLM.

532 Ebenso *Engholm, B.*, Funk-Korrespondenz Nr.36 vom 08.09.1989, S.5 f. und *Benda, E.*, epd Nr.97 vom 09.12.1989, S.5 u.8, zit. nach *Möwes, B. / Schmitt-Vockenhausen, M.*: Europäische Medienordnung im Lichte des Fernsehübereinkommens des Europarates und der EG-Fernsehrichtlinie 1989, EuGRZ 1990, S.125 mit Fn.46; in die gleiche Richtung auch: *Hege, H.*, Duales Rundfunksystem in einem vereinigten Deutschland, DLM-Jahrbuch 89/90, S.23;

agierenden ständigen Koordinierungsstelle müßten jedoch im Bereich des bundesweit verbreiteten privaten Rundfunks manche Befugnisse der Landesmedienanstalten übertragen werden. Dies bedeutete die autorisierte Wahrnehmung von Länderkompetenzen durch eine von allen Bundesländern getragene Einrichtung, die ihr jeweiliges Landesrecht dementsprechend anpassen müßten.[533] Welche andere konkrete Ausgestaltung auch gefunden werden kann: jeder Ausbau der interföderalen Koordination wäre lückenhaft, würde nicht besonderes Gewicht auf die organisationsrechtliche Festigung der Länderzusammenarbeit gelegt. Mit schnellen politischen Vorgaben ist allerdings -nebst anderen Hindernissen- schon aufgrund von Kompetenzegoismen nicht zu rechnen.

III. Entstehung einer grundgesetzwidrigen Rundfunkordnung?

Die dargestellten faktischen Veränderungen der Rundfunkstrukturen in einem europaweiten Rundfunkraum und die obligaten Reaktionen nationaler Rundfunkordnungen einschließlich der zu prognostizierenden Konsequenzen für das System der deutschen Rundfunkaufsicht bilden nur die eine Seite der Analyse und der Bewertung. Ebenso ist notwendig der Blick darauf zu richten, ob und in welcher Weise die vorhersehbare, partiell bereits eingeleitete Anpassung und Umgestaltung der Rundfunkordnungen mit dem geltenden deutschen Rundfunkverfassungsrecht vereinbart werden kann.

1. Rundfunkfreiheit in einer europäischen Medienordnung

Hauptsächlich im Zusammenhang mit der Verabschiedung der EG-Fernsehrichtlinie war die Auffassung zu vernehmen, daß spätestens damit auch die Identität der durch das Grundrecht der Rundfunkfreiheit des Art.5 Abs.1 S.2

Astheimer, S., Institutionelle Politiksteuerung: Gremienstrukturen bei den Landesmedienanstalten, RuF 1991, S.192.

533 Siehe dazu auch die Äußerungen des Direktors der Hamburgischen Landesmedienanstalt, Helmut Haeckel im DLM-Jahrbuch 89/90, der dafür eintritt, die Organisationsstruktur aller Landesmedienanstalten zu überdenken. Angesichts von insgesamt 15 Landesmedienanstalten sollte versucht werden, abgrenzbare Aufgabenkomplexe zwischen einzelnen oder allen Landesmedienanstalten zu vergemeinschaften, bis hin zur Vergemeinschaftung von Aufsichtsrechten.

GG bestimmten Rundfunkordnung in der Bundesrepublik Deutschland berührt und gefährdet werde.[534] Der Widerspruch zur deutschen Verfassungsrechtsprechung wurde dabei in einer Reduktion des Rundfunks auf seine ökonomischen Funktionen gesehen, der zu einem unvermeidbaren Hinschwinden des öffentlichen Auftrags des Rundfunks führen würde.[535] Eine europäische Rundfunkordnung auf der Basis der EG-Richtlinie wäre dabei gleichzusetzen mit einer völligen Kommerzialisierung des Fernsehens. Trotz einer -wie dargestellt- weitgehenden inhaltlichen Identität zwischen EG-Richtlinie und Europaratskonvention wird bei letzterer diese Konsequenz nicht beschrieben.

Ganz unabhängig von der gesondert zu beantwortenden Frage, ob Art.5 Abs.1 S.2 GG gegen Normen des EG-Gemeinschaftsrechtes überhaupt eine Sperrwirkung entfaltet,[536] könnte man einer solcherart beschriebenen Rundfunkordnung das Prädikat "grundgesetzwidrig" kaum verweigern: zu deutlich überantwortete dieses System den Rundfunk dem freien Spiel der (Markt-) Kräfte und beförderte dessen Auslieferung an wirtschaftliche Interessen.[537] Allerdings darf die Betrachtung des Rundfunks in seiner -auch- ökonomischen Dimension und insbesondere die dargestellte, verstärkte Öffnung der nationalen Rundfunkordnungen für Marktstrukturen im Zuge der Entwicklung eines europäischen Rundfunkraumes nicht vorschnell gleichgesetzt werden mit einer Preisgabe der nach Art.5 Abs.1 S.2 GG gewährleisteten Rundfunkfreiheit.[538]

Wie an verschiedener Stelle ausgeführt, lassen sich zwar für manche Rundfunkprogramme wirtschaftliche Erfordernisse nicht oder nur teilweise mit der

---

534 *Betz, J.*, Die EG-Fernsehrichtlinie - Ein Schritt zum europäischen Fernsehen ?, Media Perspektiven 1989, S.685.

535 *Dicke, K.*, Eine europäische Rundfunkordnung für welches Europa ?, Media Perspektiven 1989, S.196.; *Hesse, A.*, Rechtsfragen der Weiterverbreitung von Rundfunkprogrammen, ZUM 1987, S.24; *Stock, M.*, Europäisches Medienrecht im Werden - Probleme und Chancen, RuF 1989, S.181; *Seidel, L.*, "Fernsehen ohne Grenzen", NVwZ 1991, S.125.

536 Dazu *Ossenbühl, F.*: Rundfunk zwischen nationalem Verfassungsrecht und europäischem Gemeinschaftsrecht, 1986, S.55 ff.

537 *BVerfGE 31, 314*, S.325; *BVerfGE 57, 295*, S.323 ff.; *BVerfGE 73, 118*, S.158 f.; *BVerfGE 83, 238*, S.296 f.

538 Ebenso *Degenhart, C.*, Rundfunkordnung im europäischen Rahmen, ZUM 1992, S.449 ff.

prinzipiellen Aufgabenstellung in Einklang bringen, Medium und Faktor öffentlicher Meinungsbildung zu sein.[539] Der stringente Beweis für eine Antinomie zwischen öffentlicher Aufgabe und wirtschaftlichem Wettbewerb, zwischen "Kultur und Kommerz" wird damit jedoch nicht erbracht. Dort, wo bestimmte Vielfaltsanforderungen im privatwirtschaftlichen Rundfunk nicht erfüllt werden (können ?), greift zudem der Grundversorgungsauftrag der öffentlich-rechtlichen Rundfunkanstalten.[540] Selbst der weitere Ausbau einer europäischen Medienordnung etwa in Weiterentwicklung der EG-Fernsehrichtlinie läßt diese Entscheidung der deutschen Rundfunkgesetzgeber für eine duale Rundfunkordnung unberührt. Gerade auch vor dem Hintergrund der mit dem 6. Rundfunkurteil des Bundesverfassungsgerichtes bekräftigten Bestands-, Entwicklungs- und Finanzierungsgarantie der öffentlich-rechtlichen Rundfunkanstalten unter den bestehenden Bedingungen im dualen Rundfunksystem[541] erscheint die Befürchtung unbegründet, die öffentlich-rechtlichen Anstalten würden einem reinen Wettbewerb ausgeliefert, dem sie nicht gewachsen seien.[542]

Insgesamt läßt sich für das Gebiet der Bundesrepublik Deutschland die Entstehung eines mit dem materiell-rechtlichen Gehalt des Art.5 GG unvereinbaren Rundfunksystems derzeit nicht prognostizieren. Das schließt allerdings Veränderungen in der Auslegung des Art.5 Abs.1 S.2 GG im Zuge der weiteren Entwicklung nicht aus, wie sie bereits vom Bundesverfassungsgericht durchgeführt wurden.[543] Der mit der EG-Fernsehrichtlinie eingeleitete Ansatz zum Aufbau einer europäischen Medienordnung "krankte" bisher daran, daß der EG im kulturellen Bereich bis zum Vertrag von Masstricht eine explizite Kompetenzgrundlage fehlte.[544] Die etwas gesuchte Subsumtion der Rundfunktätigkeit als Dienstleistung im Sinne der Art.59 ff. EG-Vertrag und die Anwendung des EG-Niederlassungsrechtes erreicht somit nur kleine Teile

539 Dazu auch *BVerfGE 73, 118*, S.155.

540 *BVerfGE 73, 118*, S.157 ff.

541 *BVerfGE 83, 238*, S.298.

542 So etwa *Betz, J.*, Die EG-Fernsehrichtlinie - Ein Schritt zum europäischen Fernsehen ?, Media Perspektiven 1989, S.685.

543 *BVerfGE 73, 118*, S.155.

544 Zu Rechtsgrundlagen und Wirkungen bisheriger gemeinschaftlicher Kulturpolitik s. *Oppermann, T.*, Europarecht, 1991, Rdnr.1978 ff.

einer weitaus komplexeren Materie und stützt insoweit die These von einer Reduktion des Rundfunks auf seine wirtschaftlichen Faktoren. Andererseits verliert jedoch eine Argumentation, welche der EG auf der einen Seite die einseitige Ausrichtung an den ökonomischen Perspektiven des Rundfunks vorwirft und gleichzeitig die Konzedierung einer kulturellen Kompetenz der EG strikt ablehnt, einen Teil ihrer Überzeugungskraft.

2. *Kulturhoheit und bundesstaatliches Prinzip*

Die Frage der Kompetenz führt auch zum zweiten Teil der verfassungsrechtlichen Problematik. Dabei steht nicht zur Bewertung, ob und auf welche Kompetenztitel sich die EG für ihre Rechtsetzung auf dem Gebiet des Medienrechts berechtigterweise berufen kann. Ebensowenig sind einzelne Einbrüche durch übernationales Medienrecht in die gem. Artt. 30, 70 ff. GG festgeschriebene Rundfunkkompetenz der deutschen Bundesländer[545] automatisch gleichzusetzen mit der Entstehung einer grundgesetzwidrigen Rundfunkordnung. Nach Art.24 Abs.1 GG kann der Bund durch Gesetz Hoheitsrechte auf zwischenstaatliche Einrichtungen wie etwa die EG übertragen. Dabei fällt der Erlaß dieser Gesetze in die ausschließliche Gesetzgebungszuständigkeit des Bundes (Art.71 i.V. mit Art.73 Nr.1 und 5 GG), der damit auch ohne Zustimmung des Bundesrates Hoheitsrechte übertragen kann, die sich auf Länderkompetenzen beziehen.[546] Eine Überantwortung medienrechtlicher Kompetenzen an die EG widerspricht daher nicht grundsätzlich der deutschen Verfassung. Nach der Solange II - Entscheidung des Bundesverfassungsgerichtes kommt insbesondere keine direkte Überprüfung der EG-Richtlinie am Maßstab des Art.5 Abs.1 S.2 GG in Betracht.[547] Ohnehin kein den Ländern mitwirkungslos aufgezwungener Eingriff in das innerstaatliche Kompetenzgefüge erfolgte mit der Annahme der Fernsehkonvention des Euro-

---

545 Grundlegend *BVerfGE 12, 205*, S.225 ff.

546 s. *Rojahn, O.*, in: v.Münch (Hrsg.), Kommentar zum GG, 1984, Art.24 Rdnr. 39 m.w.N.

547 Dazu: Der *Einfluß des europäischen Gemeinschaftsrechts auf die deutsche Rundfunkordnung*, Hrsg. von E.-J. Mestmäcker u.a., 1990, S.25 und 55 f.; allgemein zur Vorrangstellung des Gemeinschaftsrechts und zur Akzeptanz der Vorrangthese in den Rechtsordnungen der EG-Mitgliedsstaaten: *Oppermann, T.*, Europarecht, 1991, Rdnr.523 ff.

parates, da für die Ratifizierung hier ein Zustimmungsgesetz nach Art.59 Abs.2 GG erforderlich war.

Im verfassungsrechtlichen Mittelpunkt der Kompetenzproblematik steht die Frage, ob mit der EG-Fernsehrichtlinie ein unzulässiger Eingriff (Art.79 Abs.3 GG) in die Grundstrukturen bundesstaatlicher Ordnung erfolgte. Die Eigenstaatlichkeit der deutschen Bundesländer setzt einen Kernbereich legislativer und nicht bloß administrativer Kompetenzen voraus.[548] Traditionell zählt dazu die Kultur-, Bildungs- und Medienpolitik ("Kulturhoheit"). Wesentliche Eingriffe in diesen Kernbereich höhlen die Staatlichkeit der Länder in grundgesetzwidriger Weise aus. Hier mehren sich die Stimmen dafür, welche mit der EG-Fernsehrichtlinie einen derartigen Kumulationspunkt erreicht sehen.[549]

In der Tat läßt sich resümieren und prognostizieren, daß sich die Kulturhoheit der Bundesländer im Rundfunkbereich mit dem Ausbau einer europäischen Medienordnung weiter ausdünnt. Zwar werden nicht alle Gebiete ohne Unterschied tangiert: so bleibt der gesamte Hörfunk zunächst nicht unmittelbar betroffen; für gebietsbezogenen (lokalen bzw. regionalen) Rundfunk werden auch künftig die nationalen Instanzen den rechtlichen Rahmen alleine setzen. Allerdings müssen genauso die indirekten Auswirkungen einer europaweiten Rundfunkordnung für die verbleibenden Gestaltungsspielräume nationaler Rundfunkgesetzgeber bedacht werden.[550] Wie bereits aufgezeigt, ist hier grundsätzlich zu erwarten, daß die Strukturen des großräumigeren Systems Eingang in kleinräumigere Systeme finden und insoweit den Gestaltungsrahmen nationaler Gesetzgebung faktisch verengen werden. Ebensowenig fördert der sich verstärkende Zwang zur interföderalen Kooperation ("Koordinationspflicht") die Rundfunkhoheit der einzelnen Bundesländer. Wegen der immanenten Tendenz zur Nivellierung sind Gefahren für den

---

548 *BVerfGE 34, 9*, S.19.

549 *Memminger, G.*, Bedeutung des Verfassungsrechtsstreits zur EG-Rundfunkrichtlinie, DÖV 1989, S.848 ff.; *Delbrück, J.*, Die Rundfunkhoheit der deutschen Bundesländer im Spannungsfeld zwischen Regelungsanspruch der Europäischen Gemeinschaft und nationalem Verfassungsrecht, 1986, S.20 ff.; *Schelter, K.*, Subsidiarität - Handlungsprinzip für das Europa der Zukunft, EuZW 1990, S.218.

550 *Seidel, L.*, "Fernsehen ohne Grenzen", NVwZ 1991, S.122 f.

Föderalismus auch in der als notwendig erachteten Länderkoordination und Länderkooperation im Rundfunkwesen latent vorhanden.[551]

Es bleibt eine schwierige Wertungsfrage, ob durch den weiteren Ausbau einer europäischen Rundfunkordnung nach Maßgabe der EG-Fernsehrichtlinie ein verfassungswidriger Verlust föderativer Substanz in der Bundesrepublik Deutschland einhergeht. Auch die Entwicklung in anderen Bereichen ist zu berücksichtigen, um die Folgen einer Kumulation punktueller Eingriffe in Länderkompetenzen bewerten zu können. Wenn hier die Ansicht vertreten wird, daß diese Kompetenzverluste bislang nicht die Eigenstaatlichkeit der Bundesländer aushöhlten,[552] läßt sich andererseits nicht daran zweifeln, daß genügend Argumente für die Unterstützung einer gegenteiligen Meinung zu finden sind. Jede Stellungnahme muß deshalb ehrlicherweise einräumen, daß innerhalb einer gewissen Bandbreite die Setzung des Grenzsteins "Verfassungswidrigkeit" maßgeblich von subjektiven Kriterien wie etwa den politischen Prämissen bestimmt wird. Das deutsche Grundgesetz öffnet sich zum einen für die Aufgabe der europäischen Integration und fordert gleichzeitig den Erhalt der föderalen Struktur der Bundesrepublik Deutschland. Es trifft dagegen keine Aussage zum Ausgleich beider Prinzipien und enthält insbesondere keine Lösung für den Fall einer Kollision.[553]

Letztlich kann nur das Bundesverfassungsgericht in Fortführung seiner "Solange"-Rechtsprechung autorisiert definieren, welche Eingriffe in die legislativen Kompetenzen der Bundesländer sich mit dem föderalistischen Aufbau des Gesamtstaates vereinbaren lassen. Diese erhoffte Klarstellung[554] kann sich möglicherweise aus der Entscheidung des Hauptsacheverfahrens ergeben, mit dem der Freistaat Bayern die Zustimmung der Bundesregierung zur EG-Rundfunkrichtlinie angreift.[555]

---

551 Siehe dazu S.113 mit weiteren Nachweisen in Fn.

552 Ebenso *Hesse, A.*, Rundfunkrecht, 1990, S.254 f.

553 *Magiera, S.*, Als Bundesstaat in der Europäischen Gemeinschaft in: Bundesländer und Europäische Gemeinschaft, 1988, S.14 ff.

554 *Scholz, R.*, Wie lange bis Solange III ?, NJW 1990, S.941 ff.; *Hilf, M.*, Solange-II: Wie lange noch Solange ? EuGRZ 1987, S.1 ff.

555 Den Antrag auf Erlaß einer einstweiligen Anordnung hat das Bundesverfassungsgericht bekanntlich mit Urteil vom 11.04.1989 abgelehnt (NJW 1990, S.974 f.).

IV. Stellungnahme

Die Rundfunkaufsicht in der Bundesrepublik Deutschland befindet sich, wie darzustellen versucht wurde, in einer -teilweise noch latenten- Umbruchphase. Immer mehr zeigt sich die begrenzte Effizienz einer national bzw. bundesstaatlich-föderalistisch ausgerichteten und organisierten Rundfunkaufsicht angesichts größer werdender Kommunikationsräume. Dies gilt grundsätzlich für alle europäischen Staaten, deren Rundfunksysteme sich zunehmend verzahnen, ganz besonders aber für die Bundesrepublik Deutschland, welche bereits innerstaatlich den einzigartigen Aufwand der Installation von nunmehr insgesamt 15 Landesmedienanstalten betreibt.

Sowohl national als auch gesamteuropäisch werden zukünftig intensivere Formen der Zusammenarbeit der zuständigen Organe gefunden werden müssen. Längerfristig wird daneben kein Weg an der Einsetzung einer koordinierenden europäischen Medienbehörde vorbeiführen. All dies wird ohne partiellen Kompetenzverlust bisheriger Institutionen nicht gelingen. Auch lassen sich in einer künftigen europäischen Medienordnung nicht alle Elemente der deutschen Rundfunkverfassung einbringen. Um gleichzeitig den Gefahren einer Harmonisierung im Sinne einer Nivellierung nationaler Besonderheiten zu begegnen, ist es gerade auf EG-Ebene entscheidend, daß der strukturelle Ausbau von der Wirtschafts- zur Kulturgemeinschaft nachhaltig fortgeführt wird. Innerhalb dieses durch eine europäische Verfassung zu sichernden Ordnungsrahmens könnte für eine subsidiäre Aufgabenerfüllung durch nationale Instanzen genügend Raum bleiben.

Literaturverzeichnis

Astheimer, Sabine: Institutionelle Politiksteuerung: Gremienstrukturen bei den Landesmedienanstalten, RuF 1991, S.185 ff.

- Rundfunkfreiheit, ein europäisches Grundrecht. Eine Untersuchung zu Art.10 EMRK, Baden-Baden 1990.

Badura, Peter: Gleichgewichtige Vielfalt im dualen System des Rundfunks, JA 1987, S.180 ff.

- Grundprobleme des Wirtschaftverfassungsrechts, JuS 1976, S.205 ff.

- Verfassungsrechtliche Bindungen der Rundfunkgesetzgebung, Frankfurt/M./Berlin 1980.

- Zur Frage der Zulässigkeit von Fördermaßnahmen zugunsten privater Anbieter, die aus dem Aufkommen der Rundfunkgebühr finanziert werden, ZUM 1988, S.155 ff.

Bamberger, Heinz Georg: Einführung in das Medienrecht, Darmstadt 1986.

Bauer, Helmut G.: Die Offenen Kanäle im Kabelpilotprojekt Ludwigshafen und die Vorausssetzungen für eine zukünftige Organisation, In: Rundfunk und Fernsehen im Lichte der Entwicklung des nationalen und des internationalen Rechts, Baden-Baden 1986, S.45 ff.

Beiträge zum Medienprozeßrecht: Festgabe für Carl Hermann Ule zum 80. Geburtstag, herausgegeben von Jürgen Becker, Baden-Baden 1988.

Benz, Arthur: Neue Formen der Zusammenarbeit zwischen den Ländern, DÖV 1993, S.85 ff.

Berendes, Konrad: Die Staatsaufsicht über den Rundfunk, Berlin 1973.

- Zulässigkeit und Grenzen einer staatlichen Rechtsaufsicht über die Rundfunkanstalten, DÖV 1975, S.413 ff.

Berg, Klaus: Grundversorgung, Begriff und Bedeutung im Verhältnis von öffentlich-rechtlichem und privatem Rundfunk nach der neueren Rechtsprechung des Bundesverfassungsgerichts, AfP 1987, S.457 ff.

Bericht an die Landesregierung gemäß § 88 Landesmediengesetz Baden-Württemberg der Landesanstalt für Kommunikation, Stuttgart 1989.

Beschluß der Regierungschefs der Länder zum Vorschlag für eine EG-Rundfunkrichtlinie, ZUM 1986, S.600 f.

Bethge, Herbert: Die rechtliche Ordnung des Rundfunks und sein Verhältnis zu anderen Medien, DVBl. 1986, S.859 ff.

- Die verfassungsrechtliche Problematik der Zulassung von Rundfunkveranstaltern des Privatrechts, München 1981.

- Nochmals: Redaktionelle Mitbestimmung als Zulassungskriterium für Privatfunk, AfP 1989, S.525 ff.

- Probleme der Staatsaufsicht über Gemeinschaftseinrichtungen der Länder. Zur Rechtsaufsicht über den Norddeutschen Rundfunk, RuF 1977, S. 41 ff.

- Rechtsfragen der Rundfunkaufsicht, DV 1974, S.439 ff.

- Rechtsschutzprobleme eines rundfunkspezifischen Pluralismus, UFITA 81(1978), S.75 ff. [Archiv für Urheber-, Film-, Funk- ,Theaterrecht].

- Rundfunkfreiheit in der Perspektive von Bundes- und Landesverfassungsgerichtsbarkeit, ZUM 1987, S.199 ff.

- Rundfunkfreiheit und öffentlich-rechtlicher Organisationsvorbehalt: die Verfassungsmäßigkeit des Bayerischen Medienerprobungs- und -entwicklungsgesetzes, Baden-Baden 1987.

- Rundfunkfreiheit und privater Rundfunk. Rechtsgutachtliche Untersuchung der Verfassungsmäßigkeit des niedersächsischen Landesrundfunkgesetzes vom 23.Mai 1984, Frankfurt/M. 1985.

- Staatshaftung für den staatsfreien Rundfunk ?, Frankfurt/M. 1979.

- Verfassungsrechtsprobleme der Privatfunkgesetzgebung, JZ 1985, S.308 ff.

- Verfassungsrechtsprobleme der Reorganisation des öffentlich-rechtlichen Rundfunks, Frankfurt/M. 1978.

- Verfassungstreue für private Rundfunkveranstalter ?, NJW 1987, S.2982 ff.

- Wem gehört die Rundfunkfreiheit ?, Festschrift für Georg Roeber zum 10.Dez.1981, S.13 ff., Freiburg i.Br. 1982.

- Zur Existenz und Relevanz eines Finanzgewährleistungsanspruchs einer Rundfunkanstalt gegen den Staat, DÖV 1988, S.97 ff.

Betz, Jürgen: Die EG-Fernsehrichtlinie - Ein Schritt zum europäischen Fernsehen ? Media Perspektiven 1989, S.677 ff.

Bismark, Hans: Entwicklung des Kabelpilotprojekts in Berlin, In: Rundfunk und Fernsehen im Lichte der Entwicklung des nationalen und des internationalen Rechts, Baden-Baden 1986, S.53 ff.

- Probleme der Presseverlage beim Zugang zum Rundfunk, AfP 1982, S.135 ff.

Bleckmann, Albert: Politische Aspekte der europäischen Integration unter dem Vorzeichen des Binnenmarktes 1992, ZRP 1990, S.265 ff.

- Europarecht, 5. Aufl., Köln 1990.

Bogdandy, Armin von: Europäischer Protektionismus im Medienbereich, EuZW 1992, S.9 ff.

Borchmann, Michael: Die Europäischen Gemeinschaften im Brennpunkt politischer Aktivitäten der Bundesländer, DÖV 1988, S.624 ff.

Börner, Bodo: Kompetenz der EG zur Regelung einer Rundfunkordnung, ZUM 1985, S.577 ff.

- Organisation, Programm und Finanzierung der Rundfunkanstalten im Lichte der Verfassung, Berlin 1984.

Bosmann, Wieland: Programmgrundsätze für den privaten Rundfunk, ZUM 1989, S.6 ff.

- Rundfunkfreiheit und Programmgrundsätze, Frankfurt 1985.

Breede, Werner E.: 16 Thesen zu Organisation und Verfahren zur Verwirklichung des Vielfaltsstandards in außenpluralen Rundfunkmodell des KPP Ludwigshafen, Media Perspektiven 1/1986, S.28 ff.

Breitkopf/Schiwy/Schneider: Satellitenfernsehen und Satellitenhörfunk, Percha bei München 1987.

Brockhorst-Reetz, Bettina: Repressive Maßnahmen zum Schutze der Jugend im Bereich der Medien Film, Video + Fernsehen, München 1989.

Bueckling, Adrian: Grenzüberschreitendes Direktfernsehen durch Satelliten - rechtlich gesehen, NJW 1981, S.1113 ff.

- Nationale Abwehrfront gegen Weiterverbreitung ausländischer TV-Programme stürzt in Raten. Zum neuen TV-Urteil des EuGH, ZUM 1988, S.288 ff.

- Probleme des Satellitenfernsehens im kommunitären Recht des Gemeinsamen Marktes, DRiZ 1985, S.431 ff.

- Transnationales Satelliten-TV und nationale Kulturreservate in der EG, EuGRZ 1987, S.97 ff.

Bullinger, Martin: Das Verhältnis von deutschem und europäischem Rundfunkrecht, VBlBW 1989, S.161 ff.

- Elektronische Medien als Marktplatz der Meinungen, AÖR 108(1983), S.161 ff.

- Europäische Rundfunkordnungen im Übergang. In: Mestmäcker, Ernst-Joachim (Hrsg.): Offene Rundfunkordnung, Gütersloh 1988, S.45 ff.

- Freiheit und Gleichheit in den Medien (Zur Rechtsprechung der Verfassungsgerichte), JZ 1987, S.257 ff.

- Rundfunkfinanzierung im Ausland - Rechtliche Aspekte, ZUM 1986, S.219 ff.

- Rundfunkordnung im Bundesstaat und in der Europäischen Gemeinschaft, AfP 1985, S.257 ff.

- Satellitenrundfunk im Bundesstaat, AfP 1985, S.1 ff.

- Strukturwandel von Rundfunk und Presse, NJW 1984, S.385 ff.

- Vom Staatsmonopol des Rundfunks zur Bürgerfreiheit der audiovisuellen Kommunikation, VBlBW. 1983, S.57 ff.

Bullinger, Martin / *Gödel*, Christoph: Landesmediengesetz Baden-Württemberg, Kommentar, Baden-Baden 1986.

Bundesländer und Europäische Gemeinschaft: Vorträge und Diskussionsbeiträge der Verwaltungswissenschaftlichen Arbeitstagung 1987 des Forschungsinstituts für öffentliche Verwaltung bei der Hochschule für Verwaltungswissenschaften Speyer, hrsg. von Siegfried Magiera und Detlef Merten, Berlin 1988.

Burgess, Michael: Federalism and European Union. Political ideas, influences and strategies in the European Community, 1972-1987, London usw. 1989.

Buri, Eugen: Rechtsweg bei Rechtsverletzungen durch Sendungen der öffentlich-rechtlichen Rundfunkanstalten, NJW 1972, S.705 ff.

Cromme, Franz: Die Programmüberwachung des Rundfunkrates, NJW 1985, S.351 ff.

Czybulka, Detlef: Zur Entwicklung des Föderalismus in der DDR und in Deutschland (mit einem Seitenblick auf Europa), ZRP 1990, S.269 ff.

Deetjen, Gottfried: Ausgewogenheit in Rundfunk und Fernsehen und die Frage ihrer Messbarkeit, RuF 1977, S.56 ff.

Deetjen/Bauer/Müller-Römer/Posewang: Die Neuen Medien, 2 Bde., Ulm (Loseblatt) 1990.

Degenhart, Christoph: Grenzüberschreitender Informationsfluß und grundgesetzliche Rundfunkordnung, EuGRZ 1983, S.205 ff.

- Öffentlich-rechtlicher und privater Rundfunk im dualen Rundfunksystem, ZUM 1988, S.47 ff.

- Rundfunkfreiheit, Rundfunkorganisation und Rundfunkaufsicht in Baden-Württemberg. Kompetenzen der Landesanstalt für Kommunikation gegenüber Programmbeiräten privater Rundfunkveranstalter, AfP 1988, S.327 ff.

- Rundfunkordnung im europäischen Rahmen, ZUM 1992, S.449 ff.

Delbrück, Jost: Die europäische Regelung des grenzüberschreitenden Rundfunks - Das Verhältnis von EG-Richtlinie und Europaratskonvention, ZUM 1989, S.373 ff.

- Die Rundfunkhoheit der deutschen Bundesländer im Spannungsfeld zwischen Regelungsanspruch der Europäischen Gemeinschaft und nationalem Verfassungsrecht. Rechtsgutachten erstattet im Auftrag der dt. Bundesländer, Frankfurt/M. 1986.

- Direkter Satellitenrundfunk und nationaler Regelungsvorbehalt. Umfang und Grenzen des transnationalen freien Informationsflusses nach Völkerrecht, dem Recht der Europäischen Gemeinschaften und dem Grundgesetz der Bundesrepublik Deutschland., Frankfurt/M. 1982.

Deringer, Arved: Europäisches Gemeinschaftsrecht und nationale Rundfunkordnung, ZUM 1986, S.627 ff.

Dicke, Klaus: Eine europäische Rundfunkordnung für welches Europa ?, Media Perspektiven 1989, S.193 ff.

Dillenz, Walter: Direktsatellit und die Grenzen des klassischen Senderechtsbegriffs, Baden-Baden 1990.

Dix, Alexander: Kommerzieller Rundfunk in Grossbritannien - sein Rahmen und seine Kontrolle in der Praxis, RuF 1980, S.361 ff.

Drescher, Thomas: Kabelfunk Dortmund, In: Rundfunk und Fernsehen im Lichte der Entwicklung des nationalen und des internationalen Rechts, Baden-Baden 1986, S.61 ff.

Drettmann, Fritz: Wirtschaftwerbung und Meinungsfreiheit, Frankfurt/M. 1984.

Eberle, Carl-Eugen: Rundfunkübertragung, Rechtsfragen der Nutzung terrestrischer Rundfunkfrequenzen, Berlin 1989.

EG-Kommission: "Grünbuch" der EG-Kommission Fernsehen ohne Grenzen. Die Errichtung des Gemeinsamen Marktes für den Rundfunk, insbesondere über Satellit und Kabel, Mitteilung der Kommission an den Rat vom 14.6.1984, KOM (84) 300 endg.

EG-Kommission, 21.12.1988, IV/31.851: Wettbewerbsregeln - Fernsehprogramm. Mißbräuchliche Einschränkung des Marktes für Fernsehprogrammführer durch Rundfunkanstalten ("Magill TV Guide"), WuW 1990, S.67 ff.

Einfluß des europäischen Gemeinschaftsrechts auf die deutsche Rundfunkordnung: Hrsg. von Ernst-Joachim Mestmäcker, Christoph Engel, Karin Gabriel-Bräutigam..., Baden-Baden 1990.

Electronic media and politics in Western Europe: Euromedia Research Group handbook of national systems. Hrsg. von Hans J. Kleinsteuber..., Frankfurt/M. 1986.

Entschließung des Bundesrates zur weiteren Zusammenarbeit zwischen EG und EFTA-Staaten im Hinblick auf die Schaffung eines großen Europäischen Wirtschaftsraumes, ZRP 1990, S.246.

Entwicklungsperspektiven der Europäischen Gemeinschaft: Vorträge und Diskussionsbeiträge der 53. Staatswissenschaftlichen Fortbildungstagung 1985 der Hochschule für Verwaltungswissenschaften Speyer, Hrsg. von Siegfried Magiera, Berlin 1985.

Europa - Einheit in der Vielfalt: Orientierungen für die Zukunft der europäischen Integration, hrsg. von Reinhold Biskup, Bern 1988.

Europafernsehen und Werbung: Chancen für die deutsche und europäische Medienpolitik., Hrsg. vom Arbeitskreis Werbefernsehen der deutschen Wirtschaft, Baden-Baden 1987.

Europäische Coproduktion in Film und Fernsehen: II. Münchner Symposium zum Film- und Medienrecht. Hrsg. von Jürgen Becker und Manfred Rehbinder, Baden-Baden 1989.

Europas Medienmarkt von morgen: hrsg. von Dieter Weirich, Berlin 1989.

European Television Task Force: Europe 2000: What kind of television ? Zusammenfassung des Berichts mit den Empfehlungen der European Task Force, In: Beilage zu Journalist 9/1988, S.50 ff.

EWG-Vertrag - Kommentar, Hrsg. von Eberhard Grabitz, 2.Aufl.1990, München 1990.

Fastenrath, Ulrich: Länderbüros in Brüssel. Zur Kompetenzverteilung für informales Handeln im auswärtigen Bereich, DÖV 1990, S.125 ff.

Fernsehen ohne Grenzen: Die Errichtung eines Gemeinsamen Marktes für den Rundfunk, insbesondere über Satellit und Kabel. Hrsg. von Jürgen Schwarze, Baden-Baden 1985.

Feuchte, Paul: Presse, Rundfunk, Fernsehen, BWVwPr. 1983, S.158 ff.

Fink, Udo: Wem dient die Rundfunkfreiheit ?, DÖV 1992, S.805 ff.

Fix, Oliver: Organisation des Rundfunks: Stand und Entwicklungsmöglichkeiten der öffentlich-rechtlichen Rundfunkanstalten, Wiesbaden 1988.

Fleisch, Hans: Gutachten im Auftrag der Medienkommission der Länder. Zur Tätigkeit der Zulassungs- und Kontrollgremien in den vier Kabelpilotprojekten, Frankfurt/M. 1986.

Forsthoff, Ernst: Lehrbuch des Verwaltungsrechts Bd.1, 10. Aufl., München 1973.

Frank, Angela: Vielfalt durch Wettbewerb ?. Organisation und Kontrolle privaten Rundfunks im außenpluralen Modell, Frankfurt 1987.

Frohne, Ronald: Die Quotenregelungen im nationalen und im europäischen Recht, ZUM 1989, S.390 ff.

Fromm, Markus: Zur Frage der Staatsaufsicht über die Rundfunkanstalten, Film und Recht 1980, S.414 ff.

Fuhr, Ernst W.: Der öffentlich-rechtliche Rundfunk im dualen Rundfunksystem, ZUM 1987, S.145 ff.

- ZDF-Staatsvertrag, Kommentar, 2. Aufl., Mainz 1985.

Gabriel-Bräutigam, Karin: Rundfunkkompetenz und Rundfunkhoheit. Eine Untersuchung über das Verhältnis der Rundfunkhoheit der Länder zu den Gesetzgebungszuständigkeiten des Bundes, Baden-Baden 1990.

Gebel, Volkram: Veränderungen in der Rundfunkwerbung - Herausforderung an Rundfunkveranstalter und Medienanstalten, In: DLM Jahrbuch 89/90, München 1990.

- Werbung im privaten Rundfunk. Notwendige Finanzierungsgrundlage und ihre Grenzen, In: DLM Jahrbuch 1988, München 1988.

Gemeinsame Erklärung der Republik Frankreich und der Bundesrepublik Deutschland zum europäischen Kulturkanal vom 31. Oktober 1989, abgedruckt in Media Perspektiven 1989, S.94 f.

Gerth, Joachim / *Widlok*, Peter: Lokaler Rundfunk und offener Kanal - Das nordrhein-westfälische Modell, In: DLM Jahrbuch 1988, München 1988.

GfK Fernsehforschung: Fernsehnutzung 1989, abgedruckt in Media Perspektiven 1990, S.54.

Ginther, Konrad / *Oppermann*, Thomas: Grundfragen der Mitgliedschaft in Internationalen Organisationen. Referate und Diskussion der 14.Tagung der Deutschen Gesellschaft für Völkerrecht in Göttingen am 10. u. 11.4.1975, Karlsruhe 1975.

Goerlich, Helmut / *Radeck*, Bernd: Neugründung und Grundversorgung - die Rundfunkordnung in einer dritten Phase ?, JZ 1989, S.53 ff.

- Rundfunk und Empfänger - zur Mediatisierung subjektiver Rechte, NJW 1990, S.302 ff.

Gressmann, Rudolf: Die Bedeutung der UER/EBU für den grenzüberschreitenden Programmaustausch. In: Mestmäcker, Ernst-Joachim (Hrsg.): Offene Rundfunkordnung, Gütersloh 1988, S.397 ff.

Groß, Rolf: Das Dritte Rundfunkurteil des Bundesverfassungsgerichts - Echo und Konsequenzen, DVBl. 1982, S.561 ff.

- Die Zulassung privatwirtschaftlicher Rundfunkveranstalter, DÖV 1984, S.140 ff.

- Länderkoordinierung in der Medienpolitik, DÖV 1983, S.437 ff.

- Medienlandschaft im Umbruch, Wiesbaden 1986.

- Neue Medien: Neue Aufgaben des Rechts, ZRP 1982, S.232 ff.

- Verfassungsrechtlich bedeutsame Schwerpunkte der Mediengesetzgebung, Media Perspektiven 1984, S.681 ff.

- Zu den verfassungsrechtlichen Grenzen einer Privatisierung des Rundfunks, DVBl. 1980, S.933 ff.

- Zum Hessischen Privatfunkgesetz, Dt. Verwaltungspraxis 1989, S.38 ff.

Grund, Karola: Privatrundfunk - Ersatz, Ergänzung oder Konkurrenz, Frankfurt/M. 1979.

Gulich, Joachim: Fernsehen mit Grenzen ? Erhalt des inländischen Werbeaufkommens zugunsten der inländischen Rundfunkanstalten und Printmedien, ZUM 1990, S.170 ff.

Gygi, Fritz: Die rechtlichen und organisatorischen Grundlagen des schweizerischen Rundfunksystems, In: Die Organisation von Rundfunk und Fernsehen in rechtsvergleichender Sicht, München 1978, S.5 ff.

Haagen, Bernd Ulrich: Satellitenfernsehen - Rechtsprobleme einer neuen Technologie, Frankfurt/M. 1986.

Haas, Evelyn: Die Mitwirkung der Länder bei EG-Vorhaben, DÖV 1988, S.613 ff.

Haeckel, Helmut: Der Übergang zum dualen Rundfunksystem. Geschichte und Perspektive der rundfunkpolitischen Entwicklung in der Bundesrepublik Deutschland, In: DLM Jahrbuch 1988, München 1988.

Hagmeyer, Hans-Thilo: Übersicht über technische Entwicklungen im Bereich Fernsehen und Hörfunk, In: DLM Jahrbuch 89/90, München 1990.

Hallstein, Walter: Europäische Reden. Hrsg. von Thomas Oppermann unter Mitarbeit von Joachim Kohler, Stuttgart 1979.

Hamberger, Markus: Europäische Integration und föderale Eigenständigkeit der deutschen Bundesländer. Zu den Zielen, Methoden und Perspektiven der Bundesländer für ihre Mitwirkung am..., Augsburg (Diss.phil.) 1988.

Harms, Wolfgang: Rundfunkmonopol und Marktkonkurrenz. Auswirkungen auf Medienstruktur und Medienwirtschaft, AfP 1981, S.244 ff.

Hartstein, Reinhard / *Ring*, Wolf-Dieter / Kreile, Johannes: Rundfunkstaatsvertrag: Kommentar zum Staatsvertrag zur Neuordnung des Rundfunkwesens vom 3.4.1987, München 1989.

Hasper, Dietrich H.: Gebühren und Gebühr: Ein Plädoyer für die Rundfunkfreiheit, ZUM 1991, S.272 ff.

Hearst, Stephen: Die neue Rundfunkgesetzgebung in Großbritannien, Media Perspektiven 1991, S.170 ff.

Hecker, Wolfgang: Gesetzliche Beschränkungen der Veranstaltung und Verbreitung regionaler und lokaler Rundfunkprogramme durch die öffentlich-rechtlichen Rundfunkanstalten, ZUM 1987, S.276 ff.

- "Medienmacht" und Rezipientenfreiheit. Zur Interpretation von Art.5 I 2 GG für den Rundfunkbereich im Lichte der neueren Medienforschung, Frankfurt/M. 1987.

Hege, Hans: Duales Rundfunksystem in einem vereinigten Deutschland, In: DLM Jahrbuch 89/90, München 1990.

- Praxis der Lizenzvergabe - eine Zwischenbilanz, In: DLM Jahrbuch 1988, München 1988.

Heidel, Thomas: Verfassungsfragen der Finanzierung von Privatfunk durch Werbung, Baden-Baden 1988.

Heker, Alexander: Zur Neuordnung und Harmonisierung des Rundfunkrechts. Diskussionsbericht aus der Abteilung Rundfunkrecht beim 56. Deutschen Juristentag in Berlin, ZUM 1986, S.669 ff.

Hendriks, Birger: Verfassungsrechtliche Probleme des Niedersächsischen Landesrundfunkgesetzes, Media Perspektiven 1984, S.436 ff.

- Zum Wettbewerb im dualen Rundfunk, ZUM 1988, S.209 ff.

Herkströter, Dirk: Werbebestimmungen für den privaten Rundfunk nach dem Rundfunkstaatsvertrag vom 31.08.1991, ZUM 1992, S.395 ff.

Herrmann, Günter: Anmerkungen zum "Dritten Fernsehurteil" des Bundesverfassungsgerichts, Festschrift für Georg Roeber zum 10.Dez.1981, Freiburg i.Br. 1982, S.139 ff.

- Statement zur rundfunkrechtlichen Entwicklung aus der Sicht der öffentlich-rechtlichen Rundfunkanstalten, In: Rundfunk und Fernsehen im Lichte der Entwicklung des nationalen und des internationalen Rechts, Baden-Baden 1986, S.159 ff.

Hesse, Albrecht: Die Organisation des Rundfunks in der Bundesrepublik Deutschland, München 1990.

- Die Organisation privaten Rundfunks in der Bundesrepublik, DÖV 1986, S.177 ff.
- Rechtsfragen der Weiterverbreitung von Rundfunkprogrammen, ZUM 1987, S.19 ff.
- Rundfunkorganisation durch die Gerichte, ZUM 1986, S.131 ff.
- Rundfunkrecht. Die Organisation des Rundfunks in der Bundesrepublik Deutschland, München 1990.
- Werbung und Rundfunkfreiheit, ZUM 1987, S.548 ff.

Hilf, Willibald: Kabel- und Satellitenfernsehen in Europäischer Dimension: Rundfunk ohne Grenzen und Schranken ?, Media Perspektiven 1987, S.73 ff.

Hochbaum, Ingo: Kohäsion und Subsidiarität - Maastricht und die Länderkulturhoheit, DÖV 1992, S.285 ff.

Hoffmann-Riem, Wolfgang: Die Zukunft des Rundfunks - ein Verfassungsproblem, RuF 1979, S.143 ff.

- Ein Anlauf zu privatem Rundfunk, ZRP 1981, S.176 ff.
- Erosionen des Rundfunkrechts. Tendenzen der Rundfunkrechtsentwicklung in Westeuropa, München 1990.
- Internationale Medienmärkte - nationale Rundfunkordnungen, RuF 1986, S.5 ff.

- Medienfreiheit und der außenplurale Rundfunk, AöR 109 (1984), S.304 ff.

- Personalrecht der Rundfunkaufsicht. Zum Status und dienstrechtlichen Spielraum von grundrechtssichernden Anstalten des öffentlichen Rechts, Baden-Baden 1992.

- Programmgrundsätze, Programmverantwortung, Programmkontrolle. Überlegungen zur Neufassung des Staatsvertrages über den Norddeutschen Rundfunk, RuF 1978, S.111 ff.

- Rundfunkfreiheit durch Rundfunkorganisation, Frankfurt/M. 1979.

- Staatliche Kontrolle im kommerziellen Fernsehen als legitimatorisches Problem, In: Mitteilungen des Studienkreises für Rundfunk und Geschichte, I/1981, S.34 ff.

Holznagel, Bernd: Konzentrationsbekämpfung im privaten Rundfunk, ZUM 1991, S.263 ff.

Hörfunk und Fernsehen im Gemeinsamen Markt: Referate und Diskussionsberichte der Tagung des Arbeitskreises Europäische Integration e.V. Juni 1982 in Hamburg. Hrsg. von Martin Seidel... , Baden-Baden 1983.

Hrbek, Rudolf / *Thaysen*, Uwe (Hrsg.): Die Deutschen Länder und die Europäischen Gemeinschaften. Referate und Diskussionsbeiträge eines Symposiums der Deutschen Vereinigung für Parlamentsfragen am 20./21.Juli 1986, Baden-Baden 1986.

Huber, Andrea: Öffentliches Medienrecht und privatrechtliche Zurechnung, Baden-Baden 1992.

Hufen, Friedhelm: Gegenwartsfragen des Kulturföderalismus. Begründungs- und Gefährdungsmuster eines Kernbereichs bundesstaatlicher Ordnung, BayVBl 1985, S.1 ff. u. 37 ff.

Hümmerich, Klaus / *Beucher*, Klaus: Rundfunkfinanzierung auf dem Prüfstand. Parameter ausstehender Rundfunkurteile des Bundesverfassungsgerichts, AfP 1989, S.708 ff.

Hupe-Hibrich, Annegret / *Raasch*, Friedrich-Wilhelm: Programmaufsicht im Spannungsfeld zwischen Jugendschutz und Rundfunkfreiheit, In: DLM Jahrbuch 89/90, München 1990.

Immenga, Ulrich: Rundfunk und Markt, AfP 1989, S.621 ff.

Internationales Handbuch für Rundfunk und Fernsehen 1992/93: hrsg. vom Hans-Bredow-Institut für Rundfunk und Fernsehen an der Universität Hamburg, Baden-Baden 1992.

Ipsen, Hans Peter: Rechtsstaatliche Grenzen der Versicherungsaufsicht, DÖV 1975, S.805 ff.

- Rundfunk im Europäischen Gemeinschaftsrecht, Beiträge zum Rundfunkrecht Heft 28, Frankfurt/M. 1983.

Jach, Frank-Rüdiger: Programm- und Organisationsanforderungen für private Veranstalter in der dualen Rundfunkordnung, DÖV 1992, S.730 ff.

Jansen, Herbert: Sind die "externen Gremien" nur Staats-Exekutoren ? Oder bedingen auch Weiterverbreitungs-Entscheidungen Staatsferne ?, FUNK Korrespondenz 1987 Nr.6.

Jarass, Hans D.: Die Freiheit des Rundfunks vom Staat, Berlin 1981.

- Die neuen Privatrundfunkgesetze im Vergleich, ZUM 1986, S.303 ff.

Jutzi, Siegfried: Nochmal: Bundeskompetenz für direktstrahlende TV-Satelliten ? Erwiderung auf den Beitrag von Adrian Bueckling in ZUM 3/1985, 144, ZUM 1986, S.21 ff.

Kabelpilotprojekt und Versuch mit drahtlosem Rundfunk: Zwischenbericht des Kabelrats der Anstalt für Kabelkommunikation, hrsg. von der Anstalt für Kabelkommunikation Berlin, Berlin 1989.

Kepplinger, Hans Mathias: Versagen die Aufsichtsgremien ? Kontrolle im öffentlich-rechtlichen Fernsehen, In: Die gerechte Medienordnung ?, Rundfunk und Fernsehen an der Schwelle zum 21. Jh., Bonn 1990, S.22 ff.

Kepplinger, Hans Mathias / *Hartmann*, Thomas: Stachel oder Feigenblatt ? Rundfunk- und Fernsehräte in der Bundesrepublik Deutschland. Eine empirische Untersuchung, Frankfurt/M. 1989.

Kessler, Martina / *Schrape*, Klaus : Fernsehmarkt Westeuropa, Media Perspektiven 1990, S.25 ff.

Kewenig, Wilhelm A.: Zu Inhalt und Grenzen der Rundfunkfreiheit, Berlin 1978.

Kim, Myung Joong: Satellitenfernsehen in Europa. Unter besonderer Berücksichtigung des Programmangebots der übernationalen, nichtprivatwirtschaftlich organisierten Satellitenprogrammanbieter, Frankfurt/M. 1989.

Kisker, Gunter: Kooperation zwischen Bund und Ländern in der Bundesrepublik Deutschland, DÖV 1977, S.689 ff.

Kleber, Claus-D.: Privater Rundfunk - Gestaltungsmöglichkeiten im Verfassungsrahmen, Bamberg 1986.

Klein, Hans H.: Die Rundfunkfreiheit, München 1978.

- Rundfunkrecht und Rundfunkfreiheit, In: Der Staat 1981, S.177 ff.

Kleist, Thomas: Jugendmedienschutz im privaten Rundfunksystem, In: DLM Jahrbuch 1988, München 1988.

Knemeyer, Franz-Ludwig: Subsidiarität - Föderalismus, Dezentralisation Initiativen zu einem "Europa der Regionen" ZRP 1990, S.173 ff.

Knoche, Manfred: Die Messbarkeit publizistischer Vielfalt, In: Klaue/Knoche/Zerdick (Hrsg.): Probleme der Pressekonzentrationsforschung, Baden-Baden 1980.

Koch, Ulrich: Die Beteiligung von Presseverlagen an künftigen Rundfunkunternehmen, ZRP 1981, S.237 ff.

Kommunikationstechnik für morgen, hrsg. im Auftrag der AMK Berlin, Berlin, 1989.

Konferenz über Sicherheit und Zusammenarbeit in Europa (KSZE): Abschließendes Dokument des Wiener KSZW-Folgetreffens vom 15.Januar 1989, Bulletin des Presse- und Informationsamtes der Bundesregierung vom 31.01.1989, Nr.10/S.77

Korinek, Karl: Der Österreichische Rundfunk in organisationsrechtlicher und staatsrechtlicher Sicht, In: Die Organisation von Rundfunk und Fernsehen in rechtsvergleichender Sicht, München 1978, S.17 ff.

Köstlin, Thomas: Die Kulturhoheit des Bundes. Eine Untersuchung zum Kompetenz- u. Organisationsrecht des Grundgesetzes unter Berücksichtigung der Staatspraxis in der Bundesrepublik Deutschland, Berlin 1989 (zugl. Tübingen Diss.jur.).

Koszuszeck, Helmut: Freier Dienstleistungsverkehr und nationales Rundfunkrecht. Anmerkungen zum Urteil des EuGH vom 26.4.1988 - "Kabelregeling", ZUM 1989, S.541 ff.

Kreile, Johannes: Die Anforderungen an den Jugendschutz im grenzüberschreitenden Rundfunk, ZUM 1989, S.407 ff.

- Kompetenz und kooperativer Föderalismus im Bereich des Kabel- und Satellitenrundfunks, München 1986.

- Rundfunk im vereinten Deutschland, ZUM 1991, S.568 ff.

Kreile, Johannes / *Straßer*, Robert: Werbung ohne Grenzen ? Die Regelungen über die Fernsehwerbung in der EG-Rundfunk-Richtlinie, ZUM 1990, S.174 ff.

Kreuziger, Andrea: Beiträge zum Medienprozeßrecht. Bericht über ein Symposion aus Anlaß des 80.Geburtstages von Prof.Dr.Carl Hermann Ule am 27.Juni 1987 in München, ZUM 1987, S.514 f.

- Probleme bei der Gestaltung von Landesmedien- und Landesrundfunkgesetzen, DVBl. 1986, S.1095 ff.

Kriele, Martin: Plädoyer für eine Journalistenkammer, ZRP 1990, S.109 ff.

Krimphove, Dieter: Europäische Fusionskontrolle, Köln 1992.

Kübler, Friedrich: Die neue Rundfunkordnung: Marktstruktur und Wettbewerbsbedingungen, NJW 1987, S.2961 ff.

- Medienverflechtung. Eine rechtsvergleichende Untersuchung der Marktstrukturprobleme privaten Rundfunks, Frankfurt/M. 1982.

- Rundfunkkontrolle und Kommunikationsfreiheit, In: Mitteilungen des Studienkreises für Rundfunk und Geschichte 1981, S.23 ff.

Kühn, Manfred: Die europarechtliche Einordnung des grenzüberschreitenden Fernsehens aus der Sicht beteiligter privater Unternehmen. In: Fernsehen ohne Grenzen. Hrsg. von Jürgen Schwarze, Berlin 1985, S.153 ff.

- Harmonisierung des Rundfunkrechts in Europa. Zum Entwurf der Richtlinie der EG-Kommission, ZUM 1986, S.585 ff.

Kugelmann, Dieter: Der Rundfunk und die Dienstleistungsfreiheit des EWG-Vertrages, Berlin 1991.

Kull, Edgar: Aktuelle Fragen der Rahmenbedingungen für privaten Rundfunk, AfP 1985, S.265 ff.

- Ein weiteres Mal: "Innere Rundfunkfreiheit" als Kriterium für die Zulassung privater Rundfunkveranstalter, ZUM 1989, S.652 ff.

- Rundfunkrecht und Rundfunkmarkt, ZUM 1987, S.355 ff.

Ladeur, Karl-Heinz: Probleme der Koordination der Aufsicht über private Rundfunkveranstalter, AfP 1989, S.717 ff.

Das Landesmediengesetz Baden-Württemberg vor dem Bundesverfassungsgericht: Dokumentation hrsg. von Wittig-Terhardt, Margret / Rüggeberg, Jörg, Baden-Baden 1989.

Lange, Bernd Peter: Kommerzielle Ziele und binnenpluralistische Organisation bei Rundfunkveranstaltungen, Frankfurt/M. 1980.

- Quo vadis Koordinationsrundfunk ?, Media Perspektiven 10/1985, S.745 ff.

Leibholz, Gerhard: Rechtsgutachten zur verfassungsrechtlichen Problematik der Ausübung der staatlichen Rechtsaufsicht gegenüber Rundfunk- und Fernsehanstalten im Bereich der Programmgestaltung, erstattet im Auftrag des ZDF, Göttingen 1973.

Lerche, Peter: Die Beteiligung Privater am Rundfunk und Vielfaltsstandard, NJW 1982, S.1676 ff.

- Hoheitliche Programmanforderungen für private Rundfunkveranstaltungen. In: Erhard Schneider (Hrsg.): Kommunikation im Wandel der Gesellschaft,Festschrift für Otto B. Roegele, Düsseldorf 1980.

- Rundfunkmonopol. Zur Zulassung privater Fernsehveranstaltungen, Frankfurt/Berlin 1970.

- Verfassungsrechtliche Aspekte neuer kommunikationstechnischer Entwicklungen, BayVBl. 1976, S.530 ff.

Lieb, Wolfgang: Die Medienstruktur für neue Kommunikationssysteme (Satellitenfunk, Kabelfunk). In: Hörfunk und Fernsehen im Gemeinsamen Markt. Hrsg. von Martin Seidel, Baden-Baden 1983, S.173 ff.

Lindacher, Walter F.: Empfiehlt es sich, die höchstrichterliche Rechtsprechung zum Schutz des Persönlichkeitsrechts gegenüber Rundfunk- und Fernsehanstalten zu kodifizieren und gesetzlich weiterzuentwickeln ?, In: Rundfunkrecht Bd.1, München 1981, S.339 ff.

Löffler, Martin: Rechtsbegriff und Inhalt der öffentlichen Aufgabe von Presse und Rundfunk, NJW 1982, S.91 ff.

Löffler, Martin / *Ricker*, Reinhart: Handbuch des Presserechts, 2.Aufl., München 1986.

Lücke, Jörg: Die Rundfunkfreiheit als Gruppenrecht, DVBl. 1977, S.977 ff.

- Die Rundfunkfreiheit als individuelles Zugangsrecht, JZ 1977, S.41 ff.

Lüttger, Hans / *Junck*, Dagmar: Empfiehlt es sich, neue Instrumente strafrechtl. Art zur besseren Durchsetzung der Programmgrundsätze von Rundfunk u. Fernsehen einzuführen ?, In: Rundfunkrecht Bd.1, München 1981, S.123 ff.

Mallmann, Walter: Zur Rechtsaufsicht über das Zweite Deutsche Fernsehen, Wiesbaden 1975.

Mauhs, Angela: Die Europäischen Regelungen des grenzüberschreitenden Rundfunks. Bericht vom III. Münchner Symposion zum Film- und Medienrecht am 23.Juni 1989 in München, ZUM 1989, S.413 ff.

Maunz, Th./*Dürig*, G./*Herzog*, R./*Scholz*, R. : Grundgesetz für die Bundesrepublik Deutschland, Kommentar, München (Loseblatt) Stand 1991.

Maunz, Theodor: Rundfunk als öffentliche Verwaltung, BayVwBl. 1972, S.169 ff.

- Staatsaufsicht über den Rundfunk, BayVBl 1977, S.526 ff.

Die Medien in Europa: Tagungsband, hrsg. vom Zentrum für Kunst und Medientechnologie Karlsruhe, Karlsruhe 1990.

Medienhandbuch - Privater Hörfunk/Privates Fernsehen: Hrsg. von Martin Pape und Detlev Samland, Neuwied 1988.

Mehr Markt in Hörfunk und Fernsehen: With a summary in English. Avec un résumé en français, Hrsg. vom Frankfurter Institut für wirtschaftspolitische Forschung, Bad Homburg v.d.H. 1989.

Meier, Gert: Die Beteiligung der Bundesländer an der Gesetzgebung der Europäischen Gemeinschaften - ein Ende der Diskussion ?, ZRP 1987, S.228 ff.

Memminger, Gerhard: Bedeutung des Verfassungsrechtsstreits zur EG-Rundfunkrichtlinie, DÖV 1989, S.846 ff.

Merten, Maximilian: Das Münchner Kabelpilotprojekt als Ausgangspunkt des Bayerischen Medienerprobungs- und -entwicklungsgesetzes (MEG), In: Rundfunk und Fernsehen im Lichte der Entwicklung des nationalen und des internationalen Rechts, Baden-Baden 1986, S.69 ff.

Mestmäcker, Ernst-Joachim: - Medienkonzentration und Meinungsvielfalt, Frankfurt/M. 1978.

- Wege zur Rundfunkfreiheit in Europa. In: Mestmäcker, Ernst-Joachim (Hrsg.): Offene Rundfunkordnung, Gütersloh 1988, S.9 ff.

Meyer, Thomas: Staatsaufsicht über Private, insbesondere Wirtschaftsunternehmen, Frankfurt/M. 1988.

Micklitz, Hans-W.: Rundfunkrechtliche Fragen des Teleshoppings, NJW 1990, S.1569 ff.

Monopolkommission: Sondergutachten "Wettbewerbsprobleme bei der Einführung von privatem Hörfunk und Fernsehen" (Auszüge), Media Perspektiven 1981, S.860 ff.

Mösbauer, Heinz: Staatsaufsicht über die Wirtschaft, Köln 1991.

Möwes, Bernd / *Schmitt-Vockenhausen*, Monika: Europäische Medienordnung im Lichte des Fernsehübereinkommens des Europarats und der EG-Fernsehrichtlinie 1989, EuGRZ 1990, S.121 ff.

Müller, Reiner: Vom Anbieter zum Zuschauer. Technische Übertragungswege für den privaten Rundfunk, In: DLM Jahrbuch 1988, München 1988.

Münch, Ingo von (Hrsg.): Besonderes Verwaltungsrecht, 7. Aufl., Berlin/New York 1985.

Nanclares, José Martín-Pérez de: Fernsehmonopole und Gemeinschaftsrecht, ZUM 1992, S.607 ff.

Nappenbach, Heinz: Das Wesen der Staatsaufsicht, Würzburg (Diss.jur.) 1965.

Nationale und europäische Perspektiven der Telekommunikation, hrsg. von Joachim Scherer. Bd. 70 d. Schriftenreihe des Archivs für Urheber-, Film-, Funk- und Theaterrecht (UFITA), Baden-Baden 1987.

Neupert, Helmuth: Lokaler Rundfunk als Aufgabe der Landesmedienanstalten, In: DLM Jahrbuch 1988, München 1988.

Neyses, Johannes: Die Problematik eines Rundfunkverfassungsstreitverfahrens, Diss.jur., Köln 1975.

Niepalla, Peter: Die Grundversorgung durch die öffentlich-rechtlichen Rundfunkanstalten, München 1991.

Offene Rundfunkordnung: Prizipien für den Wettbewerb im grenzüberschreitenden Rundfunk. Hrsg. von Ernst-Joachim Mestmäcker, Gütersloh 1988.

Olenhusen, Albrecht Götz von: Handbuch des Medienrechts, Teil 1: Rundfunk und Fernsehen, Freiburg i.Br. 1988.

Oppermann, Thomas: Auf dem Weg zur gemischten Rundfunkverfassung in der Bundesrepublik Deutschland ?, JZ 1981, S.721 ff.

- Europarecht, München 1991.

- Kulturverwaltungsrecht, Tübingen 1969.

- Medienrecht, Privatrundfunk und Wettbewerb, ZUM 1990, S.376 ff.

- Transnationale Ausstrahlungen deutscher Grundrechte ? Festschrift für Grewe, 1981, S.521 ff.

- Wirtschaftswerbung und Art.5 Grundgesetz, In: Verfassung, Verwaltung, Finanzen - Festschrift für Gerhard Wacke zum 70. Geburtstag, Köln 1972, S.393 ff.

Oppermann, Thomas / *Classen*, Claus Dieter: Die EG vor der Europäischen Union, NJW 1993, S.5 ff.

Oppermann, Thomas / *Kilian*, Michael: Rechtgrundsätze der Finanzierung öffentlich-rechtlichen Rundfunks in der dualen Rundfunkverfassung der Bundesrepublik Deutschland. Rechtsgutachtliche Studie erstattet dem Süddeutschen Rundfunk..., Frankfurt/Berlin 1989.

Oppermann, Thomas / *Moersch*, Karl: Europa-Leitfaden - Ein Wegweiser zum Europäischen Binnenmarkt 1992, Regensburg 1989.

Ory, Stephan: Gesetzliche Regelungen des Jugendschutzes beim Rundfunk, NJW 1987, S.2967 ff.

- Jugendschutz in Neuen Medien, ZUM 1986, S.123 ff.

Ossenbühl, Fritz: Programmnormen im Rundfunkrecht, In: Rundfunkrecht Bd.1, München 1981, S.1 ff.

- Rundfunkfreiheit und Rechnungsprüfung, Frankfurt/M. 1984.

- Rundfunk zwischen nationalem Verfassungsrecht und europäischem Gemeinschaftsrecht, Rechtsgutachten erstattet der Regierung des Landes Nordrhein-Westfalen, Frankfurt/M. 1986.

- Rundfunk zwischen Staat und Gesellschaft, München 1975.

Paefgen, Thomas Christian: Globales und Euro-Marketing: eine juristische Querschnittsanalyse grenzüberschreitender Werbung, Baden-Baden 1989.

Paschke, Marian: Medienrecht - Disziplinbildende Sinneinheit übergreifender Rechtsgrundsätze oder Chimäre ?, ZUM 1990, S.209 ff.

Pechstein, Matthias: Subsidiarität der EG-Medienpolitik ?, DÖV 1991, S.535 ff.

Pestalozza, Christian von: Rundfunkfreiheit in Deutschland, ZRP 1979, S.25 ff.

Pieper, Antje Karin: Die Anforderungen an Werbesendungen im grenzüberschreitenden Rundfunk, ZUM 1989, S.396 ff.

Planung, Aufsicht und Kontrolle von Rundfunk-Unternehmen: hrsg. von Florian H.Fleck. Mit Beiträgen von Florian H.Fleck u.a., Stuttgart u.a. 1987.

Ratzke, Dieter: Handbuch der Neuen Medien, 2.Aufl., Stuttgart 1984.

Reforming the international economic order: German legal comments. Hrsg. von Thomas Oppermann und Ernst-Ulrich Petersmann, Berlin 1987.

Ress, Georg: Die neue Kulturkompetenz der EG, DÖV 1992, S.944 ff.

Reuter, Konrad: Rechtsaufsicht über die Gemeinden und Opportunitätsprinzip, Diss.Jur., Tübingen 1967.

Ricker, Reinhart: Die Einspeisung von Rundfunkprogrammen in Kabelanlagen aus verfassungsrechtlicher Sicht, Berlin/Offenbach 1984.

- Die Freiheit des Fernseh-Direktempfangs und die rechtliche Zulässigkeit ihrer Beschränkung, NJW 1991, S.602 ff.

- Die Kompetenzen der Rundfunkräte im Programmbereich, München 1987.

- Freiheit und Ordnung des Rundfunks nach dem dritten Rundfunkurteil des BVG, NJW 1981, S.1925 ff.

- Privatrundfunk-Gesetze im Bundesstaat. Zur Homogenität der Mediengesetze und Mediengesetzentwürfe, Rechtsgutachten, München 1985.

- Rechtliche Grundlagen und Harmonisierung der Landesmediengesetze, ZRP 1986, S.224 ff.

- Vom Monopol zum Wettbewerb: Private Rundfunkfreiheit und Medienaufsicht, In: Die gerechte Medienordnung ?, Rundfunk und Fernsehen an der Schwelle zum 21. Jh., Bonn 1990, S.9 ff.

Ricker, Reinhart / *Müller-Malm*, Friedrich: Die Vielfaltsanforderungen an den privaten Rundfunk nach dem 4. Rundfunkurteil, ZUM 1987, S.208 ff.

Ricker, Reinhart / *Schardt*, Andreas: Verfassungsrechtliche Strukturerfordernisse einer aussenpluralistischen Rundfunkordnung, ZRP 1983, S.124 ff.

Ricker, Reinhart / *Weirich*, Dieter: Mediengesetzentwurf der CDU Hessen, Berlin/Offenbach 1983.

Ridder-Aab, Christa-Maria: Der Werbemarkt der Zukunft. Prognosen, Prämissen, Probleme, Media Perspektiven 1988, S.185 ff.

Ring, Wolf-Dieter: Rechtsentwicklung in Europa, In: DLM Jahrbuch 89/90, München 1990.

Ring, Wolf-Dieter / *Wallenberg*, Gabriela von: Die Veranstaltung von Rundfunkprogrammen durch Private nach den Regelungen der Landesmediengesetze, In: Rundfunk und Fernsehen im Lichte der Entwicklung des nationalen und des internationalen Rechts, Baden-Baden 1986, S.29 ff.

Röper, Horst: Einstieg in ein neues Radiozeitalter, Media Perspektiven 1985, S.521 ff.

Römer, Dietmar: "Grundversorgung" mit Rundfunk durch öffentlich-rechtliche Rundfunkanstalten. Die Stellung der öffentlich-rechtlichen Rundfunkanstalten im dualen Rundfunksystem, Verwaltungsrundschau 1989, S.9 ff.

Rudolf, Walter: Aufsicht bei Funk und Fernsehen, ZRP 1977, S.213 ff.

- Die Errichtung privater Rundfunk- und Fernsehsender nach der gegenwärtigen Rechtslage, NJW 1953, S.1700 ff.

- Über die Zulässigkeit privaten Rundfunks, Frankfurt 1971.

Rudolf, Walter / *Jutzi*, Siegfried: Verfassungspflicht zur Harmonisierung der Landesmediengesetze ?, ZRP 1987, S.2 ff.

Rudolph, Martin: Zur Rahmenordnung eines europäischen Binnenmarktes für den Rundfunk. Harmonisierungsbestrebungen der EG-Kommission, AfP 1986, S.106 ff.

- Gemeinschaftsrecht und nationale Rundfunkordnung. Zur Durchsetzung gemeinschaftsweiten Fernsehens in der Europäischen Gemeinschaft, VwBlBW 1986, S.252 ff.

Rüggeberg, Jörg: "Mehr als ein halber Sieg", Medienspiegel vom 1.12.1986, S.4 ff.

- Privater Rundfunk in Baden-Württemberg, BWVwPr. 1986, S.773 ff.

Rundfunk in den 90er Jahren - zwischen Kultur, Kommerz und Internationalisierung. Dokumentation einer Fachtagung am 10./11.10.1989 im Rahmen der Medientage München 1989, Hrsg. von der Bayerischen Landeszentrale für neue Medien, München 1990.

Salzwedel, Jürgen: Staatsaufsicht in der Verwaltung, In: VVDStRL 22 (1965), S.206 ff.

Sauer, Ulrike: Auswirkungen des neuen Mediengesetzes in Italien, Media Perspektiven 1991, S.161 ff.

Saxer, Ulrich: Sprachenbabel in Europas Medien, Media Perspektiven 1990, S.651 ff.

Schacht, Michael: Macht und Ohnmacht öffentlicher Kontrolle über den privaten Rundfunk. Die Independent Broadcasting Authority (IBA) in Großbritannien, Media Perspektiven 1981, S.689 ff.

Schardt, Andreas: "Privatrechtliche Rundfunkordnung und Harmonisierung", ZUM 1986, S.429 ff.

Scharf, Albert: Aufsicht bei Funk und Fernsehen, Dokumentation zum 5.Deutschen Verwaltungsrichtertag 1977, S.103 ff.

- Der Rundfunk als öffentliche Aufgabe, St. Pölten/Wien 1976.

- Die Eingliederung der neuen Kommunikationssysteme (Satellitenfunk, Kabelfunk) in die Medienstruktur. In: Hörfunk und Fernsehen im Gemeinsamen Markt. Hrsg. von Martin Seidel, Baden-Baden 1983, S.9 ff.

- Fernsehen ohne Grenzen - Die Errichtung eines Gemeinsamen Marktes für den Rundfunk. In: Entwicklungsperspektiven der europäischen Gemeinschaft. Hrsg. von Siegfried Magiera, Berlin 1985, S.147 ff.

Schelter, Kurt: Subsidiarität - Handlungsprinzip für das Europa der Zukunft, EuZW 1990, S.217 ff.

Scherer, Joachim: Frequenzverwaltung zwischen Bund und Ländern, Rechtsgutachten, Frankfurt/M. 1987.

Scheuner, Ulrich: Das Grundrecht der Rundfunkfreiheit, Berlin 1982.

Schiedermaier, Hartmut: Wenn die Grenzen fallen: Elektronische Medien im Spannungsfeld zwischen europaweiter Sendemöglichkeit und landesbezogener Gesetzgebungskompetenz, In: Die gerechte Medienordnung ?, Bonn 1990, S.44 ff.

Schmidt, Walter: Der "Aufsichtsgroschen", Media Perspektiven 1986, S.162 ff.

- Die Rundfunkgewährleistung, Frankfurt 1980.

- Die Rundfunkvielfalt. Möglichkeiten und Grenzen einer "pluralistischen" Rundfunkorganisation, Frankfurt/M. 1984.

- Ordnung des Rundfunks im Zeitalter des Satellitenfernsehens, NJW 1986, S.1792 ff.

- Rundfunkvielfalt - Möglichkeiten und Grenzen einer "pluralistischen" Rundfunkorganisation, Media Perspektiven 1984, S.429 ff.

Schmitt Glaeser, Walter: Art.5 Abs.1 S.2 GG als "Ewigkeitsgarantie" des öffentlich-rechtlichen Rundfunks (Zum Beschluß des BVerfG vom 24.3.1987 -"5.Fernseh-Entscheidung"), DÖV 1987, S.837 ff.

- Das duale Rundfunksystem. Zum 4.Fernseh-Urteil des Bundesverfassungsgerichts, DVBl. 1987, S.14 ff.

Schmitt Glaeser, Walter / *Degenhart*, Christoph: Koordinationspflicht der Länder im Rundfunkwesen - zur Einspeisung herangeführter privater Programme in Kabelanlagen, AfP 1986, S.173 ff.

Schmitz, Heinz-Peter: Staatliche Rundfunkaufsicht in kommerziellen Systemen - Chronik der Auseinandersetzungen um das Fernseh-Tageszeitungs-Doppeleigentum in den USA, Media Perspektiven 1984, S.509 ff.

Schneider, Hans: Die Zuständigkeit des Bundes im Rundfunk- und Fernmeldebereich, In: Einigkeit und Recht und Freiheit, Festschrift für Karl Carstens, Bd.2, 1984, S.817 ff.

- Einheitliche Grundsätze für die Verbreitung und Verteilung von Rundfunkprogrammen - verfassungsrechtliche Grundfragen eines Staatsvertrages, In: Rundfunk und Fernsehen im Lichte der Entwicklung des nationalen und des internationalen Rechts, Baden-Baden 1986, S.13 ff.

- Expertenkommission Neue Medien - Baden-Württemberg, DÖV 1981, S.334 ff.

Schodder, Thomas F.W.: Föderative Gewaltenteilung in der Bundesrepublik Deutschland: Eine Untersuchung ihrer gegenwärtigen Wirkungen und Probleme, Frankfurt/M. 1989.

Scholz, Rupert: Das dritte Fernsehurteil des Bundesverfassungsgerichts, JZ 1981, S.561 ff.

- Private Rundfunkfreiheit und öffentlicher Rundfunkvorbehalt, JuS 1974, S.299 ff.
- Wie lange bis Solange III ?, NJW 1990, S.941 ff.
- Wirtschaftsaufsicht und subjektiver Konkurrenzschutz, Schriften zum öffentl. Recht Bd.191; Berlin 1971.

Schurig, Christian: Effiziente Frequenzversorgung - Nadelöhr des dualen Rundfunksystems, In: DLM Jahrbuch 89/90, München 1990.

- Programmzulieferung zwischen Wirtschaftlichkeit und Vielfalt unter Berücksichtigung baden-württembergischer Verhältnisse, In: DLM Jahrbuch 1988, München 1988.

Schürmann, Leo: Internationale Rundfunkentwicklung und nationale Rundfunkpolitik, ZUM 1986, S.32 ff.

Schuster, Detlev: Meinungsvielfalt in der dualen Rundfunkordnung, Berlin 1990.

Schwartz, Ivo: Die Liberalisierung der nationalen Hörfunk- und Fernsehsysteme aufgrund der Regeln des Gemeinschaftsrechts. In: Hörfunk und Fernsehen im Gemeinsamen Markt. Hrsg. von MartinSeidel, Baden-Baden 1983, S.147 ff.

- EG-Rechtsetzungsbefugnis für das Fernsehen, ZUM 1989, S.381 ff.
- Fernsehen ohne Grenzen - Die Errichtung eines Gemeinsamen Marktes für den Rundfunk. In: Entwicklungsperspektiven der europäischen Gemeinschaft. Hrsg. von Siegfried Magiera, Berlin 1985, S.121 ff.
- Rundfunk, EG-Kompetenzen und ihre Ausübung, ZUM 1991, S.155 ff.
- Rundfunk und EWG-Vertrag. In: Fernsehen ohne Grenzen. Hrsg. von Jürgen Schwarze, Berlin 1985 S.45 ff.

Schwarze, Jürgen: Die Medien im Spannungsfeld von Wirtschaft und Kultur - Zur Einordnung und Beurteilung der Medien in der jüngsten Rechtsprechung des Europäischen Gerichtshofes, In: Rundfunk und Fernsehen im Lichte der Entwicklung des nationalen und des internationalen Rechts, Baden-Baden 1986, S.119 ff.

- Rundfunk und Fernsehen in der Europäischen Gemeinschaft. In: Fernsehen ohne Grenzen. Hrsg. von Jürgen Schwarze, Berlin 1985, S.11 ff.

Seemann, Klaus: Das "Fünfte Rundfunkurteil" des Bundesverfassungsgerichts, DÖV 1987, S.844 ff.

- Ordnungspolitische Perspektiven eines dualen Rundfunksystems, ZUM 1987, S.255 ff.
- Zur Konkurrenzproblematik im dualen Rundfunksystem, ZUM 1988, S.67 ff.

Seidel, Lore: "Fernsehen ohne Grenzen". Zum Erlaß der EG-Rundfunkrichtlinie, NVwZ 1991, S.120 ff.

Seidel, Martin: Europa und die Medien. In: Fernsehen ohne Grenzen. Hrsg. von Jürgen Schwarze, Berlin 1985, S.121 ff.

Sell, Friedrich W.v.: Das deutsche Rundfunksystem, In: Die Organisation von Rundfunk und Fernsehen in rechtsvergleichender Sicht, München 1978, S.69 ff.

Spieler, Ekkehard: Fusionskontrolle im Medienbereich, Berlin 1988 (zugl. Tübingen Diss.jur. 1988).

Stammler, Dieter: Europäischer Rundfunkmarkt und innerstaatliche Rundfunkkompetenz. Zur rundfunkrechtlichen Zuständigkeitsverteilung zwischen Bund und Ländern nach dem Grundgesetz, ZUM 1988, S.274 ff.

Starck, Christian: Die Konstruktionsprinzipien und verfassungsrechtlichen Grundlagen der gegenwärtigen mediengesetzlichen Aktivitäten in den deutschen Bundesländern, JZ 1983, S.405 ff.

- "Grundversorgung" und Rundfunkfreiheit, NJW 1992, S.3257 ff.

- Rundfunkfreiheit als Organisationsproblem, Tübingen 1973.

- Teilhabeansprüche auf Rundfunkkontrolle und ihre gerichtliche Durchsetzung, In: Studienkreis für Presserecht und Pressefreiheit, Festschrift für Martin Löffler, München 1980, S.375 ff.

Stein, Ekkehart: Die Programmgrundsätze von Rundfunk und Fernsehen, In: Rundfunkrecht Bd.1, München 1981, S.74 ff.

Steinbach, Joachim: Werbemarkt 1987 - gutes Gesamtergebnis. Die Entwicklung in den klassischen Werbemedien, Media Perspektiven 1988, S.198 ff.

Stender-Vorwachs, Jutta: "Staatsferne" und "Gruppenferne" in einem außenpluralistisch organisierten privaten Rundfunksystem, Berlin 1988.

- Feiertagsschutz und Rundfunk, ZUM 1988, S.217 ff.

Stern, Klaus / *Bethge*, Herbert: Öffentlich-rechtlicher und privatrechtlicher Rundfunk, Frankfurt/M. 1971.

Stern, Klaus u.a.: Eine Rundfunkordnung für Europa - Chancen und Risiken, von Klaus Stren, Gerhard Rambow, Ivo Schwartz u.a., Vortragsveranstaltung vom 18. und 19.5.1990, München 1991.

Stock, Martin: Ausgewogenheit, Sachlichkeit" durch Rechtsaufsicht ? Medienfreiheit zwischen staatlicher und privater Macht, RuF 1977, S.1 ff.

- Das Hörfunk- und Fernsehsystem in der Bundesrepublik Deutschland. In: Hörfunk und Fernsehen im Gemeinsamen Markt. Hrsg. von Martin Seidel, Baden-Baden 1983, S.25 ff.

- Das vierte Rundfunkurteil des Bundesverfassungsgerichts: Kontinuität oder Wende ?, NJW 1987, S.217 ff.

- Kooperativer Föderalismus im Medienbereich, epd/Kirche und Rundfunk 1986, Nrn. 61-64.

- Landesmedienrecht im Wandel, München 1986.

- Nationaler Privatrundfunk im Bundesstaat. Regelungsbedarf, alte und neue Provisorien, ZUM 1986, S.411 ff.

- Neues über Verbände und Rundfunkkontrolle, AöR 104 (1979), S.1 ff.

- Rundfunkfreiheit und Kartellrecht, AfP 1989, S.627 ff.

- Zur Theorie des Koordinationsrundfunks, Baden-Baden 1981.

Streinz, Rudolf: Bundesverfassungsgerichtliche Kontrolle über die deutsche Mitwirkung am Entscheidungsprozeß im Rat der Europäischen Gemeinschaften, Berlin 1990.

Strohmeier, Rudolf W.: Möglichkeiten der Einflußnahme auf den Entscheidungsprozeß der Europäischen Gemeinschaften durch die Deutschen Bundesländer nach Einrichtung von Länderbüros in Brüssel, DÖV 1988, S.633 ff.

Tettinger, Peter J.: Aktuelle Fragen der Rundfunkordnung, JZ 1986, S.806 ff.

Thaenert, Wolfgang: Kontrolle privater Rundfunkveranstalter durch die Landesmedienanstalten, In: DLM Jahrbuch 1988, München 1988.

- Programm- und Konzentrationskontrolle privater Rundfunkveranstalter, In: DLM Jahrbuch 89/90, München 1990.

Theisen, Werner: Privatrundfunk - Die Normen des Saarlandes in der Verfassungsprüfung, Koblenz 1980.

Thoma, Helmut: Neue Kontrollitis für ARD und ZDF ? Die Landesmedienanstalten sollen auch die öffentlich-rechtlichen Sender beaufsichtigen. (Interview mit M.Lohmann), In: Neue Medien 9/1987, S.40 ff.

- Praktische Organisation und Wirksamkeit des privaten Fernsehens. In: Fernsehen ohne Grenzen. Hrsg. von Jürgen Schwarze, Berlin 1985, S.165 ff.

Tilmann, Winfried: Zur Verbesserung des Rechtsschutzes für "Medienverbraucher", In: Rundfunkrecht Bd. 1, München 1981, S.239 ff.

Treffer, Gerd / *Regensburg*, Herrmann / *Kroll*, Fritz: Medienerprobungs- und -entwicklungsgesetz in Bayern. Handkommentar, 2.Aufl., München 1989.

Wagner, Christoph: Die Landesmedienanstalten. Organisation und Verfahren der Kontrolle privater Rundfunkveranstalter in der Bundesrepublik Deutschland, Baden-Baden 1990.

- Konzentrationskontrolle im Medien-Binnenmarkt der EG - Wettbewerbsrechtliche und medienspezifische Aspekte, AfP 1992, S.1 ff.

Wagner, Michael A.: Fusion oder Kooperation öffentlich-rechtlicher Rundfunkanstalten ? ZRP 1990, S.154 ff.

Wallenberg, Gabriela von: Die Regelungen im Rundfunkstaatsvertrag zur Sicherung der Meinungsvielfalt, ZUM 1992, S.387 ff.

Weber, Rolf H.: Schweizer Medienkontrolle im Umbruch, ZUM 1991, S.305 f.

Wilde, Graham: Der Markt für Fernsehprogramme in Westeuropa 1989 bis 1999, Media Perspektiven 1990, S.642 ff.

Wilkens, Heinz: Die Aufsicht über den Rundfunk, o.O. 1965; Diss.jur. Frankfurt/M. 1963.

Wipf, Peter: Rechtsgrundlagen, Verfahren und Entscheidpraxis der Unabhängigen Beschwerdeinstanz für Radio und Fernsehen (Schweiz), ZUM 1987, S.8 ff.

Witzmann, Bernd: Völkerrechtliche Aspekte der Bemühungen um eine neue Weltinformationsordnung, München 1984.

Wolf, Joachim: Medienfreiheit und Medienunternehmen, Berlin 1985.

Wolff, Hans J. / *Bachof*, Otto / *Stober*, Rolf: Verwaltungsrecht II, 5. Aufl., München 1987.

Wöste, Marlene: ARD/ZDF: Rund 1 Mrd. DM jährlich für die Filmwirtschaft. Ergebnisse einer Umfrage beim öffentlich-rechtlichen und privaten Fernsehen, Media Perspektiven 1989, S.689 ff.

- Networkbildung durch die Hintertür ? Programmzulieferer für privaten Rundfunk in der Bundesrepublik, Media Perspektiven 1989, S.9 ff.

Wuermeling, Joachim: Auf dem Weg zur Einheit: Die Rolle der deutschen Bundesländer, NJW 1990, S.1079 ff.

Wufka, Eduard: Die verfassungsrechtlich-dogmatischen Grundlagen der Rundfunkfreiheit. Zugleich ein Beitrag zu Problemen der Rundfunkorganisation und Staatsaufsicht, Beiträge zum Rundfunkrecht Bd.12, Frankfurt/M. 1971.

Kolibri 360 GmbH
Ferdinand-Jühlke-Straße 7
99095 Erfurt, Deutschland
produktsicherheit@kolibri360.de

Druck:
CPI Druckdienstleistungen GmbH
im Auftrag der
Kolibri 360 GmbH
Ferdinand-Jühlke-Str. 7
99095 Erfurt